KB170656

코스페이시스 with 파이썬

30분 만에 완성하는
파이썬 기반 3D 게임 제작

※ Python 및 Python 로고는 Python Software Foundation의 등록 상표입니다.

코스페이시스 with 파이썬
30분 만에 완성하는 파이썬 기반 3D 게임 제작

초판 1쇄 인쇄 2024년 6월 15일
초판 1쇄 발행 2024년 6월 20일

지은이 | 이재우
펴낸이 | 김승기
펴낸곳 | ㈜생능출판사 / 주소 | 경기도 파주시 광인사길 143
브랜드 | 생능북스
출판사 등록일 | 2005년 1월 21일 / 신고번호 제406-2005-000002호
대표전화 | (031) 955-0761 / 팩스 (031) 955-0768
홈페이지 | www.booksr.co.kr

책임편집 | 최동진
편집 | 신성민, 이종무
교정·교열 | 강민철
디자인 | 유준범(표지), 강민철(본문)
영업 | 최복락, 김민수, 심수경, 차종필, 송성환, 최태웅, 김민정
마케팅 | 백수정, 명하나

ISBN 979-11-92932-64-4 (93000)
값 29,800원

CO SPACES EDU

코스페이시스 with 파이썬

30분 만에 완성하는
파이썬 기반 3D 게임 제작

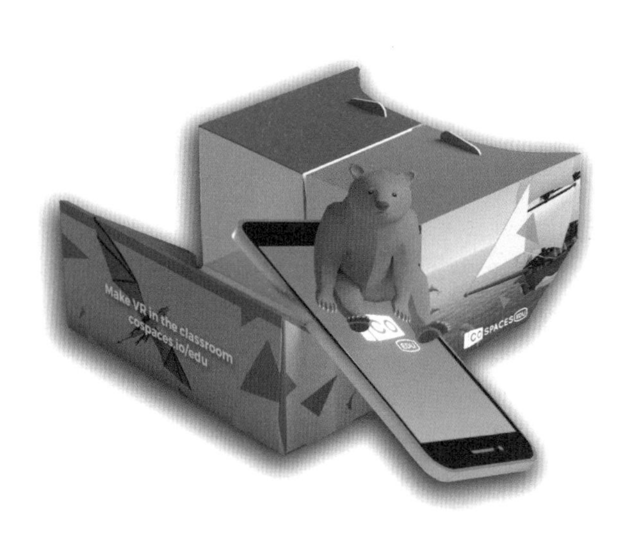

생능북스

머리말

이 책으로 다시 한번 여러분을 만나게 된 것을 진심으로 기쁘게 생각합니다. 프로그래밍 교육의 현장에서 오랜 시간 동안 파이썬과 C 언어를 가르치면서, 학생들이 보다 쉽고 재미있게 게임 개발과 프로그래밍을 접할 수 있는 방법을 모색해 왔습니다. 특히, 블록 코딩으로 코딩의 즐거움을 알게 된 많은 학생들이 텍스트 기반 코딩으로 넘어가면서 흥미를 잃는 사례를 많이 목격해 왔습니다. 이러한 배경에서, 3D 게임을 블록 코딩과 텍스트 코딩으로 쉽게 개발할 수 있는 코스페이시스에 주목하게 되었습니다.

지난해 블록 코딩을 활용한 코스페이시스 교재를 출간한 데 이어, 이번에는 파이썬 언어를 활용해 학생들이 직접 게임을 제작할 수 있도록 돕는 교재를 선보이게 되었습니다. 이 책은 블록 코딩의 경계를 넘어, 보다 전문적인 프로그래밍으로 나아가려는 초·중·고 학생들에게 코딩의 즐거움과 함께 게임 개발의 매력을 전달하고자 합니다.

헬로소프트에서 주최하는 코스페이시스 작품 공모전은 매년 많은 학생들의 창의력과 열정이 담긴 작품들로 가득 찹니다. 그러나 아직까지 파이썬이나 타입스크립트로 제작된 작품은 출품되지 않았습니다. 이 책을 통해 더 많은 학생들이 코딩과 게임 개발에 관심을 갖고, 텍스트 기반 프로그래밍을 통해 자신만의 독창적인 작품을 만들어 내길 바랍니다. 그리고 공모전에 출품하길 바랍니다.

저는 여러분이 이 책을 통해 코딩의 기초를 넘어, 창조적인 문제 해결자로 성장하는 여정이 되길 희망합니다. 프로그래밍은 단순히 코드를 작성하는 기술을 넘어, 우리의 상상력을 현실로 구현해내는 강력한 수단입니다. 여러분의 상상력과 이 책이 제공하는 지식이 만나, 놀라운 작품들이 탄생하기를 기대합니다. 여러분의 도전과 성장을 응원합니다.

헬리쌤 이재우

목차

목차

목차

PART 03 | 파이썬 게임 예제

목차

부록 | 생성형 AI 활용하기

Chapter

00

COSPACES EDU

시작하기 전에

⊙ 학습 목표

- 프로그래밍의 기본 개념과 코스페이시스 플랫폼의 사용법에 대해 소개합니다.
- 코스페이시스에서 파이썬 언어를 설정하고, 코드 실행 결과를 확인하는 방법을 학습합니다.
- 파이썬을 활용한 3D 게임 개발의 기초를 이해하고, 텍스트 코딩에 대한 흥미를 갖게 합니다.

이 책의 구성

이 책의 목표는 초중고 학생들에게 파이썬 프로그래밍의 매력을 전달하고, 실제 게임 제작을 통해 코딩의 즐거움을 경험하게 하는 것입니다. 첫 번째 파트에서는 파이썬의 기본적인 문법을 소개합니다. 여기에서 출력, 조건문, 반복문 등 프로그래밍의 핵심 요소를 다루며, 이를 16개의 실습 예제를 통해 쉽고 재미있게 배울 수 있습니다. 각 예제는 이해하기 쉬운 설명과 함께 구성되어 있어, 프로그래밍을 처음 접하는 학생들도 부담 없이 시작할 수 있습니다.

두 번째 파트에서는 좀 더 심화된 내용으로, 코스페이시스의 파이썬 명령어를 활용하는 방법을 배웁니다. 이 파트에서는 30개의 다양한 예제를 통해 캐릭터와 오브젝트를 조작하는 방법을 자세히 다룹니다. 또한 온라인에 공개된 추가 학습 자료를 통해 26개의 예제도 함께 학습할 수 있습니다. 각 예제는 각각의 코블록스 명령어 블록을 파이썬 명령어로 똑같이 만드는 방법으로, 기존에 블록 코딩을 학습한 학생들이 더욱 쉽게 파이썬을 배울 수 있도록 설계되었습니다.

마지막으로, 세 번째 파트에서는 이전 두 파트에서 배운 내용을 종합하여 실제 게임을 만들어 봅니다. 총 12개의 다양한 게임 예제를 통해 학생들은 자신들이 배운 명령어와 개념을 어떻게 실제 프로젝트에 적용할 수 있는지를 배우게 됩니다. 이 과정에서 학생들은 프로그래밍의 기초부터 실제 응용까지 전 과정을 경험하며, 자신만의 창의적인 게임을 만들어 나갈 수 있습니다.

이 책은 단순한 이론 설명을 넘어서 실제로 학생들이 손으로 코딩을 하고, 그 결과물을 직접 보며 학습하는 '체험형 학습'에 중점을 두었습니다. 이를 통해 학생들은 프로그래밍의 기본 개념을 재미있게 배우고, 창의적인 사고를 발전시킬 수 있을 뿐만 아니라, 실제 세계에서의 문제 해결 능력을 키울 수 있습니다. 프로그래밍 교육에 관심이 있는 학생뿐만 아니라, 선생님에게도 유익한 자료가 될 것입니다.

각각의 예제에는 코스페이시스로 제작된 템플릿과 완성작이 제공됩니다. 완성작을 미리 플레이해서 학습 목표를 눈으로 확인할 수 있고, 템플릿을 이용해서 선생님이 학생들에게 쉽게 학급 과제를 생성해 줄 수 있습니다.

체험판 사용하기

코스페이시스의 모든 기능을 사용하려면 프로(유료) 버전을 이용해야 합니다. 학생들은 헬로소프트를 통해서 연간 24,000원에 프로 버전을 구매할 수 있습니다.

코스페이시스는 이메일 계정별로 1회의 1개월 체험판 기간을 제공합니다. 선생님 계정으로 가입한 후 체험판을 이용하면 30일 동안 100명의 학생을 초대해서 수업을 진행할 수 있습니다. 체험판 기간이 끝나면 더 이상 프로 버전의 작품을 신규로 만들 수 없지만, 기존에 만들었던 모든 작품은 사라지지 않고 그대로 유지됩니다.

체험판 기능은 선생님 계정당 한 번씩 사용할 수 있기 때문에, 새로운 이메일 주소로 선생님 계정을 만든다면 또 체험판을 사용할 수 있습니다. 헬로소프트에서 제공하는 체험판 코드는 'coshellosoft'입니다. 우선 선생님 계정으로 가입한 후에 왼쪽 하단 메뉴의 [프로로 업그레이드하기] → [프로 체험판 시작]을 클릭하고 'coshellosoft'를 입력하면 체험판이 활성화됩니다.

선생님은 체험판을 이용해서 1개월, 100명 이내의 단기 특강을 진행할 수 있습니다. 이메일 주소 1개마다 한달 동안 체험판을 이용할 수 있습니다. 때문에 한달마다 이메일 계정을 새롭게 만들어 체험판을 신청한다면 계속해서 수업이 가능합니다. 하지만 체험판은 작품을 갤러리에 공유할 수 없고 매달 이메일을 생성해야 하므로 번거롭다는 단점이 있습니다.

라이선스 구매하기

코스페이시스를 정식으로 사용하려면 프로 버전 유료 라이선스를 구매해야 합니다. 유료 라이선스는 1년 단위로 판매하며 좌석(사용자) 수에 따라 가격이 달라집니다. 라이선스는 국내 리셀러 업체인 헬로소프트에서 구매할 수 있습니다. 학교용 코스페이시스 프로 라이선스 상품은 현재 네이버 쇼핑몰 및 학교장터(s2b.kr)에 등록되어 있습니다.

학교 또는 관련 교육기관에서 코스페이시스 수업을 듣고 난 이후에 추가적으로 집에서 코스페이시스를 즐기기 위해서는 '학생용 라이선스'가 필요합니다. 학생용 라이선스는 헬로소프트에서 운영하는 네이버 쇼핑몰에서 구매할 수 있습니다.

네이버 쇼핑몰(https://smartstore.naver.com/hellosoftmall)

학교장터(https://www.s2b.kr)

<헬리쌤의 에듀테크> 카페 소개

헬로소프트에서는 코스페이시스 사용자들의 정보 공유 및 교재, 라이선스 문의를 위해서 네이버 카페를 운영하고 있습니다. 네이버 카페 〈헬리쌤의 에듀테크〉에서는 코스페이시스 학습/강의 자료 제공, 사용법에 관한 질문/답변, 오류 신고, 메타버스 코딩 공모전 개최 등의 다양한 정보를 제공합니다.

또한 코스페이시스를 사랑하는 다양한 선생님들과 학생들을 만날 수 있습니다. 〈헬리쌤의 에듀테크〉 카페에서 내가 만든 멋진 작품을 공유하거나 혼자서 풀지 못하는 문제를 함께 해결해 보세요.

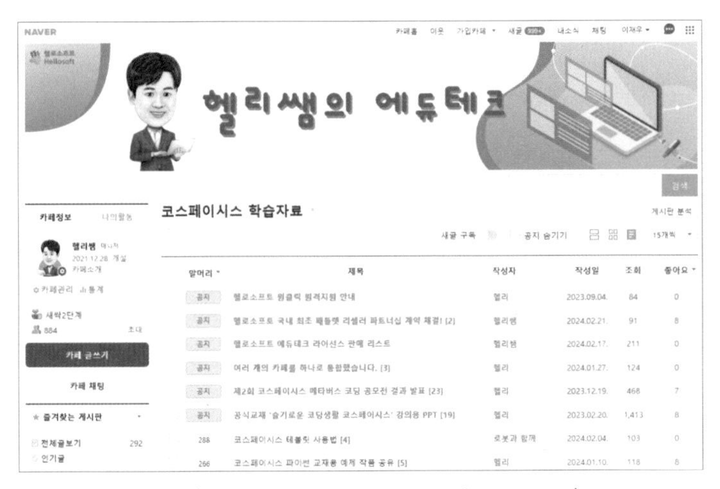

헬리쌤의 에듀테크(https://cafe.naver.com/cospaces)

코스페이시스 기본 학습

이번 책은 코스페이시스의 기본 사용법을 이미 알고 있는 독자들을 대상으로 합니다. 코스페이시스 게임 제작의 기본 사용법을 미리 배우고자 하는 분은 저자가 출판한 기본서 〈슬기로운 코딩생활 코스페이시스〉를 먼저 학습하기 바랍니다. 이 교재에는 화면 디자인 및 오브젝트의 편집, 블록 코딩 등 모든 기초 사용법이 24개의 작품 안에 녹아 있습니다.

파이썬으로 코딩하는 방법

코스페이시스에서 파이썬을 이용해서 코딩하려면 우선 코스페이스(프로젝트)를 만들어야 합니다. 다음은 일반적인 파이썬 코딩 예시입니다.

학생 계정의 경우 놀이터에서, 선생님 계정의 경우 코스페이시스 메뉴에서 [+코스페이스 만들기] 버튼을 클릭합니다. [Empty scene](비어 있는 장면)을 선택합니다.

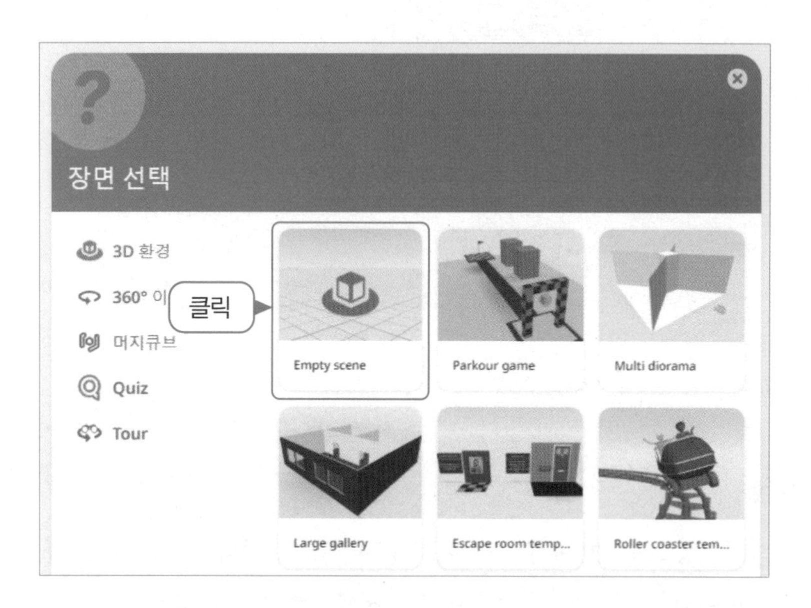

편집 화면에서 오른쪽 상단 [코드] 버튼을 클릭합니다.

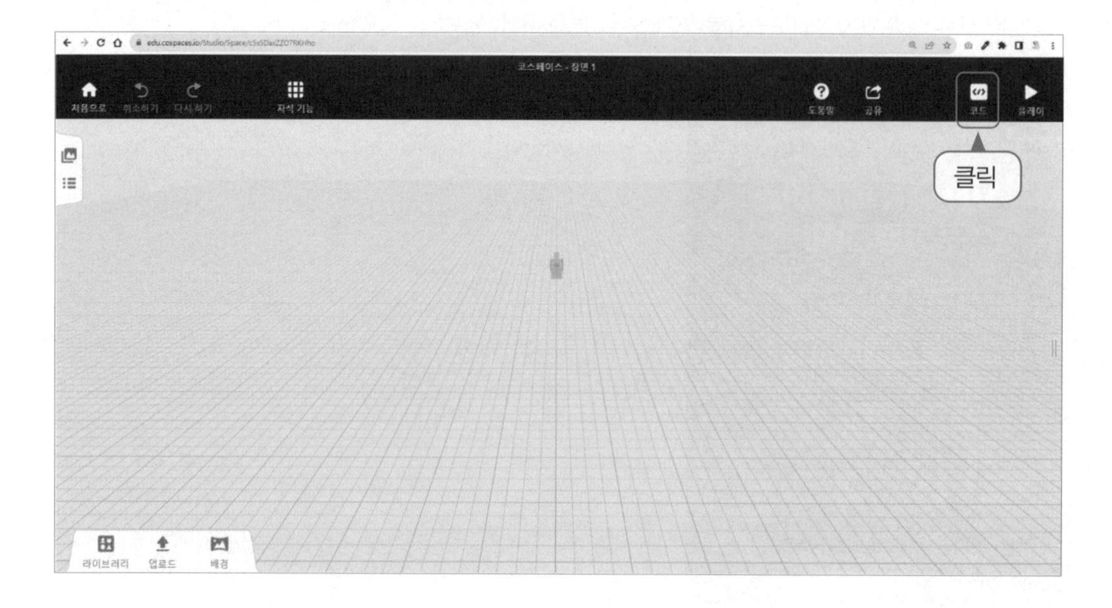

코딩 언어를 선택할 수 있습니다. [Python](파이썬)을 선택합니다.

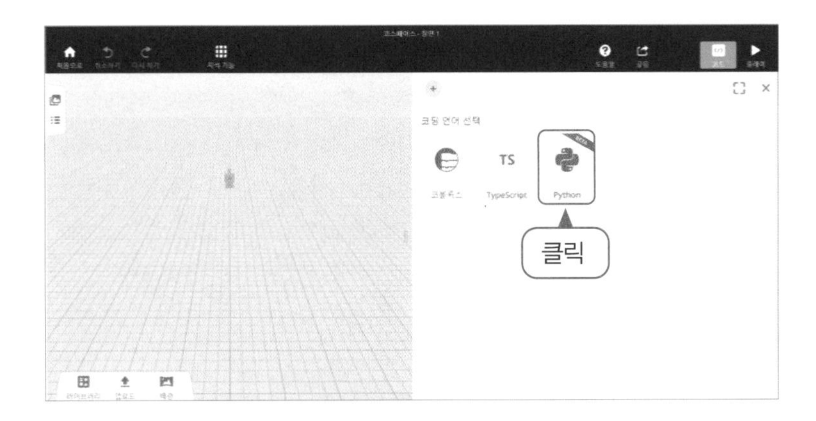

[Python] 탭이 생성되고, 아래에 코드 입력창이 나타납니다.

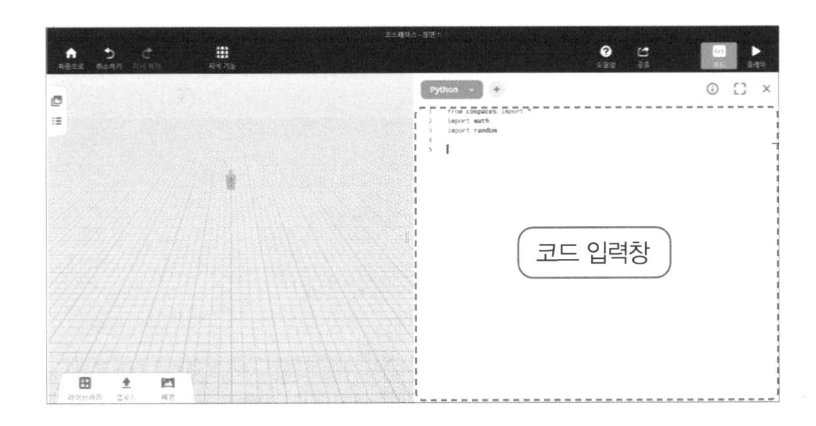

코드 입력창은 일반적인 메모장(텍스트 편집기)처럼 글을 입력하거나 편집할 수 있습니다. 첫 번째, 두 번째, 세 번째 줄은 기본 코드이고 네 번째 줄부터 코드를 입력하면 됩니다.

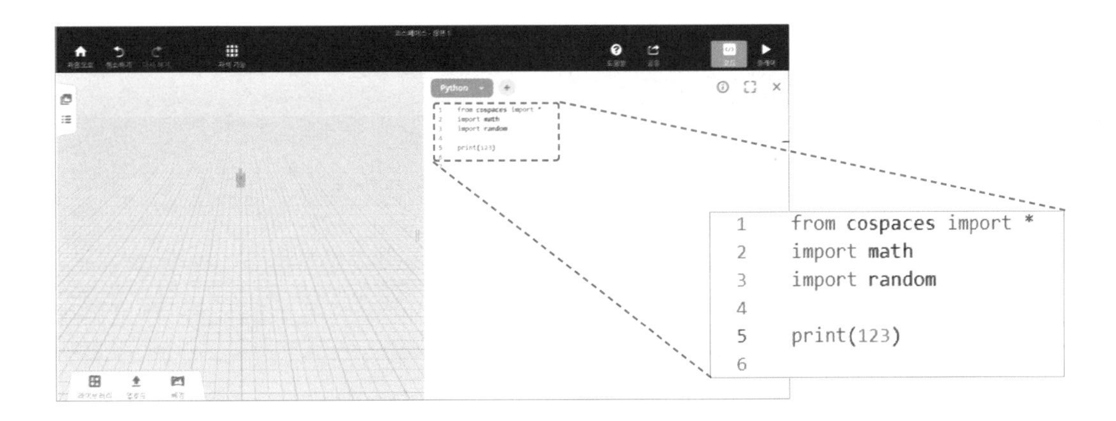

만약 글자가 너무 작아서 편집하기 힘들다면, 웹 브라우저의 확대/축소 기능을 이용해서 화면을 확대하면 됩니다. 크롬 브라우저의 경우 화면 크기를 150%로 설정하기를 추천합니다.

입력한 코드를 실행하려면 화면 오른쪽 상단의 [플레이] 버튼을 클릭합니다.

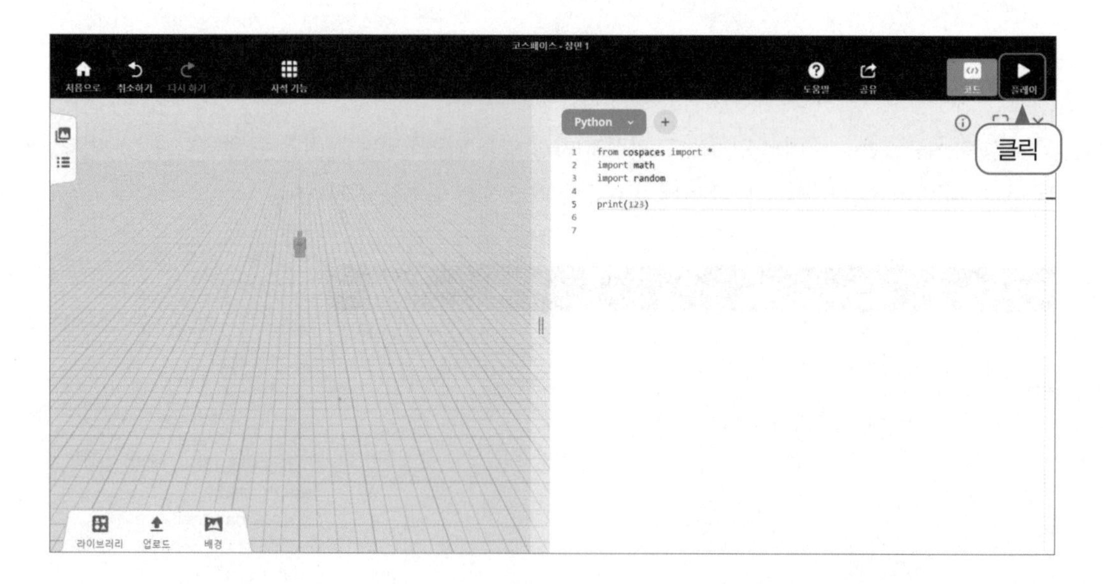

작품이 실행됩니다. 입력한 코드가 제대로 실행되는지 확인해 보세요. 만약 코드가 제대로 실행되지 않거나, print 명령어로 출력한 값을 확인하고 싶을 때는 오른쪽 상단의 [코드] 아이콘을 클릭합니다.

print 명령어로 출력한 값이 화면 오른쪽 출력창에 표시됩니다. 만약 코드에 오류가 있는 경우에는 코드가 실행되지 않고, 오류 코드가 출력창에 표시됩니다. 이 오류 코드를 통해서 문제점을 파악하고 오류를 수정할 수 있습니다.

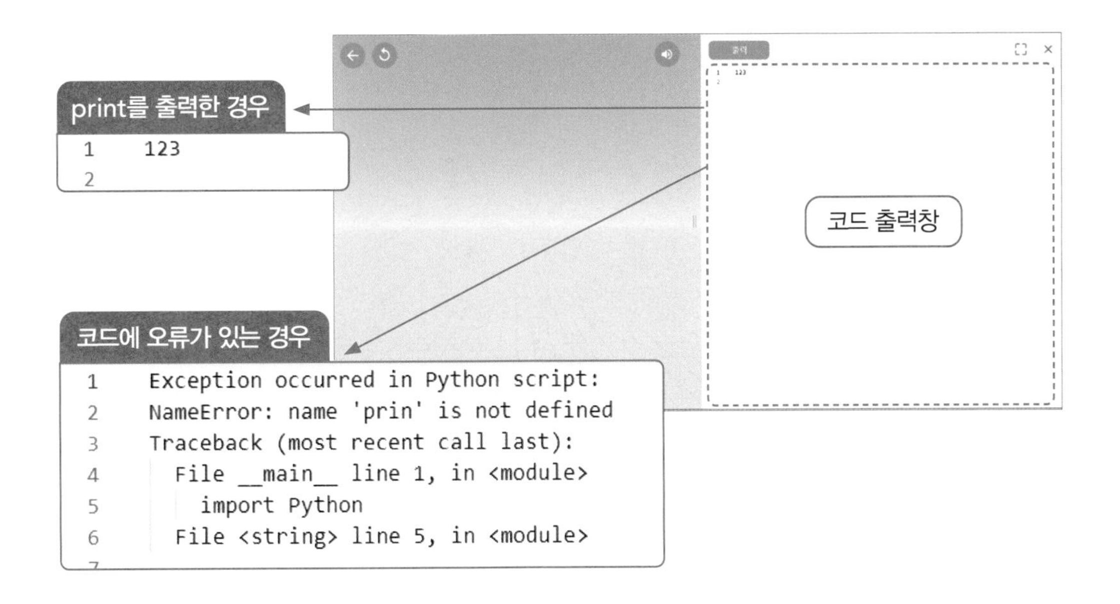

실행을 종료하고 다시 편집창으로 돌아가서 코드를 수정하려면 왼쪽 상단의 [뒤로 가기] 버튼을 클릭합니다.

PART 01

파이썬 기본 문법

첫 번째 파트에서는 파이썬의 기본적인 문법을 소개합니다. 여기에는 출력, 연산, 자료형, 조건, 반복, 함수 등 프로그래밍의 핵심 요소들이 포함되며, 이를 16개의 실습 예제를 통해 쉽고 재미있게 배울 수 있습니다. 각 문법 예제는 이해하기 쉬운 설명과 함께 구성되어 있어, 파이썬 프로그래밍 언어를 처음 접하는 학생들도 부담 없이 시작할 수 있습니다.

Chapter

01

COSPACES EDU

출력

⊙ 학습 목표

- print() 함수의 사용법을 익혀, 다양한 형태의 데이터(문자열, 숫자 등)를 화면에 출력하는 방법을 배웁니다.
- 문자열 내에서 변수 값을 포함시켜 동적으로 정보를 출력하는 방법을 학습합니다.
- 출력 형식을 관리하는 기본적인 방법, 예를 들어 줄바꿈이나 탭 사용법을 이해합니다.

문법 01 데이터 출력하기

공유 링크 | **완성작:** https://edu.cospaces.io/VUV-CUD

목표

print( ) 함수를 이용해서 출력창에 다음과 같이 표시해 봅시다.

```
1  123
2  456.789
3  8
4  3.0
5  3.3333333333333335
6  안녕하세요.
7  반갑습니다.
8  고양이가 "야옹"
9  ~!@#$%^&*()_+-=`<>;:
10 강아지가 멍멍멍멍멍
```

코드

예제 파일 | 문법01_데이터_출력하기.txt

```
1  from cospaces import *
2  import math
3  import random
4
5  print(123)
```

```
6  print(456.789)
7  print(12-4)
8  print(12/4)
9  print(10/3)
10
11 print("안녕하세요.")
12 print('반갑습니다.')
13 print('고양이가 "야옹"')
14 print("~!@#$%^&*()_+-=`<>;:")
15 print("강아지가", "멍"*5)
```

설명

1 파이썬에서 특정한 함수, 변수, 클래스를 모아 놓은 것을 모듈이라고 합니다. 이 코드는 코스페이시스 연동을 위해 미리 만들어진 cospaces 모듈을 불러와서 그 안에 포함된 함수, 변수 등을 바로 사용할 수 있도록 하는 코드입니다. 이 코드는 절대 지우면 안 됩니다.

2 파이썬에서 math 모듈은 수학 연산을 위해 다양한 함수와 상수를 제공합니다. 여기에는 기본적인 산술 연산, 삼각 함수, 로그 함수, 지수 함수 등이 포함됩니다. 이 코드는 관련된 명령어를 불러와서 사용하기 위한 코드입니다. 만약 이런 함수를 사용하지 않는다면 코드를 지워도 됩니다.

3 파이썬에서 random 모듈은 난수를 생성하는 데 사용되는 다양한 함수를 제공합니다. 예를 들어, random() 함수는 0~1 사이의 무작위 소수를 생성하고, randint(a,b) 함수는 a~b 사이의 무작위 정수를 생성합니다. 만약 이런 함수를 사용하지 않는다면 코드를 지워도 됩니다.

5 print() 함수는 괄호 안에 있는 값을 출력창에 표시합니다. 숫자을 출력하려면 그 값을 괄호 안에 넣으면 됩니다.

6 소수점이 있는 실수도 괄호 안에 그대로 넣으면 됩니다.

7 print() 함수의 괄호 안에 수식이 있는 경우에는 수식의 결과값을 출력합니다.

9 나눗셈 수식의 결과값이 나누어 떨어지지 않는 경우 소수점 16번째 자리까지 반올림하여 표시합니다. 그런데 여기서 결과값으로 3.3333333333333335가 나오는 이유는 컴퓨터가 10을 3으로 나눈 정확한 값을 완벽하게 표현할 수 없어서, 가장 가까운 값(근사치)을 보여 주기 때문입니다. 컴퓨터는 실수를 이진수 형태의 부동소수점으로 표현하는데 이것은 숫자를 정확하게 표현하는 데 한계가 있기 때문에 우리가 코딩을 할 때는 항상 이런 오차를 고려해야 합니다.

11 print() 함수로 문자열(텍스트)을 출력할 때는 문자열을 쌍따옴표(")로 묶어 줘야 합니다.

12 또는 홑따옴표(')로 묶어 줘도 됩니다.

13 쌍따옴표(")와 홑따옴표(')를 조합하면 따옴표 자체도 출력할 수 있습니다.

14 따옴표를 제외한 특수기호는 그대로 출력할 수 있습니다.

15 print() 함수 내부에 콤마(,) 연산자는 두 문자열을 합쳐 줍니다. 그리고 곱(*) 연산자는 문자열을 반복해 줍니다.

문법

02 변수 출력하기

공유 링크 | **완성작:** https://edu.cospaces.io/FDS-SKK

목표

score 변수에 95를 넣고, name 변수에 "홍길동"을 넣은 후 print() 함수를 이용해서 다음과 같이 출력해 봅시다.

```
1  95
2  점수: 95
3  2배 하면 190 점입니다.
4  홍길동
5  이름: 홍길동
6  홍길동 씨의 이름은 홍길동 입니다.
```

코드

예제 파일 | 문법02_변수_출력하기.txt

```
1  from cospaces import *
2  import math
3  import random
4  
5  score = 95
6  print(score)
7  print("점수:" , score)
8  print("2배 하면", score*2, "점입니다.")
```

```
9
10  name = "홍길동"
11  print(name)
12  print("이름:", name)
13  print(name, "씨의 이름은", name, "입니다.")
```

설명

파이썬에는 정수, 실수, 문자열, 리스트 등의 다양한 자료형이 있습니다. 파이썬은 동적 타이핑(Dynamic Typing) 언어입니다. 동적 타이핑이란 프로그램 실행 중에 값의 자료형(데이터 타입)이 결정된다는 의미입니다. 정적 타이핑 언어와는 달리 변수를 선언할 때 자료형을 명시해서 지정할 필요가 없습니다. 대신 값이 변수에 할당될 때 그 값의 자료형에 따라 변수의 자료형이 자동으로 결정됩니다.

5 score 변수를 만들고 값 95를 할당합니다. '=(는, 이퀄, 같다)' 연산자는 대입(할당) 연산자로, 오른쪽에 있는 값을 왼쪽에 있는 변수에 집어넣어 할당하는 역할을 합니다.

6 print() 함수에서 괄호 안에 변수명을 넣으면 변수 안에 들어 있는 값이 출력됩니다.

7 print() 함수 안에 쉼표(,) 연산자는 두 문자열을 합쳐 줍니다. score 변수에 들어 있는 값은 숫자(95)이지만 자동으로 이를 문자열로 바꾸어 출력해 줍니다.

8 print() 함수 안에 변수가 포함된 수식이 있다면, 변수 값을 이용해 수식을 계산하고 그 결과를 출력합니다.

10 name 변수를 만들고 값 10을 할당합니다. 변수에 문자열을 저장할 때도 쌍따옴표(")을 붙여 주면 됩니다.

12 문자열과 name 변수의 값을 출력합니다.

꿀팁 1

컴퓨터 화면과 교재의 차이

책을 살펴보면 실제 코스페이시스 화면의 코드 편집창과 교재에 수록된 편집창의 디자인이 다릅니다. 이것은 코드의 가독성을 위해서 일부러 수정한 것입니다. 책에 수록된 코드는 배경색과 적당한 크기의 서체로 설정되었습니다. 그리고 줄 간격을 적용하여 더욱 선명하게 확인할 수 있도록 했습니다. 또한 문법 검사 때문에 나타나는 불필요한 경고 메시지 등은 제거했습니다.

```
1    from cospaces import *
2    import math
3    import random
4
5    score = 95
6    print(score)
7    print("점수:" , score)
8    print("2배 하면", score*2, "점입니다.")
```

컴퓨터 화면

```
1  from cospaces import *
2  import math
3  import random
4
5  score = 95
6  print(score)
7  print("점수:" , score)
8  print("2배 하면", score*2, "점입니다.")
```

교재 디자인

Chapter

02

COSPACES EDU

연산

⊙ 학습 목표

- 산술 연산을 사용하여 숫자들 간의 기본적인 계산 방법을 이해합니다.
- 비교 연산을 통해 값들을 서로 비교하고 조건을 설정하는 방법을 배웁니다.
- 논리 연산을 활용하여 복합적인 조건문을 구성하는 방법을 익힙니다.

문법

03 산술 연산

공유 링크 | 완성작: https://edu.cospaces.io/WWZ-VQT

목표

a 변수에 7을 넣고, b 변수에 3을 넣은 후 다양한 산술 연산자를 이용해서 계산한 값을 print() 함수로 다음과 같이 출력해 봅시다.

```
1  a= 7
2  b= 3
3  a+b= 10
4  a-b= 4
5  a*b= 21
6  a/b= 2.3333333333333335
7  a**b= 343
8  a//b= 2
9  a%b= 1
```

코드

예제 파일 | 문법03_산술_연산.txt

```
1  from cospaces import *
2  import math
3  import random
4
5  a=7
```

```
6   b=3
7
8   print("a=",a)
9   print("b=",b)
10  print("a+b=",a+b)
11  print("a-b=",a-b)
12  print("a*b=",a*b)
13  print("a/b=",a/b)
14  print("a**b=",a**b)
15  print("a//b=",a//b)
16  print("a%b=",a%b)
```

설명

8 print() 함수 안에 변수명이 있다면 변수 값이 출력됩니다.

10 print() 함수 안에 변수명을 이용한 수식이 있다면, 수식을 계산한 값을 출력합니다.

12 파이썬에서 곱하기 연산자는 별표(*)입니다.

13 파이썬에서 나누기 연산자는 슬래시(/)입니다.

14 별표별표(**) 연산자는 거듭제곱 연산을 수행합니다. 왼쪽에 있는 숫자를 오른쪽에 있는 숫자 횟수만큼 거듭제곱합니다. 예를 들어, 2**3은 2의 3제곱을 계산하여 8을 반환합니다.

15 슬래시슬래시(//) 연산자는 정수 나눗셈(바닥 나눗셈)을 수행합니다. 이 연산자는 두 수를 나누고 결과의 소수점 아래는 버리고 정수 값만 반환합니다. 예를 들어, 5//2는 2.5의 결과에서 소수점 아래를 버리고 2를 반환합니다.

16 퍼센트(%) 연산자는 모듈로(modulo) 연산을 수행합니다. 이 연산자는 두 수를 나눈 후 나머지를 반환합니다. 예를 들어, 7%3의 경우, 7을 3으로 나누면 몫이 2이고 나머지는 1이므로 결과는 1을 반환합니다. 어떤 숫자가 짝수인지 확인하려면 num%2를 계산하면 됩니다. 결과가 0이면 짝수, 그렇지 않으면 홀수입니다.

문법

04 비교 연산

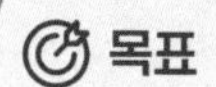 공유 링크 | **완성작:** https://edu.cospaces.io/VYA-UEH

목표

a 변수에 7을, b 변수에 3을 넣고 두 변수를 비교하여 그 결과를 다음과 같이 print() 함수로 출력하세요.

```
1  a= 7
2  b= 3
3  a==b False
4  a!=b True
5  a>b True
6  a<b False
7  a>=b True
8  a<=b False
```

코드

예제 파일 | 문법04_비교_연산.txt

```
1  from cospaces import *
2  import math
3  import random
4
5  a=7
6  b=3
7
```

```
8   print("a=", 7)
9   print("b=", 3)
10  print("a==b", a==b)
11  print("a!=b", a!=b)
12  print("a>b", a>b)
13  print("a<b", a<b)
14  print("a>=b", a>=b)
15  print("a<=b", a<=b)
```

설명

10 는는(==) 연산자는 두 값이 동일한지 검사하는 데 사용됩니다. 이 연산자는 두 값 또는 표현식이 서로 같은지 여부를 판단하여, 같으면 True(참) 값을 반환하고, 서로 다르면 False(거짓) 값을 반환합니다.

11 느낌표는(!=) 연산자는 부등호를 검사하는 데 사용됩니다. 이 연산자는 두 값 또는 표현식이 서로 다른지 여부를 판단해서, 다르면 True(참) 값을 반환하고, 같으면 False(거짓) 값을 반환합니다.

12 >, <, >=, <= 연산자는 비교 연산자입니다. 이들은 두 값을 비교하고 그 결과를 True(참) 또는 False(거짓)로 반환합니다. 이 연산자들은 주로 숫자 비교에 사용되지만 문자열 비교에도 사용됩니다. 문자열 비교는 알파벳 순서에 따라 이루어집니다. a가 가장 작고 z가 가장 큽니다. 예를 들면 'apple' 단어는 'banana' 단어보다 더 작습니다.

문법

05 할당 연산

공유 링크 | 완성작: https://edu.cospaces.io/JJF-ZWL

목표

a 변수에 0을 넣은 후, 다음과 같이 다양한 할당 연산을 수행한 후에 그 값을 print() 함수를 이용해서 출력하세요.

```
1  a= 0
2  a= 7
3  a+=2 그러면 a= 9
4  a-=3 그러면 a= 6
5  a*=4 그러면 a= 24
6  a/=5 그러면 a= 4.8
```

코드

예제 파일 | 문법05_할당_연산.txt

```
1  from cospaces import *
2  import math
3  import random
4
5  a=0
6
7  print("a=",a)
8
```

```
9   a=7
10  print("a=",a)
11
12  a+=2
13  print("a+=2 그러면","a=",a)
14
15  a-=3
16  print("a-=3 그러면","a=",a)
17
18  a*=4
19  print("a*=4 그러면","a=",a)
20
21  a/=5
22  print("a/=5 그러면","a=",a)
```

설명

9 변수에 새롭게 값을 할당하면, 기존의 값은 사라지고 새로운 값이 저장됩니다.

12 +=, -=, *=, /= 연산자는 복합 할당 연산자입니다. 이들은 변수에 대해 특정 연산을 수행하고 그 결과를 동일한 변수에 할당하는 데 사용됩니다. 이 중에서 += 연산자는 덧셈 후 할당 연산자입니다. 변수의 값에 오른쪽에 있는 값을 더하고 그 결과를 왼쪽 변수에 할당합니다. 예를 들어, a+=3은 a=a+3과 동일합니다.

문법

06 논리 연산

공유 링크 | 완성작: https://edu.cospaces.io/JDM-PND

목표

a 변수에 6을 넣은 후 다음과 같이 다양한 논리 연산의 결과를 print() 함수를 이용해서 출력하세요.

```
1  a= 6
2  a%2==0 True
3  a%3==0 True
4  a%4==0 False
5  a%2==0 and a%3==0 True
6  a%2==0 and a%4==0 False
7  a%2==0 or a%4==0 True
8  not(a%2==0) False
```

코드

예제 파일 | 문법06_논리_연산.txt

```
1  from cospaces import *
2  import math
3  import random
4
5  a = 6
6  print("a=", a)
7  print("a%2==0", a%2==0)
```

```
8   print("a%3==0", a%3==0)
9   print("a%4==0", a%4==0)
10
11  print("a%2==0 and a%3==0", a%2==0 and a%3 ==0)
12  print("a%2==0 and a%4==0", a%2==0 and a%4 ==0)
13  print("a%2==0 or a%4==0", a%2==0 or a%4 ==0)
14  print("not(a%2==0)", not(a%2==0))
```

설명

7 퍼센트(%) 연산자는 숫자를 나눈 나머지를 반환하는 산술 연산자입니다. 는는(==) 연산자는 좌우의 값이 같은지 판단하는 논리 연산자입니다. 결국 a%2==0은 a 값을 2로 나눈 나머지 값이 0이라면 True(참)를 반환하고, 아니라면 False(거짓)를 반환하는 연산식입니다.

11 and 연산자는 논리 연산자의 일종으로, 두 조건이 모두 True(참)일 때 True(참)를 반환합니다. 이 연산자는 주로 두 개 이상의 조건을 동시에 만족해야 하는 상황에서 사용됩니다. 예를 들어, a%2==0 and a%3==0은 a 변수 값이 2로도 나누어 떨어지고, 3으로도 나누어 떨어질 때만 True(참)를 반환합니다.

13 or 연산자는 논리 연산자의 일종으로, 두 조건 중 적어도 하나가 참일 때 True(참)를 반환합니다. 이 연산자는 두 개 이상의 조건 중 하나 이상이 만족되어야 할 때 사용됩니다. 예를 들어, a%2==0 or a%4==0은 a 변수 값이 2 또는 4로 나누어 떨어지면 True(참)를 반환합니다.

14 not 연산자는 논리 연산자 중 하나로, 불리언(Boolean) 값을 반전시킵니다. 즉, True(참)를 False(거짓)로, False(거짓)을 True(참)으로 바꾸는 역할을 합니다. 예를 들어, not 뒤에 오는 값이 True(참)이면 False(거짓)를 반환합니다.

Chapter

03

COSPACES EDU

자료형

⊙ 학습 목표

- 파이썬의 주요 자료형인 숫자형, 문자열, 불리언, 리스트의 특성과 사용법을 이해합니다.
- 다양한 자료형에 적용할 수 있는 기본적인 연산 및 함수를 학습하고, 실제 예제를 통해 활용 방법을 익힙니다.
- 자료형의 변환 방법을 배우고, 상황에 맞게 적절한 자료형을 선택하여 사용하는 방법을 습득합니다.

문법

07 숫자형 활용하기

공유 링크 | 완성작: https://edu.cospaces.io/XHX-PHT

목표

파이썬에서 제공하는 다양한 내장 수학 함수를 활용해서 다음과 같이 숫자를 조작하고 print() 함수를 이용해서 출력하세요.

```
1  1. 절대값: 12.34
2  2. 올림: 4
3  3. 내림: 3
4  4. 반올림: 3.14
5  5. 실수를 정수로: 12
6  6. 문자열을 정수로: 123
7  7. 랜덤 정수(1~5): 5
8  8. 랜덤 실수(0~1): 0.393562568792412
9  9. 랜덤 증가(0~100,10씩): 90
10 10. 1 라디안을 각도로: 57.29577951308232
11 11. 90 각도를 라디안으로: 1.5707963267948966
```

코드

예제 파일 | 문법07_숫자형_활용.txt

```
1  from cospaces import *
2  import math
3  import random
```

```
4
5  print("1. 절대값:", abs(-12.34))
6  print("2. 올림:", math.ceil(3.14))
7  print("3. 내림:", math.floor(3.14))
8  print("4. 반올림:", round(3.1415926535, 2))
9
10 print("5. 실수를 정수로:", int(12.34))
11 print("6. 문자열을 정수로:", int("123"))
12
13 print("7. 랜덤 정수(1~5):", random.randint(1,5))
14 print("8. 랜덤 실수(0~1):", random.random())
15 print("9. 랜덤 증가(0~100,10씩):", random.randrange(0,100,10))
16
17 print("10. 1 라디안을 각도로:", math.degrees(1))
18 print("11. 90 각도를 라디안으로:", math.radians(90))
```

설명

5 abs() 함수는 어떤 숫자의 절대값을 반환하는 내장 함수입니다. 절대값은 숫자의 크기를 나타내며, 항상 양수 혹은 0입니다. 즉, abs 함수는 주어진 숫자가 음수일 경우 그 숫자의 부호를 바꾸어 양수로 만들고, 이미 양수이거나 0일 경우 그대로의 값을 반환합니다.

6 math.ceil() 함수는 math 모듈에 포함된 수학 함수로, 주어진 실수 값을 그보다 크거나 같은 정수 중에 가장 작은 수로 올림하는 기능을 수행합니다. 예를 들어, math.ceil(4.2)는 5를 반환합니다.

7 math.floor() 함수는 math 모듈에 포함된 수학 함수로, 주어진 실수 값을 그보다 작거나 같은 정수 중에 가장 큰 수로 내림하는 기능을 수행합니다. 예를 들어, math.floor(4.2)는 4를 반환합니다.

8 round() 함수는 숫자를 반올림하는 내장 함수입니다. round() 함수는 주어진 숫자를 가장 가까운 정수로 반올림하거나, 선택적으로 소수점 아래 특정 자릿수로 반올림할 수 있습니다. 예를 들어, round(1.234, 1)은 1.2를 반환합니다.

10 int() 함수는 두 가지 목적으로 사용됩니다. 하나는 숫자의 소수 부분을 버리고 정수 부분만을 반환하는 것이고, 다른 하나는 문자열을 정수로 변환하는 것입니다.

13 random.randint() 함수는 random 모듈에 포함된 함수로, 지정된 범위 내에서 임의의 정수를 생성합니다. 이 함수는 범위의 시작 값과 종료 값을 모두 포함하여 그 사이의 임의의 정수를 반환합니다.

14 random.random() 함수는 random 모듈에 포함된 함수로, 0과 1 사이의 임의의 부동 소수점 수(실수)를 생성합니다. 이 함수가 반환하는 값은 0.0을 포함하고 1.0을 제외한 범위의 임의의 실수입니다.

15 random.randrange() 함수는 random 모듈에 포함된 함수로, 지정된 범위 내에서 임의의 정수를 생성합니다. randint() 함수와 유사하지만, randrange() 함수는 증가폭(step) 설정을 제공합니다.

17 math.degrees() 함수는 math 모듈에 포함된 수학 함수로, 라디안 값을 도(degree) 단위로 변환합니다. 이 함수는 라디안으로 표현된 각도를 도 단위로 변환할 때 사용됩니다. 예를 들어, math.degrees(1)의 값은 57.296도입니다.

18 math.radians() 함수는 math 모듈에 포함된 수학 함수로, 도(degree) 단위의 각도를 라디안(radian) 단위로 변환합니다. 이 함수는 도 단위로 표현된 각도를 라디안 단위로 변환할 때 사용됩니다. 예를 들어, math.radians(90)의 값은 1.571라디안입니다. 코스페이시스에서 오브젝트를 회전시킬 때 회전 각도를 라디안 값을 입력해야 할 때가 있습니다. 그래서 이 함수가 필수적으로 사용됩니다.

문법

08 문자열 활용하기

공유 링크 | **완성작:** https://edu.cospaces.io/LWX-WBS

목표

파이썬에서 문자열을 다루는 데 사용되는 다양한 함수를 활용해서 다음과 같이 문자열을 조작하고 print() 함수를 이용해서 출력하세요.

```
1  1. 안녕하세요
2  2. 첫글자만: 안
3  3. 3번째~4번째 문자: 녕하
4  4. 동해물과 백두산이
5  마르고 닳도록
6  하느님이 보우하사
7  우리 나라 만세
8  5. 이것은
9  한줄씩
10 줄바꿈
11 6. 이것은 탭으로      띄우기
12 7. 문자열 더하기
13 8. 문자열 복제 복제 복제 복제 복제
14 9. 이름은 홍길동이고, 나이는 19입니다.
```

코드

예제 파일 | 문법08_문자열_활용.txt

```
1  from cospaces import *
2  import math
3  import random
4
5  text1 = "안녕하세요"
6  print("1.", text1)
7  print("2. 첫글자만:", text1[0])
8  print("3. 3번째~4번째 문자:", text1[2:4])
9
10 text2 = """4. 동해물과 백두산이
11 마르고 닳도록
12 하느님이 보우하사
13 우리 나라 만세"""
14 print(text2)
15
16 print("5. 이것은\n한줄씩\n줄바꿈")
17 print("6. 이것은\t탭으로\t띄우기")
18
19 print("7. 문자열 " + "더하기")
20 print("8. 문자열 " + "복제 "*5)
21
22 print("9. 이름은 %s이고, 나이는 %d입니다." % ("홍길동", 19))
```

설명

7 문자열 안에서 각각의 문자는 인덱스 번호(순번)를 갖습니다. 예를 들어, text1[0]은 문자열 변수 text1의 첫 번째 문자를 가리킵니다. 파이썬의 인덱스 번호는 0부터 시작하기 때문에, text1[0]은 문자열의 맨 처음 문자를 반환합니다.

8 문자열에서 특정한 부분만 추출하는 것을 슬라이싱(Slicing)이라고 부릅니다. 예를 들어, text1[2:4]는 문자열 변수 text1에서 인덱스 2(세 번째 문자)부터 인덱스 3(네 번째 문자)까지의 문자들을 추출합니다.

10 """(쌍따옴표 세 개) 기호는 여러 줄에 걸친 긴 문자열을 정의하는 데 사용됩니다. 긴 문자열 안에 줄바꿈이 있다면 그대로 저장됩니다.

16 \n, \t와 같은 기호는 이스케이프 시퀀스라고 불립니다. 이스케이프 시퀀스는 백슬래시(\ 또는 ₩)를 사용하여 특정한 문자 조합을 나타냅니다. 이들은 문자열 내에서 특별한 의미를 가지는데, 예를 들어, \n은 새로운 줄(개행)을 시작하고, \t는 탭 문자를 나타냅니다. 이스케이프 시퀀스는 문자열을 읽거나 관리하기 쉽게 만드는 데 도움이 됩니다.

19 + 연산자는 각 문자열을 직접 연결하여 새로운 문자열을 생성하는 데 사용됩니다. 이때 연결하려는 오브젝트가 모두 문자열이어야 합니다. 예를 들어, "문자열" + "더하기"는 "문자열더하기"라는 하나의 문자열을 반환합니다.

반면에 우리가 지금까지 사용했던 ',' 연산자는 주로 print() 함수 안에서 여러 오브젝트를 출력할 때 사용합니다. ',' 연산자는 다양한 유형의 오브젝트를 출력할 수 있으며, 각 오브젝트들 사이에 기본적으로 공백을 삽입합니다. ',' 연산자는 print() 함수 외부에서는 문자열을 직접 연결할 수 없습니다.

20 곱하기(*) 연산자는 숫자를 곱할 때뿐만 아니라 문자열을 반복할 때 사용합니다. 예를 들어, 문자열*5는 문자열을 해당 숫자만큼 반복하는 것을 의미합니다. 이 연산은 문자열을 주어진 횟수만큼 연속적으로 이어 붙여 새로운 문자열을 생성합니다.

22 변수 값을 문자열 사이에 넣는 포매팅 방법에는 다양한 방식이 있습니다. %s, %d를 사용하여 변수 값을 출력하는 방법은 오래된 스타일의 문자열 포매팅 방법 중에 하나입니다. %s는 문자열을, %d는 정수를 포매팅하는 데 사용됩니다. 각각의 포매팅 지시자는 문자열 내에서 대응하는 변수로 대체됩니다. 최근에는 더 현대적이고 유연한 str.format() 함수나 f-string 함수를 사용하는 편입니다.

문법

09 불리언 활용하기

공유 링크 | 완성작: https://edu.cospaces.io/BFB-YHT

목표

파이썬에서 True(참) 또는 False(거짓)의 두 가지 상태만을 가지는 불리언(Boolean) 자료형을 활용하고 print( ) 함수를 이용해서 출력하세요.

```
1  True
2  True
3  False
4  False
5  True
6  자료형: <class 'bool'>
7  문열림여부: False
8  키소유여부: True
9  문 열리고, 키 있음 False
10 문 안열리고, 키 있음: True
```

코드

예제 파일 | 문법09_불리언_활용.txt

```
1  from cospaces import *
2  import math
3  import random
4
```

```
5   print(True)
6   print(3 > 2)
7   print(bool(0))
8   print(bool(""))
9   print(6 % 2 == 0 and 6 % 3 == 0)
10
11  isDoorOpen = False
12  isUserHasKey = True
13
14  print("자료형:", type(isDoorOpen))
15
16  print("문열림여부:", isDoorOpen)
17  print("키소유여부:", isUserHasKey)
18
19  print("문 열리고, 키 있음", isDoorOpen and isUserHasKey)
20  print("문 안열리고, 키 있음:", not isDoorOpen and isUserHasKey)
```

설명

5 이 코드는 불리언 값 True(참)를 출력합니다. 불리언 값은 일반적으로 조건문, 반복문 등에서 조건을 평가하는 데 사용되며, True와 False 두 가지 값만을 가집니다.

6 이 코드는 두 숫자 3과 2의 비교 결과를 출력합니다. 이 비교의 결과는 불리언 값으로 반환됩니다. 실제로 3이 2보다 크기 때문에 3 > 2는 True 값을 반환합니다.

7 이 코드는 숫자 0을 불리언 값으로 변환한 후, 그 결과를 출력합니다. 파이썬에서는 0, 빈 문자열(""), 빈 리스트([]), None 등은 False로 간주됩니다. 이외의 모든 값은 True로 간주됩니다. 따라서 0은 False로 평가되어 False 값을 반환합니다.

9 이 코드는 두 조건의 논리적 and 연결을 평가하고 그 결과를 출력합니다. %는 나머지 연산자로 6을 2로 나눈 나머지를 구하는데 결과는 0입니다. 따라서 6 % 2 == 0은 True(참)입니다. 같은 방식으로 6 % 3 == 0도 참입니다. and 연산자는 두 조건이 모두 참일 때만 참을 반환합니다. 여기서 두 조건이 모두 참이라는 것을 확인했으므로, 전체 표현식은 참입니다.

11 이 코드는 변수 isDoorOpen을 선언하고, 불리언 값 False를 할당합니다. 파이썬에서 불리언 변수의 이름을 작성할 때는 변수가 나타내는 상태나 조건을 명확하게 반영하는 이름을 사용하는 것이 좋습니다. 변수명을 작성할 때는 일반적으로 is, has, can, did, was와 같은 동사를 사용합니다. 예를 들어, 상태를 나타낼 때는 isConnected, isVisible 등으로, 조건을 체크할 때는 hasKey, canPass 등으로, 이벤트 발생 여부를 나타낼 때는 didComplete, wasFound 등으로 변수명을 만들 수 있습니다.

14 type() 함수는 주어진 오브젝트의 자료형을 반환합니다. 오브젝트의 자료형을 알아내는 것은 디버깅이나 개발 과정에서 오브젝트가 어떤 자료형인지 확인하는 데 도움이 됩니다.

19 이 코드는 두 개의 불리언 변수 isDoorOpen과 isUserHasKey의 논리적 and 연결 결과를 함께 출력합니다. 두 변수의 값이 모두 True(참)일 때만 True(참)를 반환하는데, 여기서는 isDoorOpen 변수 값이 False(거짓)이기 때문에 결과적으로 False(거짓) 값이 출력됩니다.

문법

10 리스트 활용하기

공유 링크 | **완성작:** https://edu.cospaces.io/NQX-XRQ

목표

파이썬에서 리스트를 다루는 여러 가지 함수를 활용하고, print() 함수를 이용해서 다음과 같이 값을 출력하세요.

```
1  1. 과목: ['국어', '영어', '수학', '정보']
2  2. 점수: [95, 87, 91, 100]
3  3. 정보 인덱스 번호: 3
4  4. 점수 첫번째 항목: 95
5  5. 정보 과목의 점수 찾기: 100
6  6. 리스트 길이: 4
7  7. 리스트 합치기: ['국어', '영어', '수학', '정보', 95, 87, 91, 100]
8  8. 리스트 반복
9  국어 : 95
10 영어 : 87
11 수학 : 91
12 정보 : 100
```

코드

예제 파일 | 문법10_리스트_활용.txt

```
1  from cospaces import *
2  import math
```

```
3   import random
4
5   subject = ["국어", "영어", "수학", "정보"]
6   score = [95, 87, 91, 100]
7
8   print("1. 과목:", subject)
9   print("2. 점수:", score)
10  print("3. 정보 인덱스 번호:", subject.index("정보"))
11  print("4. 점수 첫번째 항목:", score[0])
12  print("5. 정보 과목의 점수 찾기:", score[subject.index("정보")])
13
14  print("6. 리스트 길이:", len(subject))
15  print("7. 리스트 합치기:", subject + score)
16
17  print("8. 리스트 반복")
18  for title in subject:
19      print(title, ":", score[subject.index(title)])
```

설명

5 파이썬에서 리스트를 만들 때는 대괄호 []를 사용하고, 그 안에 원하는 요소들을 쉼표로 구분하여 넣습니다.

8 print() 함수를 사용하여 리스트 전체를 한 번에 출력할 수 있습니다.

10 index() 함수는 리스트에서 특정 요소의 위치를 찾는 데 사용됩니다. 이 함수는 요소의 첫 번째 출현 위치(인덱스 번호)를 반환합니다. 리스트에 해당 요소가 없으면 ValueError 예외를 발생시킵니다.

11 리스트의 특정 인덱스에 있는 값을 출력하려면, 해당 인덱스를 대괄호 안에 지정하여 리스트에서 직접 접근할 수 있습니다. 예를 들어, score[0]은 score 리스트에서 첫 번째(인덱스 0) 값을 반환합니다.

12 이 표현은 subject 리스트에서 '정보'라는 항목의 인덱스 번호를 찾고, 그 인덱스 번호를 사용하여 score 리스트에서 해당하는 값을 얻어내는 데 사용됩니다.

14 `len()` 함수는 오브젝트의 길이나 요소의 개수를 반환하는 데 사용됩니다. 이 함수는 여러 종류의 오브젝트에 적용할 수 있으며, 가장 흔히 리스트, 문자열, 튜플, 딕셔너리, 세트 등의 컬렉션 타입에 사용됩니다.

15 리스트를 합치는 가장 간단한 방법 중 하나는 + 연산자를 사용하는 것입니다. + 연산자는 두 개 이상의 리스트를 결합하여 새로운 리스트를 생성합니다. 이 방법은 간단하고 직관적이며, 원본 리스트는 변경되지 않습니다.

18 각 과목의 이름과 해당 과목의 점수를 출력하는 반복문입니다. `subject` 리스트에서 각 과목명이 순차적으로 추출되고, 해당 과목명의 인덱스를 사용하여 score 리스트에서 동일한 위치에 있는 점수를 찾아 출력합니다.

Chapter

04

COSPACES EDU

조건

⊙ 학습 목표

- 조건문의 기본 구조와 사용법을 배워, 특정 조건에 따라 코드가 실행되도록 합니다.
- 다양한 조건을 설정하여, 프로그램의 실행 흐름을 분기하고 제어하는 방법을 익힙니다.
- 숫자와 문자열 데이터를 활용해 조건을 설정하고, 이를 통해 실제 문제를 해결할 수 있는 코드를 작성합니다.

문법

11 조건문 숫자 활용하기

공유 링크 | 완성작: https://edu.cospaces.io/EKP-CJD

목표

다음은 변수 score의 값을 기준으로 조건부 메시지를 출력하는 간단한 프로그램입니다. 조건문을 이용해서 변수 값에 따라 다른 문구를 출력하세요.

```
1 1. 점수: 3
2 2. 3점 이상으로 성공입니다. 엔딩화면으로 이동합니다.
```

코드

예제 파일 | 문법11_조건문_숫자_활용.txt

```
1  from cospaces import *
2  import math
3  import random
4
5  score = 3
6  print("1. 점수:", score)
7
8  if score >= 3:
9      print("2. 3점 이상으로 성공입니다. 엔딩화면으로 이동합니다.")
10 else:
11     print("2. 3점 미만으로 실패입니다. 게임을 재시작 합니다.")
```

설명

8 이 조건문은 score가 3 이상인 경우를 체크합니다. 여기서 score는 3이므로, 이 조건은 True(참)입니다.

9 첫 번째 print 문은 조건이 True(참)일 때 실행됩니다. 따라서 "2. 3점 이상으로 성공입니다. 엔딩화면으로 이동합니다."가 출력됩니다.

10 else: 이 부분은 if 조건이 False(거짓)일 때 실행됩니다. 하지만 이 경우에는 score가 3 이상이므로, else 블록은 실행되지 않습니다.

추가

score 변수 값을 2로 바꾼 후에 코드를 실행해 봅시다.

```
5    score = 2
```

문법 12

조건문 문자열 활용하기

공유 링크 | **완성작:** https://edu.cospaces.io/LVZ-HYN

목표

다음은 변수 other의 문자열 값에 따라 다른 메시지를 출력하는 간단한 프로그램입니다. 조건문을 이용해서 변수 값에 따라 다른 문구를 출력하세요.

```
1  1. 충돌 가능 오브젝트: 바닥, 도착지점, 장애물 등등
2  2. 충돌한 대상: 바닥
3  3. 바닥에 떨어지면 탈락입니다. 게임을 재시작 합니다.
```

코드

예제 파일 | 문법12_조건문_문자열_활용.txt

```
1  from cospaces import *
2  import math
3  import random
4
5  other = "바닥"
6
7  print("1. 충돌 가능 오브젝트: 바닥, 도착지점, 장애물 등등")
8  print("2. 충돌한 대상:", other)
9  if other == "바닥":
10     print("3. 바닥에 떨어지면 탈락입니다. 게임을 재시작 합니다.")
11 elif other == "도착지점":
```

```
12        print("3. 도착지점에 도착했습니다. 게임을 종료합니다.")
13  else:
14        print("3. 여기에는 아무것도 없습니다.")
```

설명

5 변수 other에 문자열 "바닥"이 할당됩니다. 나중에는 코스페이시스의 충돌 관련 이벤트 함수를 통해 오브젝트가 충돌한 대상 오브젝트의 이름을 가져와 변수에 할당할 수 있습니다.

9 첫 번째 if 문은 other가 "바닥"과 같은지 검사합니다. 이 경우에는 other가 "바닥"이므로, 이 조건은 True(참)이고, "3. 바닥에 떨어지면 탈락입니다. 게임을 재시작합니다."가 출력됩니다.

11 elif 문은 other가 "도착지점"과 같은지 검사합니다. 이 코드에서는 other가 "바닥"이므로, 이 조건은 False(거짓)이고, 이 블록은 실행되지 않습니다.

13 else 블록은 위의 조건들이 모두 거짓일 때 실행됩니다. 이 경우에는 필요하지 않으므로 실행되지 않습니다.

추가

other 변수 값을 "도착지점" 또는 "장애물"로 바꾼 후에 다시 코드를 실행해 봅시다.

```
5  other = "도착지점"
```

```
5  other = "장애물"
```

Chapter

05

COSPACES EDU

반복

⊙ 학습 목표

- for 반복문을 사용하여 특정 범위의 숫자를 순회하며 홀수와 짝수를 판별하는 방법을 배웁니다.
- while 반복문을 사용하여 특정 조건이 만족될 때까지 반복 실행하는 코드를 작성하는 방법을 익힙니다.
- 반복문을 활용해 간단한 패턴을 생성하고, 반복문을 이용해 코드의 효율성을 높이는 방법을 학습합니다.

문법

13 반복문 for

공유 링크 | **완성작:** https://edu.cospaces.io/ZXC-QQX

목표

for 반복문을 이용해서 1부터 10까지의 숫자 각각이 홀수인지 짝수인지를 판별하고 이에 대한 결과를 출력해 봅시다.

```
1   1 은(는) 홀수입니다.
2   2 은(는) 짝수입니다.
3   3 은(는) 홀수입니다.
4   4 은(는) 짝수입니다.
5   5 은(는) 홀수입니다.
6   6 은(는) 짝수입니다.
7   7 은(는) 홀수입니다.
8   8 은(는) 짝수입니다.
9   9 은(는) 홀수입니다.
10  10 은(는) 짝수입니다.
```

코드

예제 파일 | 문법13_반복문_for.txt

```
1  from cospaces import *
2  import math
3  import random
4
```

```
5 for num in range(1, 11):
6     if num % 2 == 0:
7         print(num, "은(는) 짝수입니다.")
8     else:
9         print(num, "은(는) 홀수입니다.")
```

설명

5 for 반복문은 range(1, 11)을 통해 생성된 숫자 시퀀스를 순회합니다. range(1, 11)은 1부터 10까지의 숫자를 생성합니다. 11은 포함하지 않습니다.

6 변수 num은 현재 숫자를 나타냅니다. if 문은 num % 2 == 0 조건을 통해 num이 짝수인지 확인합니다. 여기서 %는 나머지 연산자로, num % 2는 num을 2로 나눈 나머지를 계산합니다. 짝수의 경우 이 연산의 나머지는 0이 됩니다.

7 if 조건이 참이면, 즉 num이 짝수일 경우 출력합니다.

8 else 블록은 if 조건이 거짓일 때 실행됩니다. 즉, num이 홀수일 경우 출력합니다.

문법 14

반복문 while

공유 링크 | **완성작:** https://edu.cospaces.io/KER-ZBQ

목표

while 반복문을 이용해서 주어진 값보다 크면서 가장 작은 2의 제곱수를 찾는 프로그램을 만들어 봅시다.

```
1   2
2   4
3   8
4   16
5   32
6   64
7   128
8   256
9   512
10  1024
11  반복이 끝났습니다.
12  1000 보다 크면서 가장 작은 2의 제곱수는 1024 입니다
```

코드

예제 파일 | 문법14_반복문_while.txt

```
1  from cospaces import *
2  import math
3  import random
```

```
4
5   num = 2
6   goal = 1000
7
8   while True:
9       print(num)
10      if num > goal:
11          break
12      num *= 2
13
14  print("반복이 끝났습니다.")
15  print(goal, "보다 크면서 가장 작은 2의 제곱수는", num, "입니다")
```

설명

for 반복문과 while 반복문은 파이썬에서 반복적인 작업을 수행하기 위해 사용되는 두 가지 주요 구조입니다. 다만 for 반복문은 주로 반복 횟수가 정해져 있거나, 반복 가능한 오브젝트(리스트, 문자열 등)를 순회할 때 사용합니다. 반면에 while 반복문은 반복 횟수가 정해지지 않았거나 특정 조건에 따라 반복을 제어해야 할 때 사용됩니다.

8 이 코드는 조건이 항상 True(참)이기 때문에 무한 반복을 생성합니다.

10 이 조건문은 num이 goal보다 커졌는지 확인합니다. 만약 num이 goal보다 크면, break 문이 실행되어 반복에서 탈출합니다.

12 num 값에 2를 곱하여 업데이트합니다. 이 연산은 num을 2의 제곱수로 계속 증가시킵니다.

14 반복을 탈출한 후, 이 두 줄의 코드가 실행되어 "**반복이 끝났습니다.**"라는 메시지와 함께 goal 값을 초과하는 가장 작은 2의 제곱수를 출력합니다.

추가

goal 값을 10000으로 변경하고 코드를 실행해 봅시다.

```
6   goal = 10000
```

Chapter

06

COSPACES EDU

함수

⊙ 학습 목표

- 사용자 정의 함수(User-Defined Function)의 정의 방법과 기본적인 사용법을 익힙니다.
- 매개변수를 사용하여 다양한 입력에 대응하는 함수를 만드는 방법을 배웁니다.
- 전역(글로벌) 변수의 개념을 이해하고, 함수 내에서 글로벌 변수를 활용하는 방법을 학습합니다.

문법

15 함수 기본

공유 링크 | **완성작:** https://edu.cospaces.io/WWF-RQA

목표

파이썬에서 사용자 정의 함수(User-Defined Function)는 프로그래머가 특정한 작업을 수행하기 위해 직접 정의하는 함수입니다. 이를 통해 코드의 재사용성을 높이고, 프로그램의 구조를 명확하게 하며, 복잡한 문제를 해결하는 데 도움을 줍니다. 사용자 정의 함수를 이용해서 다음과 같이 출력해 봅시다.

```
1 안녕하세요.
2 안녕하세요.
3 안녕하세요.
4 1 번 손님, 안녕하세요.
5 2 번 손님, 안녕하세요.
6 3.0 번 손님, 안녕하세요.
7 홍길동 님, 안녕하세요.
8 이순신 님, 안녕하세요.
9 김철민 님, 안녕하세요.
```

코드

예제 파일 | 문법15_함수_기본.txt

```
1  from cospaces import *
2  import math
3  import random
4
5  def say():
```

```
6       print("안녕하세요.")
7
8   say()
9   say()
10  say()
11
12  def say2(num):
13      print(num, "번 손님, 안녕하세요.")
14
15  say2(1)
16  say2(1+1)
17  say2(9/3)
18
19  def say3(name):
20      print(name, "님, 안녕하세요.")
21
22  say3("홍길동")
23  say3("이순신")
24  say3("김철민")
```

설명

이 코드는 사용자 정의 함수를 만들고, 이를 여러 방법으로 호출하는 예시를 보여 줍니다.

5 say() 함수는 매개변수가 없으며, 호출될 때마다 "안녕하세요."를 출력합니다.

8 say() 함수는 코드에서 세 번 호출됩니다. 따라서 "안녕하세요."라는 문장이 세 번 출력됩니다.

12 say2() 함수는 하나의 매개변수 num을 받습니다. 호출될 때마다 주어진 num 값과 함께 "번 손님, 안녕하세요."를 출력합니다.

19 say3() 함수는 하나의 매개변수 name을 받습니다. 호출될 때마다 주어진 name 값과 함께 "님, 안녕하세요."를 출력합니다.

문법

16 함수의 글로벌 변수 활용하기

공유 링크 | **완성작:** https://edu.cospaces.io/CWQ-USJ

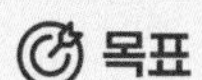

목표

여러 함수에서 접근 가능한 글로벌(Global) 변수는 프로그램 어디에서나 값을 읽고 수정할 수 있습니다. 다음과 같이 글로벌 변수 score를 사용하여 점수를 관리하는 프로그램을 만들어 봅시다.

```
1 점수: 0
2 점수 증가: 1
3 점수 증가: 2
4 점수 초기화: 0
5 점수 증가: 1
```

코드

예제 파일 | 문법16_함수의_글로벌_변수_활용하기.txt

```
1 from cospaces import *
2 import math
3 import random
4
5 score = 0
6 print("점수:", score)
7
8 def score_up():
9     global score
```

```
10        score += 1
11        print("점수 증가:", score)
12
13    def score_reset():
14        global score
15        score = 0
16        print("점수 초기화:", score)
17
18    score_up()
19    score_up()
20    score_reset()
21    score_up()
```

설명

이 코드는 글로벌 변수를 함수 내에서 수정하는 방법과 글로벌 변수를 사용하여 여러 함수 간에 데이터를 공유하는 방법을 보여 줍니다.

5 score라는 글로벌 변수가 0으로 초기화되고, 초기 점수가 출력됩니다.

8 score_up() 함수는 글로벌 변수 score를 1 증가시키는 함수입니다.

9 global score는 함수 내에서 글로벌 변수 score를 사용하겠다는 선언입니다.

10 score += 1은 score 변수의 값을 1 증가시킵니다.

13 score_reset() 함수는 글로벌 변수 score의 값을 0으로 초기화하는 함수입니다. 이 함수가 호출되면 점수는 0으로 초기화되고, **"점수 초기화: 0"**이 출력됩니다.

꿀팁 2

자동 완성 기능 사용하기

코스페이시스는 코드 편집창에 '자동 완성(인텔리센스)' 기능을 제공합니다. 자동 완성 기능은 코스페이시스에서 제공하는 기본 명령어와 여러분이 직접 만든 사용자 정의 함수들을 쉽게 입력할 수 있도록 도와줍니다. 단어의 일부분을 입력하면 자동으로 명령어가 추천되고, 위아래 방향키를 이용해서 명령어를 선택하고 탭 키를 누르면 선택된 명령어가 바로 코드에 입력됩니다. 자동 완성 기능을 잘 활용하면 코드 입력 시간을 절약하고, 오타를 방지할 수 있습니다.

```
5   def say():
6       print("안녕하세요.")
7
8   def say2(num):
9       print(num, "번 손님, 안녕하세요.")
10
11  def say3(name):
12      print(name, "님, 안녕하세요.")
13
14  s
15    say()
16    say2(num)
17    say3(name)
18    scene                         cospaces
19    space                         cospaces
20    sys
21
```

PART 02

코스페이시스 파이썬 예제

두 번째 파트에서는 코스페이시스에서 제공하는 파이썬 API를 바탕으로 파이썬 명령어를 활용하는 방법을 배웁니다. 그리고 30개의 다양한 예제를 통해 캐릭터와 오브젝트를 조작하는 방법을 자세히 다룹니다. 각 예제는 각각의 코블록스 명령어 블록을 파이썬 명령어로 똑같이 만드는 방법으로 기존에 블록 코딩을 학습한 학생들이 보다 쉽게 파이썬을 배울 수 있도록 설계되었습니다.

Chapter

01

COSPACES EDU

이벤트

⊙ 학습 목표

- 특정 오브젝트를 클릭했을 때 발생하는 이벤트를 처리하는 방법을 배웁니다.
- 클릭 이벤트에 반응하여 오브젝트에 애니메이션을 적용하고, 출력창에 메시지를 표시하는 코드를 작성합니다.
- 이벤트 기반 프로그래밍에서 사용자 인터랙션에 따라 프로그램의 동작을 제어하는 방법을 학습합니다.

예제

01 오브젝트를 클릭했을 때

공유 링크 | **완성작:** https://edu.cospaces.io/LEC-LQK
템플릿: https://edu.cospaces.io/QLQ-NRL

목표

여자 아이를 클릭하면 여자 아이가 춤을 추고, 강아지를 클릭하면 여자 아이가 춤추는 것을 멈춥니다. 또 클릭할 때마다 출력창에 해당 내용이 표시됩니다.

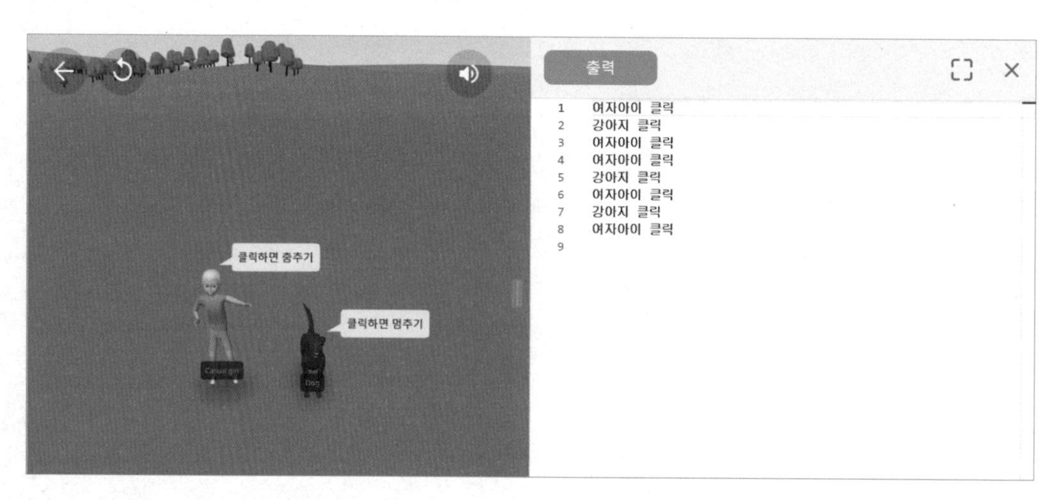

코드

예제 파일 | 예제01_오브젝트를_클릭했을_때.txt

```
1  from cospaces import *
2  import math
3  import random
4
5  ### 변수 ###
```

```
6
7   girl = scene.get_item("Casual girl")
8   dog = scene.get_item("Dog")
9
10
11  ### 함수 ###
12
13  def on_girl_click():
14      girl.animation.play("Dance fun")
15      print("여자아이 클릭")
16
17  def on_dog_click():
18      girl.animation.play("Neutral")
19      print("강아지 클릭")
20
21
22  ### 이벤트 ###
23
24  girl.input.on_click(on_girl_click)
25  dog.input.on_click(on_dog_click)
```

설명

이 코드는 사용자가 코스페이시스에서 특정 오브젝트를 클릭할 때 애니메이션을 변경하고 간단한 피드백을 제공합니다.

가독성을 위해서 전체 코드는 변수를 선언하는 부분, 함수를 정의하는 부분, 이벤트를 감지하는 부분으로 나누어 작성되었습니다. 각각의 영역은 주석(### ###)으로 구분되어 있습니다.

'오브젝트를 클릭했을 때'의 핵심 기능을 수행하는 것은 24번 행의 input.on_click() 함수입니다. 그런데 어떤 오브젝트를 클릭한 것인지 먼저 설정해 주어야 하기 때문에, 7번 행에서 미리 오브젝트 변수를 선언해 준 것입니다.

24번 행에서 Casual girl 오브젝트를 클릭했을 때 on_girl_click()이라는 함수를 실행하게 되는데, 이 함수가 무엇인지 13번 행에서 미리 함수를 정의해 주었습니다. 이처럼 변수나 함수를 사용하려면 실행 코드 앞에 변수나 함수를 미리 선언해 주어야 합니다.

1 코스페이시스 작동에 필요한 라이브러리를 임포트하는 부분입니다. 여기서 cospaces 라이브러리는 코스페이시스 플랫폼과 상호 작용하기 위해 사용되며, math와 random은 수학적 계산과 랜덤 숫자 생성을 위해 사용됩니다.

5 변수를 선언하는 부분이라는 것을 주석으로 표시합니다.

7 Casual girl과 Dog라는 이름의 두 오브젝트를 찾아서 각각 girl과 dog 변수에 할당합니다. 오브젝트의 이름 또는 ID를 이용해서 변수를 선언할 수 있습니다. 만약 같은 이름의 오브젝트가 두 개 이상 있다면, 그중에서 가장 먼저 생성된 오브젝트 한 개만 선택됩니다.

11 함수를 선언하는 부분이라는 것을 주석으로 표시합니다.

13 on_girl_click() 함수는 Casual girl 오브젝트의 애니메이션을 "Dance fun"으로 설정하고 출력창에 "여자아이 클릭"이라는 메시지를 출력합니다.

17 on_dog_click() 함수는 Casual girl 오브젝트의 애니메이션을 "Neutral"로 설정하고 출력창에 "강아지 클릭"이라는 메시지를 출력합니다.

22 이벤트를 감지하는 부분이라는 것을 주석으로 표시합니다.

24 Casual girl과 Dog 오브젝트에 클릭 이벤트 리스너가 추가됩니다. 각 오브젝트가 클릭될 때 해당하는 함수가 호출됩니다.

추가

공유 링크에 있는 템플릿 작품은 완성작에서 디자인(오브젝트 등)은 그대로 남기고 파이썬 코드만 삭제한 것입니다. 템플릿 작품을 리믹스한 후 직접 책을 보고 코드를 입력해 봅시다. 그리고 제대로 작동하는지 확인해 보세요. 쉽게 완성했다면 코드를 조금씩 응용해 보아도 좋습니다.

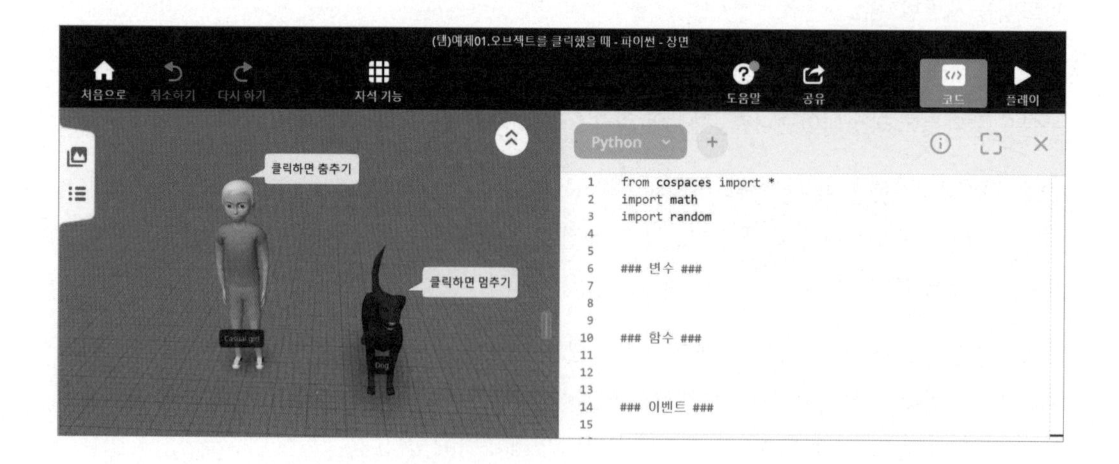

예제

02 키보드의 키를 눌렀을 때

공유 링크

완성작: https://edu.cospaces.io/YEE-YDN

템플릿: https://edu.cospaces.io/UZL-APD

목표

키보드의 1키를 누른 후에 여자 아이가 춤을 추고, 키보드의 2키를 누른 후에 여자 아이가 춤을 멈춥니다. 출력창에 내용을 표시합니다.

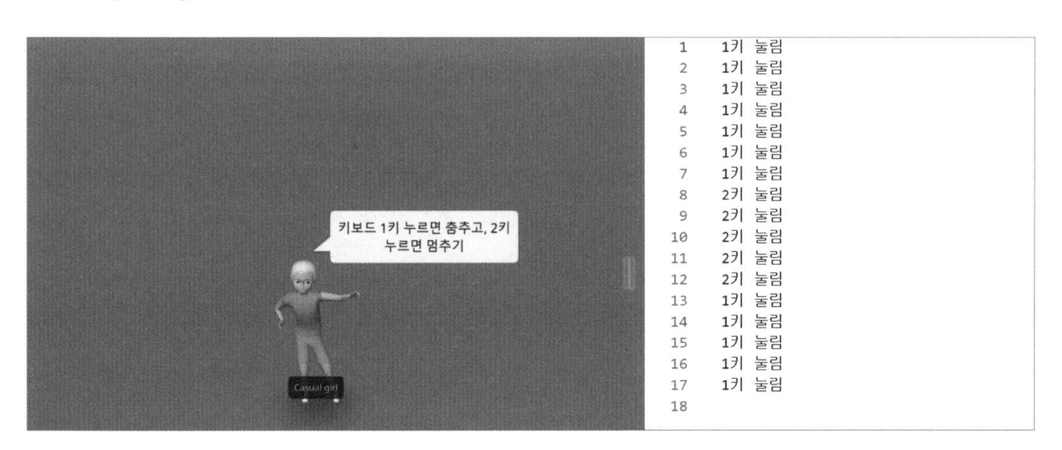

코드

예제 파일 | 예제02_키보드의_키를_눌렀을_때.txt

```
1  from cospaces import *
2  import math
3  import random
4
5
6  ### 변수 ###
```

```
7
8  girl = scene.get_item("Casual girl")
9
10
11 ### 함수 ###
12
13 def on_1_press():
14     girl.animation.play("Dance fun")
15     print("1키 눌림")
16
17 def on_2_press():
18     girl.animation.play("Neutral")
19     print("2키 눌림")
20
21
22 ### 이벤트 ###
23
24 input.on_key_pressed(on_1_press, Input.KeyCode.ONE)
25 input.on_key_pressed(on_2_press, Input.KeyCode.TWO)
```

설명

사용자가 [1]과 [2]키를 누르면, 서로 다른 애니메이션이 실행되고 출력창에 확인 메시지가 출력됩니다.

13 [1]키가 눌렸을 때 실행됩니다. Casual girl 오브젝트에 "Dance fun"이라는 애니메이션을 재생하고 출력창에 "1키 눌림"이라는 메시지를 출력합니다.

17 [2]키가 눌렸을 때 실행됩니다. Casual girl 오브젝트에 "Neutral"이라는 애니메이션을 재생하고 출력창에 "2키 눌림"이라는 메시지를 출력합니다.

24 [1]키가 눌렸을 때 on_1_press() 함수를 호출하도록 이벤트 리스너를 설정합니다. 알파벳은 A, B, C 등으로 작성하고 숫자는 ONE, TWO, THREE 등으로 작성합니다.

25 위 줄과 비슷하지만 [2]키에 대한 설정입니다. [2]키가 눌렸을 때 on_2_press() 함수를 호출합니다.

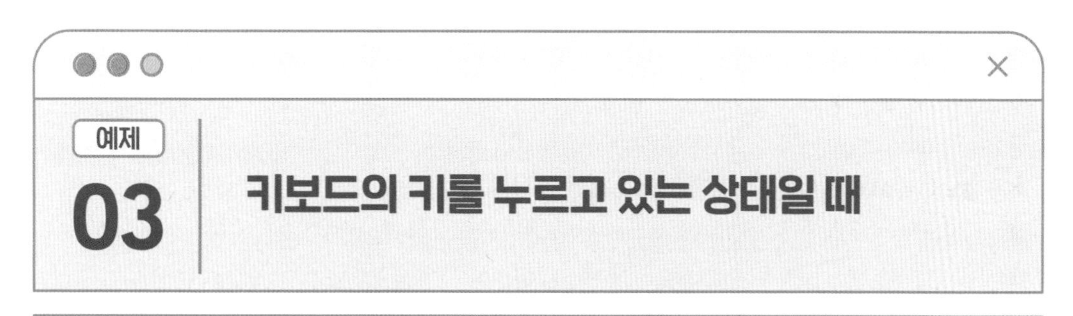

예제 03 키보드의 키를 누르고 있는 상태일 때

공유 링크
완성작: https://edu.cospaces.io/MBW-GBD
템플릿: https://edu.cospaces.io/ETY-KUE

목표

키보드의 [1]키를 누르고 있는 동안 여자 아이가 춤을 춥니다. 키보드의 [1]키를 떼면 여자 아이가 춤을 멈춥니다. 출력창에 해당 내용이 표시됩니다.

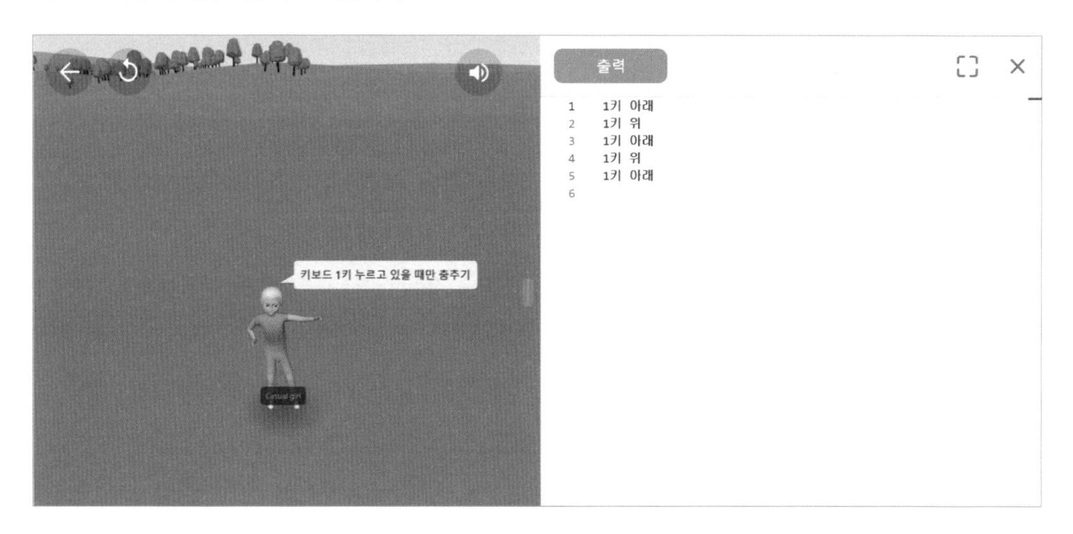

코드

예제 파일 | 예제03_키보드의_키를_누르고_있는_상태일_때.txt

```
1  from cospaces import *
2  import math
3  import random
4
```

```
5
6  ### 변수 ###
7
8  girl = scene.get_item("Casual girl")
9
10
11 ### 함수 ###
12
13 def on_1_down():
14     girl.animation.play("Dance fun")
15     print("1키 아래")
16
17 def on_1_up():
18     girl.animation.play("Neutral")
19     print("1키 위")
20
21
22 ### 이벤트 ###
23
24 input.on_key_down(on_1_down, Input.KeyCode.ONE)
25 input.on_key_up(on_1_up, Input.KeyCode.ONE)
```

설명

[1]키의 상태에 따라 Casual girl이라는 오브젝트에 할당된 애니메이션을 제어합니다. [1]키를 누르고 있을 때는 "Dance fun" 애니메이션을 재생하고, [1]키를 떼면 "Neutral" 애니메이션으로 전환하는 방식입니다.

13 키보드의 [1]키를 눌렀을 때 호출되는 함수입니다. Casual girl 오브젝트의 애니메이션으로 "Dance fun"을 재생하고, 출력창에 "1키 아래"라는 메시지를 출력합니다.

17 키보드의 [1]키를 떼었을 때 호출되는 함수입니다. Casual girl 오브젝트의 애니메이션으로 "Neutral"을 재생하고, 출력창에 "1키 위"라는 메시지를 출력합니다.

24 [1]키를 눌렀을 때 on_1_down() 함수를 실행하도록 설정합니다.

25 [1]키를 뗐을 때 on_1_up() 함수를 실행하도록 설정합니다.

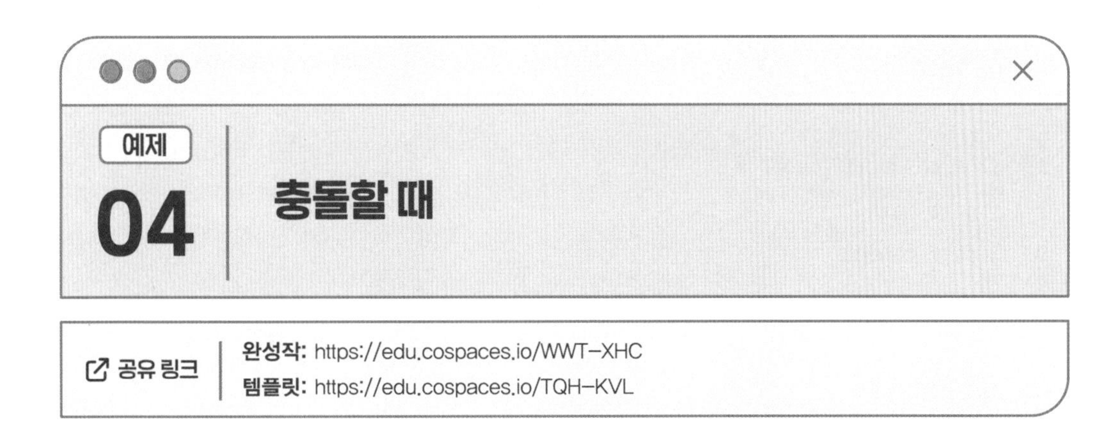

예제

04 충돌할 때

공유 링크

완성작: https://edu.cospaces.io/WWT-XHC

템플릿: https://edu.cospaces.io/TQH-KVL

목표

플레이어(카메라)가 노란색 원 위에 올라서면(충돌하면) 여자 아이가 춤을 춥니다. 플레이어가 노란색 원 위에서 떨어지면 여자 아이가 춤을 멈춥니다. 해당 내용을 출력창에 표시합니다.

코드

예제 파일 | 예제04_충돌할_때.txt

```
1  from cospaces import *
2  import math
3  import random
4
5
6  ### 변수 ###
7
8  girl = scene.get_item("Casual girl")
9  zone = scene.get_item("Circle")
10 camera = scene.get_item("Camera")
11
12
13 ### 함수 ###
14
15 def on_camera_collision_enter(other:BaseItem):
16     if other == zone:
17         girl.animation.play("Dance fun")
18         print("충돌했을 때")
19
20 def on_camera_collision_exit(other:BaseItem):
21     if other == zone:
22         girl.animation.play("Neutral")
23         print("떨어졌을 때")
24
25
26 ### 이벤트 ###
27
28 camera.on_collision_enter(on_camera_collision_enter)
29 camera.on_collision_exit(on_camera_collision_exit)
```

설명

플레이어(카메라)가 Circle이라는 오브젝트(zone)에 들어가거나 나올 때 Casual girl 오브젝트의 애니메이션이 변경됩니다.

9 충돌 이벤트를 감지하기 위해서는 Casual girl과 Circle 두 오브젝트 모두 변수로 선언해야 합니다. 바닥의 노란 원 오브젝트를 zone 변수로 선언합니다.

10 플레이어(카메라) 오브젝트도 변수로 선언합니다.

15 카메라가 다른 오브젝트와 충돌을 시작할 때 호출되는 함수입니다. other 매개변수는 충돌한 오브젝트를 나타냅니다. 만약 충돌한 오브젝트가 zone과 같다면, Casual girl의 "Dance fun" 애니메이션을 재생하고 "**충돌했을 때**"라는 메시지를 출력창에 표시합니다.

20 카메라가 다른 오브젝트로부터 떨어질 때 호출되는 함수입니다. 이때도 other 매개변수는 상호작용한 오브젝트를 나타냅니다. 만약 zone에서 떨어진다면, Casual girl의 "Neutral" 애니메이션을 재생하고 "**떨어졌을 때**"라는 메시지를 출력창에 표시합니다.

28 카메라가 다른 오브젝트와 충돌을 시작할 때 on_camera_collision_enter( ) 함수를 호출하도록 설정합니다.

29 카메라가 다른 오브젝트와의 충돌이 끝날 때 on_camera_collision_exit( ) 함수를 호출하도록 설정합니다.

Chapter

02

COSPACES EDU

형태

⊙ 학습 목표

- 오브젝트의 색상과 애니메이션을 변경하여 다양한 상호작용을 만드는 방법을 배웁니다.
- 버튼 클릭과 같은 이벤트를 사용하여 오브젝트의 형태를 동적으로 조작하는 방법을 학습합니다.
- 텍스트와 3D 텍스트 오브젝트를 활용하여 장면에 정보를 표시하는 다양한 방법을 익힙니다.

예제

05 애니메이션

공유 링크
완성작: https://edu.cospaces.io/YCL-JBC
템플릿: https://edu.cospaces.io/MBB-FZN

목표

[한번 동작] 버튼을 클릭하면 여자 아이가 달리는 동작을 1회 하고 멈춥니다. [반복 동작] 버튼을 클릭하면 여자 아이가 달리는 동작을 계속해서 반복합니다. [멈추기] 버튼을 클릭하면 동작을 멈춥니다.

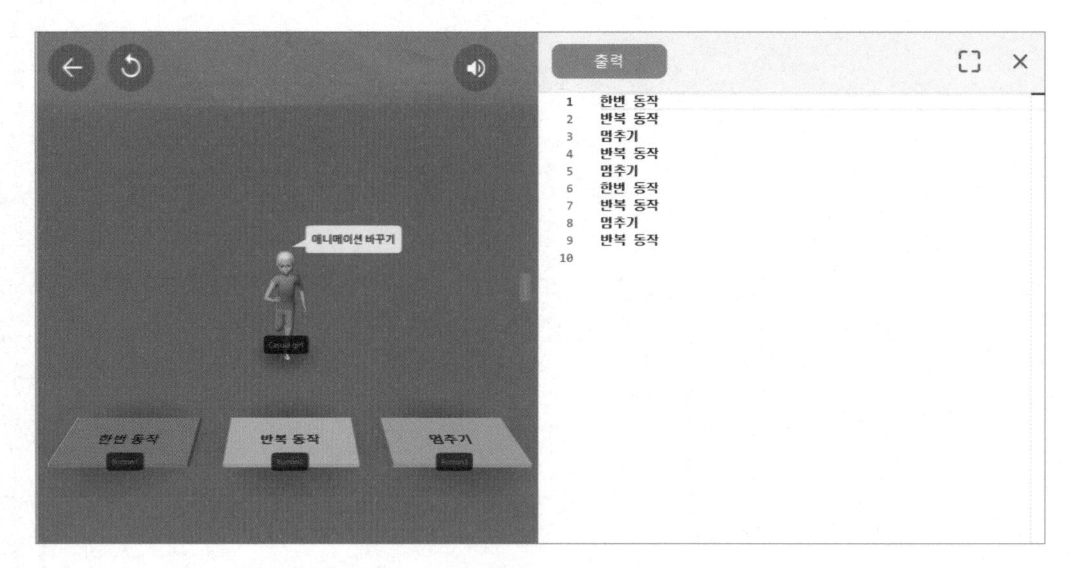

코드

예제 파일 | 예제05_애니메이션.txt

```
1  from cospaces import *
2  import math
3  import random
4
5
6  ### 변수 ###
7
8  girl = scene.get_item("Casual girl")
9  button1 = scene.get_item("Button1")
10 button2 = scene.get_item("Button2")
11 button3 = scene.get_item("Button3")
12
13
14 ### 함수 ###
15
16 def on_button1_click():
17     girl.animation.play("Run")
18     print("한번 동작")
19
20 def on_button2_click():
21     girl.animation.play_looping("Run")
22     print("반복 동작")
23
24 def on_button3_click():
25     girl.animation.play("Neutral")
26     print("멈추기")
27
28
29 ### 이벤트 ###
30
31 button1.input.on_click(on_button1_click)
32 button2.input.on_click(on_button2_click)
33 button3.input.on_click(on_button3_click)
```

설명

세 개의 버튼을 사용하여 Casual girl 캐릭터의 애니메이션을 제어할 수 있습니다. 각 버튼은 캐릭터에게 다른 애니메이션을 작동시키며, 그 작동 상태를 출력창에 표시합니다.

17 Casual girl 오브젝트의 "Run" 애니메이션을 한 번 재생합니다.

21 Casual girl 오브젝트의 "Run" 애니메이션을 반복해서 재생합니다.

25 Casual girl 오브젝트의 "Neutral" 애니메이션을 한 번 재생합니다.

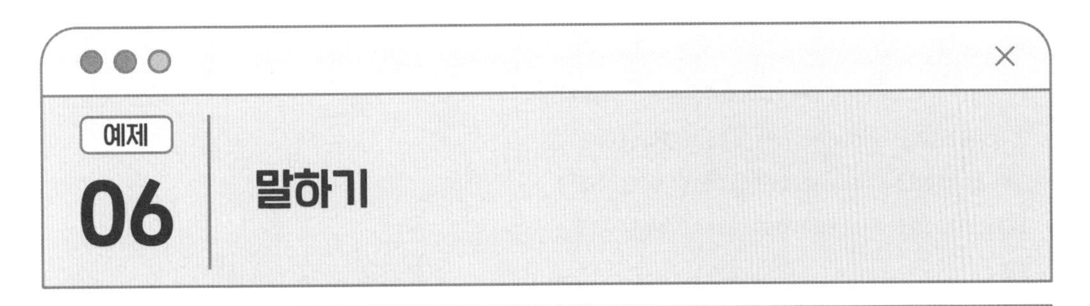

예제 06 말하기

공유 링크 **완성작:** https://edu.cospaces.io/DYW-JBA
템플릿: https://edu.cospaces.io/ATW-HJZ

목표

[안녕], [만나서], [반가워] 버튼을 누를 때마다 여자 아이가 해당 텍스트를 말풍선으로 말합니다.

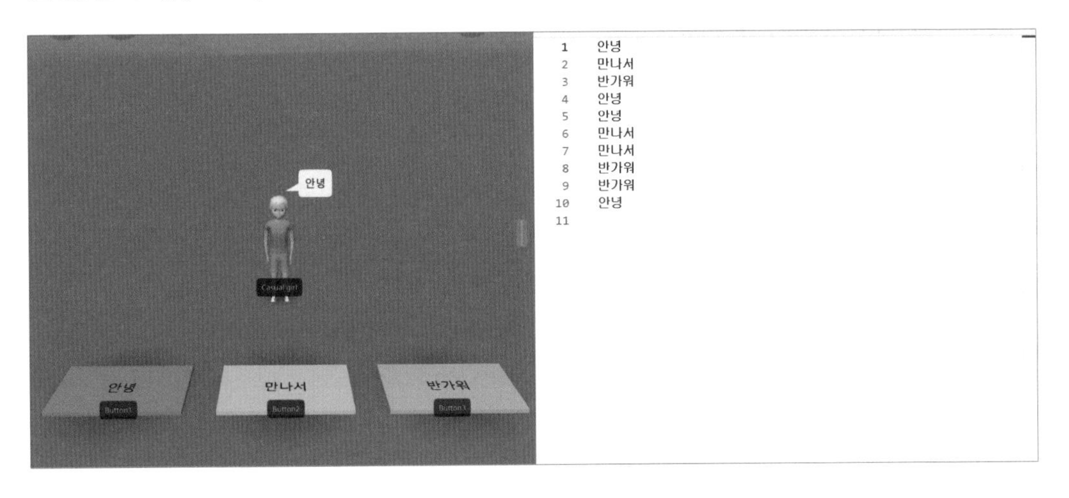

코드

예제 파일 | 예제06_말하기.txt

```
1  from cospaces import *
2  import math
3  import random
4
5
6  ### 변수 ###
```

```
7
8   girl = scene.get_item("Casual girl")
9   button1 = scene.get_item("Button1")
10  button2 = scene.get_item("Button2")
11  button3 = scene.get_item("Button3")
12
13
14  ### 함수 ###
15
16  def on_button1_click():
17      girl.speech = "안녕"
18      print("안녕")
19
20  def on_button2_click():
21      girl.speech = "만나서"
22      print("만나서")
23
24  def on_button3_click():
25      girl.speech = "반가워"
26      print("반가워")
27
28
29  ### 이벤트 ###
30
31  button1.input.on_click(on_button1_click)
32  button2.input.on_click(on_button2_click)
33  button3.input.on_click(on_button3_click)
```

설명

사용자가 버튼을 클릭할 때마다 캐릭터가 다른 인사말을 할 수 있게 합니다.

17 Casual girl 오브젝트의 말풍선에 "안녕"이라는 텍스트를 설정합니다.

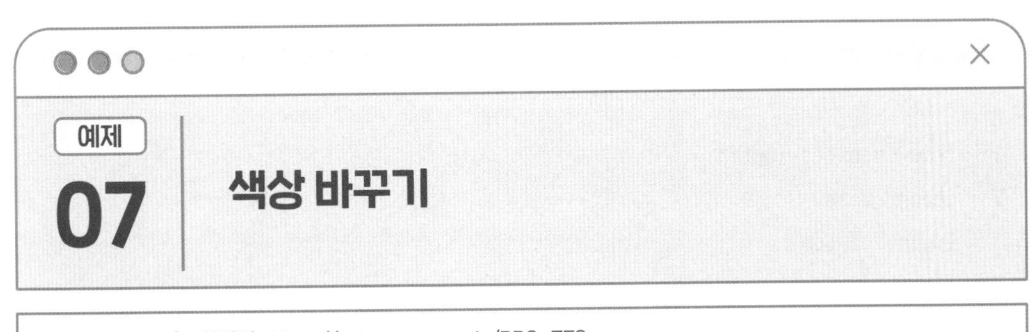

예제 07 색상 바꾸기

공유 링크
완성작: https://edu.cospaces.io/BBS-ZFS
템플릿: https://edu.cospaces.io/UED-ABS

목표

[빨강], [초록], [파랑] 버튼을 각각 클릭하면 여자 아이의 티셔츠 색상이 각각 빨강, 초록, 파랑 색상으로 변경됩니다.

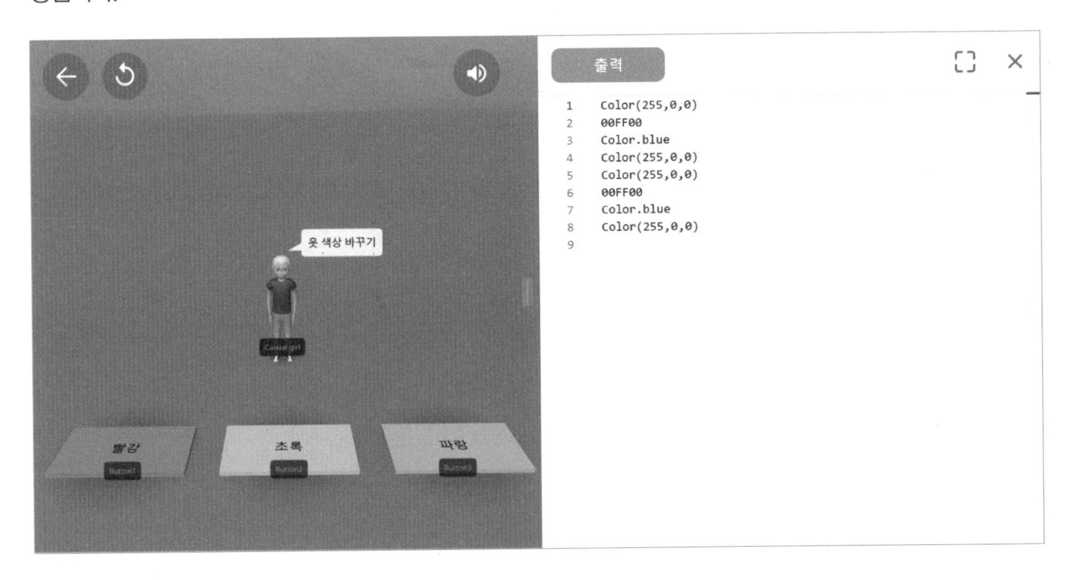

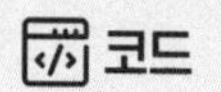

예제 파일 | 예제07_색상_바꾸기.txt

```
1  from cospaces import *
2  import math
3  import random
4
5
6  ### 변수 ###
7
8  girl = scene.get_item("Casual girl")
9  button1 = scene.get_item("Button1")
10 button2 = scene.get_item("Button2")
11 button3 = scene.get_item("Button3")
12
13
14 ### 함수 ###
15
16 def on_button1_click():
17     girl.color = Color(255,0,0)
18     print("Color(255,0,0)")
19
20 def on_button2_click():
21     girl.color = Color("00FF00")
22     print("00FF00")
23
24 def on_button3_click():
25     girl.color = Color.blue
26     print("Color.blue")
27
28
29 ### 이벤트 ###
30
31 button1.input.on_click(on_button1_click)
32 button2.input.on_click(on_button2_click)
33 button3.input.on_click(on_button3_click)
```

설명

사용자가 각 버튼을 클릭함으로써 캐릭터의 색상을 간단히 변경할 수 있습니다.

17 `Casual girl` 오브젝트의 색상을 RGB 코드로 표현된 빨간색으로 설정하고, 출력창에 해당 색상의 RGB 코드 `Color(255,0,0)`를 출력합니다. 도형처럼 하나의 재질로 된 오브젝트는 전체 색상이 변경되고, 캐릭터처럼 여러 개의 재질로 된 오브젝트는 첫 번째 색상만 변경할 수 있습니다.

21 `Casual girl` 오브젝트의 색상을 헥스(HEX) 코드로 표현된 녹색으로 설정하고, 출력창에 해당 색상의 헥스 코드 `00FF00`을 출력합니다.

25 `Casual girl` 오브젝트의 색상을 미리 정의된 `Color` 클래스의 `blue` 속성을 사용하여 파란색으로 설정하고, 출력창에 `"Color.blue"`를 출력합니다.

예제

08 정보창 보이기

공유 링크

완성작: https://edu.cospaces.io/MRC-FTY

템플릿: https://edu.cospaces.io/NCD-RPF

목표

[정보창 보이기] 버튼을 클릭하면 정보창(팝업창)이 나타나며, 이미지, 제목, 내용이 보여집니다.

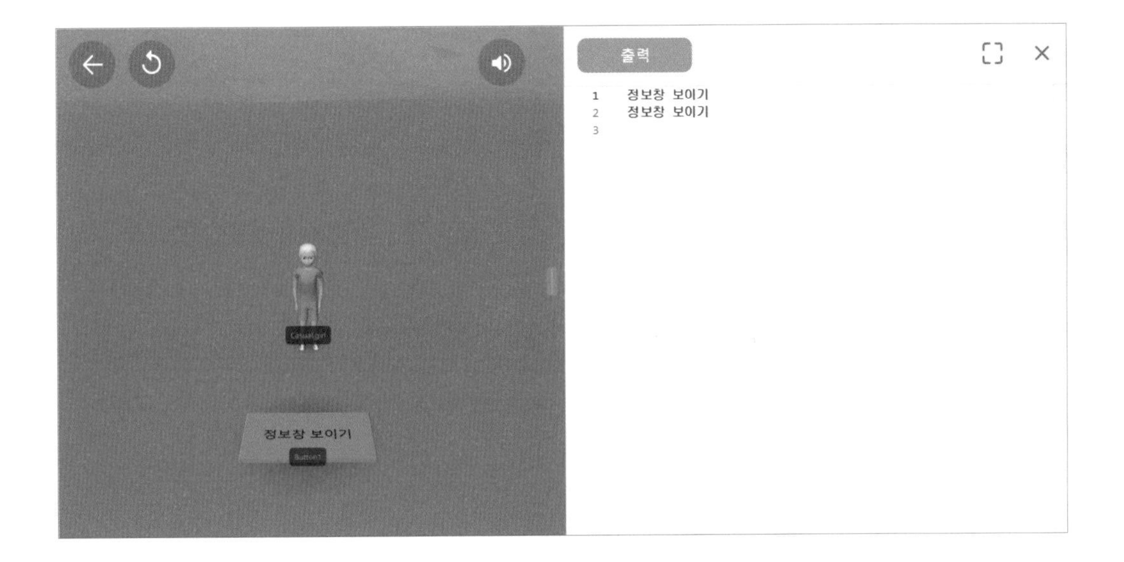

코드

예제 파일 | 예제08_정보창_보이기.txt

```
1  from cospaces import *
2  import math
3  import random
4
5
6  ### 변수 ###
7
8  girl = scene.get_item("Casual girl")
9  button1 = scene.get_item("Button1")
10
11
12 ### 함수 ###
13
14 def on_button1_click():
15     gui.hud.show_info_panel(
16         title="냐옹",
17         text="오늘도 좋은 하루 되세냥~",
18         image="r3/SQoZr0Dmorlt2UtUtnxUGreV5oylv08ARn78heDivk")
19     print("정보창 보이기")
20
```

```
21  ### 이벤트 ###
22
23  button1.input.on_click(on_button1_click)
```

설명

사용자가 버튼을 클릭하면 간단한 메시지와 함께 이미지가 포함된 정보 패널을 표시합니다.

15 gui.hud.show_info_panel() 함수를 사용하여 HUD에 정보창을 표시합니다.

16 정보창의 제목(title)은 "냐옹"입니다.

17 내용(text)은 "오늘도 좋은 하루 되세냥~"입니다.

18 이미지(image)는 업로드된 이미지의 ID를 사용합니다.

추가

업로드된 이미지의 ID는 이미지 오른쪽 상단의 […] 버튼을 클릭한 후 [ID 복사]를 클릭해 얻을 수 있습니다.

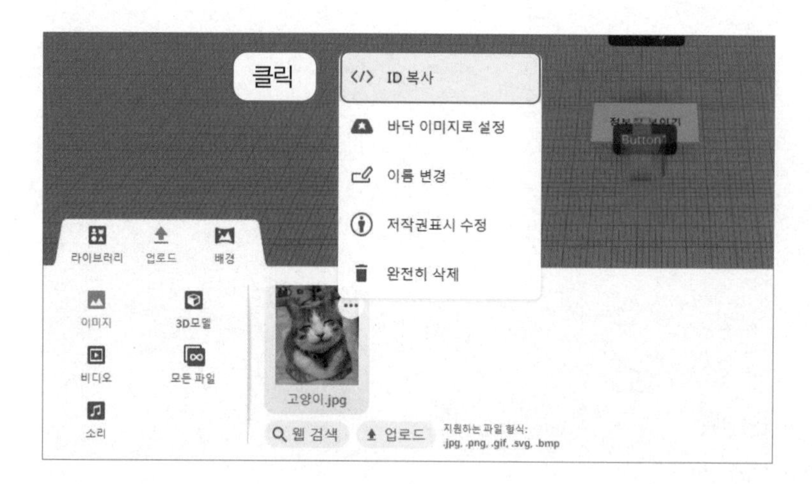

공유 링크 | 완성작: https://edu.cospaces.io/SCV-ADE
템플릿: https://edu.cospaces.io/KSW-AQR

목표

[안녕하세요] 버튼을 클릭하면 일반 텍스트 패널에 '안녕하세요' 텍스트가 표시되고, 3D 텍스트 패널에 '여러분' 글자가 표시됩니다. 같은 방식으로 [만나서] 버튼은 '만나서', '반가워요'를 표시하고, [다시] 버튼은 '다시', '만나요'를 표시합니다.

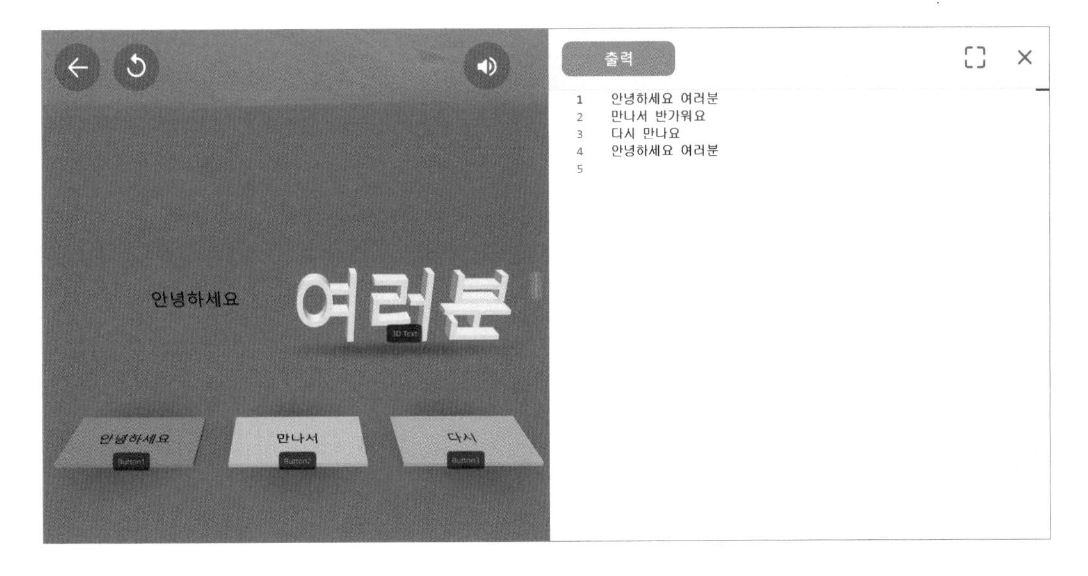

코드

예제 파일 | 예제09_텍스트_바꾸기.txt

```
1   from cospaces import *
2   import math
3   import random
4
5
6   ### 변수 ###
7
8   text1 = scene.get_item("Text")
9   text2 = scene.get_item("3D Text")
10
11  button1 = scene.get_item("Button1")
12  button2 = scene.get_item("Button2")
13  button3 = scene.get_item("Button3")
14
15
16  ### 함수 ###
17
18  def on_button1_click():
19      text1.text = "안녕하세요"
20      text2.text = "여러분"
21      print("안녕하세요 여러분")
22
23  def on_button2_click():
24      text1.text = "만나서"
25      text2.text = "반가워요"
26      print("만나서 반가워요")
27
28  def on_button3_click():
29      text1.text = "다시"
30      text2.text = "만나요"
31      print("다시 만나요")
32
33
```

```
34 ### 이벤트 ###
35
36 button1.input.on_click(on_button1_click)
37 button2.input.on_click(on_button2_click)
38 button3.input.on_click(on_button3_click)
```

설명

각 버튼을 클릭함으로써, 장면 내의 두 텍스트 아이템(text1 및 text2)에 표시되는 텍스트를 변경하고 출력창에 메시지를 기록합니다.

8 장면에서 "Text"라는 이름의 텍스트 아이템을 찾아 text1 변수에 할당합니다. 오브젝트의 text 속성을 바꾸려면 해당 오브젝트는 텍스트 유형의 오브젝트이어야만 합니다.

9 장면에서 "3D Text"라는 이름의 3D 텍스트 아이템을 찾아 text2 변수에 할당합니다.

18 button1을 클릭할 때 실행할 행동을 정의합니다. text1 아이템에 "안녕하세요", text2 아이템에 "여러분"이라는 텍스트를 표시하고 출력창에 "안녕하세요 여러분"을 출력합니다.

23 button2를 클릭할 때 실행할 행동을 정의합니다. text1 아이템에 "만나서", text2 아이템에 "반가워요"라는 텍스트를 표시하고 출력창에 "만나서 반가워요"를 출력합니다.

28 button3을 클릭할 때 실행할 행동을 정의합니다. text1 아이템에 "다시", text2 아이템에 "만나요"라는 텍스트를 표시하고 출력창에 "다시 만나요"를 출력합니다.

예제 10

소리 재생하기

공유 링크

완성작: https://edu.cospaces.io/ZHY-HQR
템플릿: https://edu.cospaces.io/RBB-HQW

목표

[재생] 버튼을 클릭하면 노래가 재생됩니다. [일시정지] 버튼을 클릭하면 노래가 일시 정지되고, [정지] 버튼을 클릭하면 노래가 정지됩니다. 노래에 맞추어 캐릭터가 춤을 춥니다.

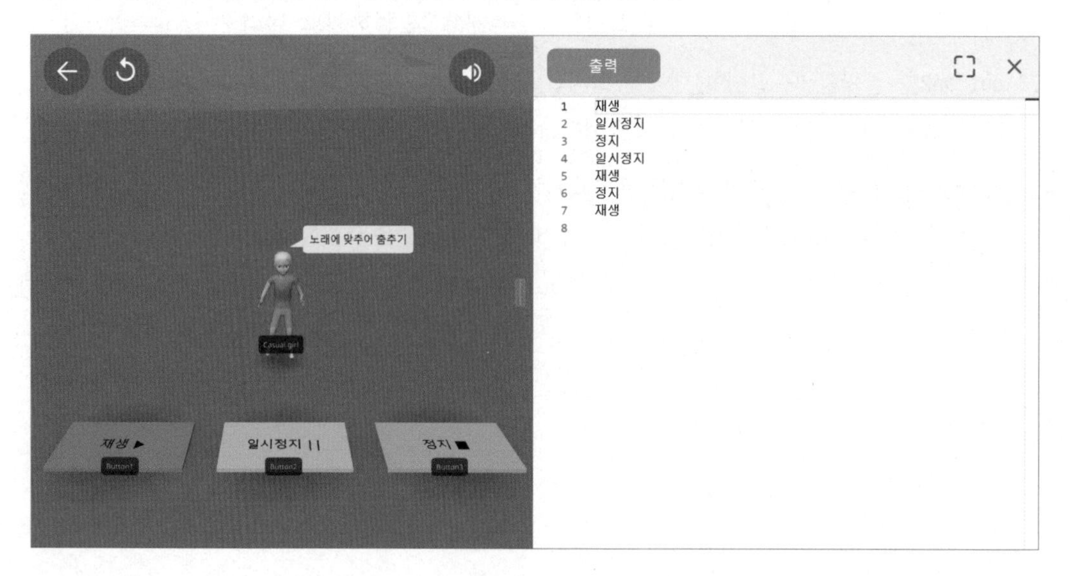

코드

예제 파일 | 예제10_소리_재생하기.txt

```
1   from cospaces import *
2   import math
3   import random
4
5
6   ### 변수 ###
7
8   girl = scene.get_item("Casual girl")
9   button1 = scene.get_item("Button1")
10  button2 = scene.get_item("Button2")
11  button3 = scene.get_item("Button3")
12
13  sound = Sound.load("r3/zso34aIq7hunMoxyjm9QunUJeKtc1aiptdvmdK8IesN")
14
15
16  ### 함수 ###
17
18  def on_button1_click():
19      sound.play()
20      girl.animation.play_looping("Dance fun")
21      print("재생")
22
23  def on_button2_click():
24      sound.pause()
25      girl.animation.play("None")
26      print("일시정지")
27
28  def on_button3_click():
29      sound.stop()
30      girl.animation.play("Neutral")
31      print("정지")
32
33
```

```
34 ### 이벤트 ###
35
36 button1.input.on_click(on_button1_click)
37 button2.input.on_click(on_button2_click)
38 button3.input.on_click(on_button3_click)
```

설명

버튼 클릭에 따라 소리를 재생, 일시 정지, 정지하고 캐릭터의 애니메이션을 제어하는 기능을 수행합니다.

12 업로드된 소리 파일의 ID를 불러와 sound 오브젝트를 생성합니다.

18 sound.play()를 호출하여 소리를 재생합니다.

23 sound.pause()를 호출하여 소리를 일시 정지합니다. 이후에 다시 재생하면 이어서 재생합니다.

28 sound.stop()을 호출하여 소리를 정지합니다. 이후에 다시 재생하면 처음부터 재생됩니다.

추가

업로드된 소리의 ID는 소리 오른쪽 상단의 [···] 버튼을 클릭한 후 [ID 복사]를 클릭해 얻을 수 있습니다.

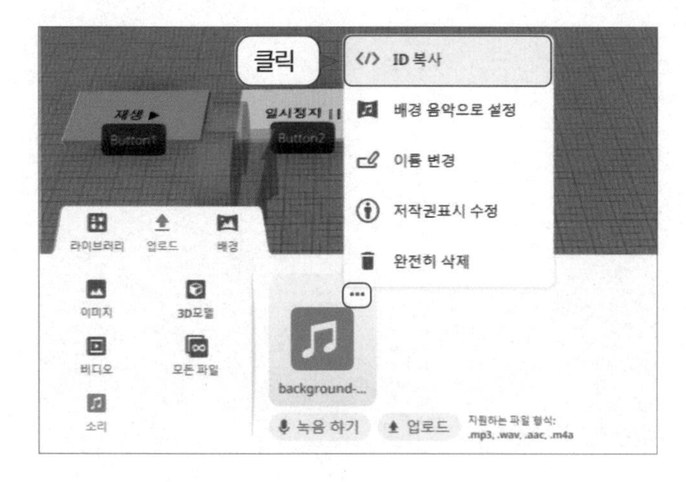

꿀팁 3

코드 폰트 크기 조절하기

코드를 입력할 때 폰트 크기 조절이 되지 않아 글자입력이 불편할 수 있습니다. 그렇다고, 웹브라우저의 확대/축소 기능을 이용해서 폰트 크기를 키울 경우 필요 없는 화면영역(상단 메뉴, 하단 라이브러리 등)도 함께 커지면서 작업영역이 줄어드는 문제가 있습니다.
이럴 때 글자 크기만 키울 수 있는 방법을 소개합니다.
코드 입력창에서 마우스 오른쪽 버튼을 클릭한 후 팝업창에서 'Command Palette'를 클릭합니다. 또는 단축키 F1을 눌러 실행할 수 있습니다.

```
1   from cospaces import *
2   import math
3   import random
4
5   def say():
6       print("안녕하세
7
8   def say2(num):
9       print(num, "번
10
11  def say3(name):
12      print(name, "님
13
14
15
16
17
18
```

```
Go to Definition        Ctrl+F12
Peek                    >
Rename Symbol           F2
Change All Occurrences  Ctrl+F2
Cut
Copy
Paste
Command Palette         F1
```

다양한 명령어가 나타나는데, 이 중에서 'Editor Font Zoom In' 명령어를 실행합니다. 폰트 크기가 약간 커집니다. 명령어를 반복할수록 폰트 크기가 계속 커지므로, 원하는 크기가 될 때까지 실행해줍니다.

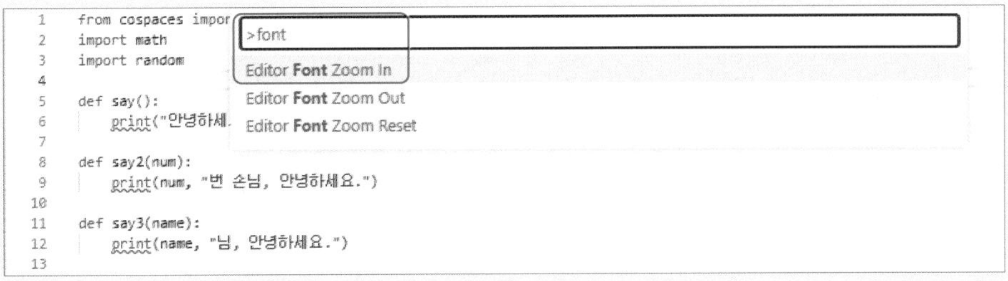

```
1   from cospaces impor
2   import math
3   import random
4
5   def say():
6       print("안녕하세.
7
8   def say2(num):
9       print(num, "번 손님, 안녕하세요.")
10
11  def say3(name):
12      print(name, "님, 안녕하세요.")
13
```

```
>font
Editor Font Zoom In
Editor Font Zoom Out
Editor Font Zoom Reset
```

만약 폰트 크기를 다시 줄이고 싶다면 'Editor Font Zoom Out' 명령어를, 초기화시키고 싶다면 'Editor Font Zoom Reset' 명령어를 실행합니다. 이 기능은 웹페이지를 닫거나 새로고침하면 초기화되므로, 필요할 때마다 다시 실행해주어야 합니다.

Chapter

03

COSPACES EDU

동작

⊙ 학습 목표

- 오브젝트를 특정 방향이나 좌표로 이동시키는 방법을 배웁니다.
- 경로를 따라 오브젝트를 이동시키거나 회전시키는 방법을 익힙니다.
- 오브젝트 간의 거리를 측정하고, 이를 바탕으로 상호작용을 설정하는 방법을 학습합니다.

예제 11

앞으로 이동하기

공유 링크

완성작: https://edu.cospaces.io/JCM-RAA
템플릿: https://edu.cospaces.io/STB-CYA

목표

[앞], [뒤], [왼쪽], [오른쪽] 버튼을 클릭하면 여자 아이 캐릭터가 해당 방향으로 1초 동안 1미터만큼 이동합니다.

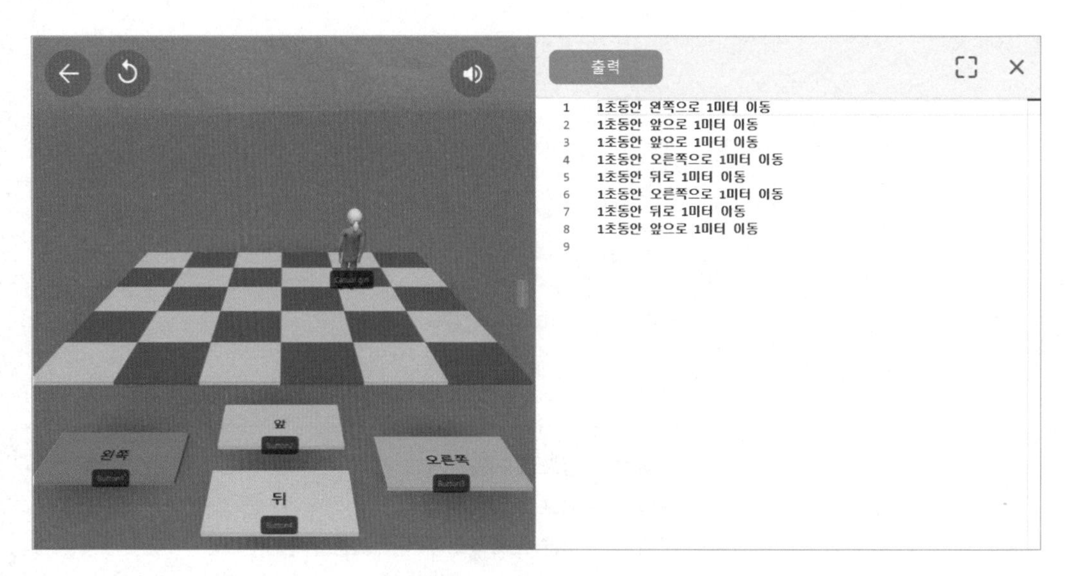

코드

예제 파일 | 예제11_앞으로_이동하기.txt

```
1   from cospaces import *
2   import math
3   import random
4
5
6   ### 변수 ###
7
8   girl = scene.get_item("Casual girl")
9   button1 = scene.get_item("Button1")
10  button2 = scene.get_item("Button2")
11  button3 = scene.get_item("Button3")
12  button4 = scene.get_item("Button4")
13
14
15  ### 함수 ###
16
17  def on_button1_click():
18      girl.transition.move_by(Vector3(-1,0,0),1)
19      print("1초동안 왼쪽으로 1미터 이동")
20
21  def on_button2_click():
22      girl.transition.move_by(Vector3(0,1,0),1)
23      print("1초동안 앞으로 1미터 이동")
24
25  def on_button3_click():
26      girl.transition.move_by(Vector3(1,0,0),1)
27      print("1초동안 오른쪽으로 1미터 이동")
28
29  def on_button4_click():
30      girl.transition.move_by(Vector3(0,-1,0),1)
31      print("1초동안 뒤로 1미터 이동")
32
33
```

```
34  ### 이벤트 ###
35
36  button1.input.on_click(on_button1_click)
37  button2.input.on_click(on_button2_click)
38  button3.input.on_click(on_button3_click)
39  button4.input.on_click(on_button4_click)
```

설명

각 함수에서 girl.transition.move_by(Vector3(x,y,z),duration) 함수를 사용하여 girl 오브젝트를 지정된 벡터만큼 지정된 시간 동안 이동시킵니다. 여기서 Vector3(x,y,z)는 이동할 방향과 거리(미터 단위)를 동시에 나타내며, duration은 이동하는 데 걸리는 시간(초 단위)을 나타냅니다.

18 move_by() 함수에서 사용되는 Vector3 좌표는 오브젝트의 로컬(지역) 방향을 기준으로 합니다. 즉, Vector3(-1,0,0)은 캐릭터의 위치에서 왼쪽으로 1미터 떨어진 지점을 의미합니다.

꿀팁 4

지역(로컬) 좌표란?

공유 링크 | **완성작:** https://edu.cospaces.io/ERY-BGA

코스페이시스에서 오브젝트의 로컬(지역) 기준 좌표계는 다음과 같이 나타낼 수 있습니다.
캐릭터가 서 있는 위치와 방향을 기준으로,
X축은 좌우를 나타냅니다. 오른팔 방향이 플러스, 왼팔 방향이 마이너스입니다.
Y축은 앞뒤를 나타냅니다. 가슴 방향이 플러스, 등 방향이 마이너스입니다.
Z축은 위아래를 나타냅니다. 머리 방향이 플러스, 발 방향이 마이너스입니다.

예를 들어, Vector3(2,1,0)은 캐릭터가 서 있는 위치에서 오른쪽으로 2미터, 앞쪽으로 1미터 떨어진 위치(노란 공) 좌표를 나타냅니다.

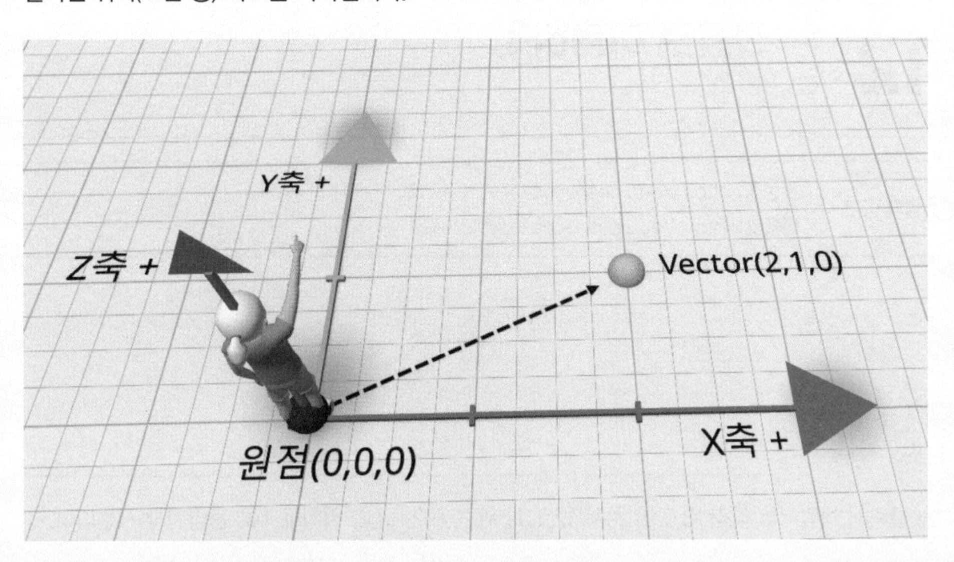

만약 캐릭터가 회전된 상태라면 캐릭터의 방향을 기준으로 좌표를 계산합니다. 그림처럼 같은 Vector3(2,1,0)이지만, 캐릭터의 방향에 따라 계산된 좌표(노란 공)는 달라집니다.

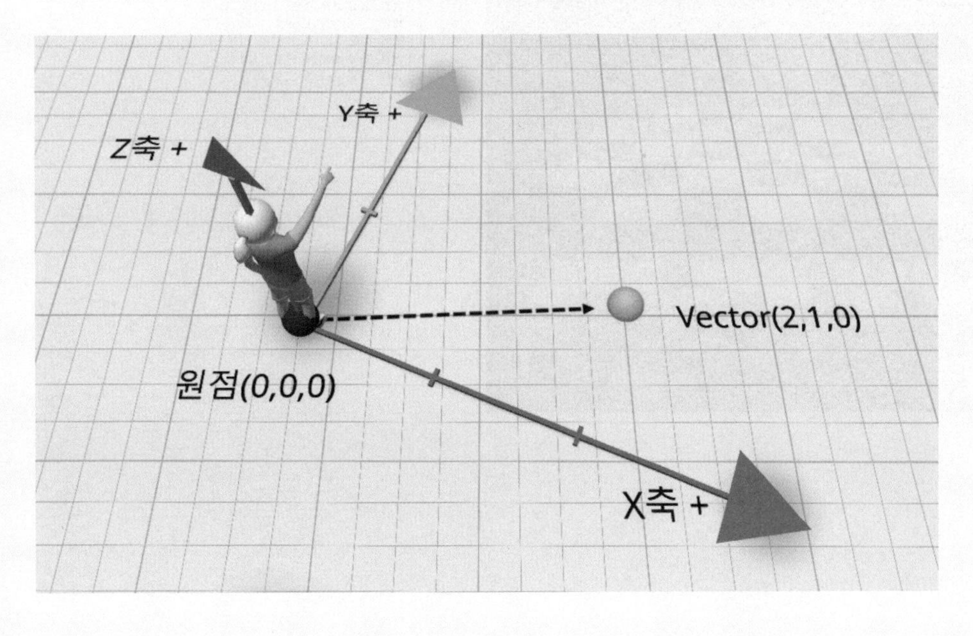

예제 12 좌표로 이동하기

공유 링크
완성작: https://edu.cospaces.io/VEK-WSG
템플릿: https://edu.cospaces.io/VVE-FGP

목표

버튼을 클릭해 캐릭터를 각각 (0,0,0) 위치, (2,1,1) 위치, (–2,–2,2) 위치로 1초 동안 이동시킵니다.

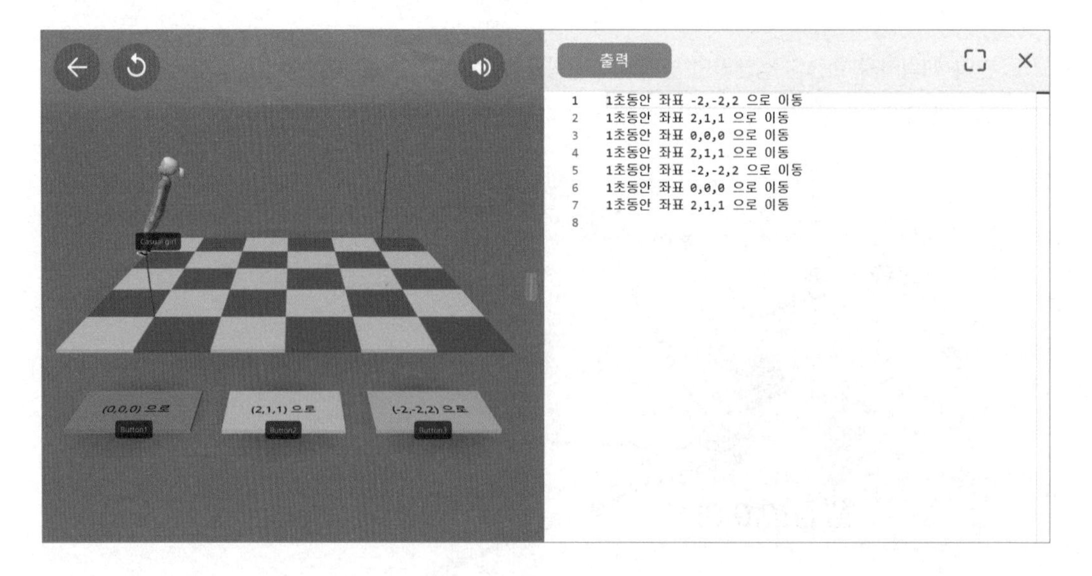

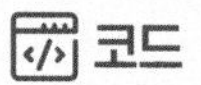

예제 파일 | 예제12_좌표로_이동하기.txt

```
1   from cospaces import *
2   import math
3   import random
4
5
6   ### 변수 ###
7
8   girl = scene.get_item("Casual girl")
9   button1 = scene.get_item("Button1")
10  button2 = scene.get_item("Button2")
11  button3 = scene.get_item("Button3")
12
13
14  ### 함수 ###
15
16  def on_button1_click():
17      girl.transition.move_to(Vector3(0,0,0),1)
18      print("1초동안 좌표 0,0,0 으로 이동")
19
20  def on_button2_click():
21      girl.transition.move_to(Vector3(2,1,1),1)
22      print("1초동안 좌표 2,1,1 으로 이동")
23
24  def on_button3_click():
25      girl.transition.move_to(Vector3(-2,-2,2),1)
26      print("1초동안 좌표 -2,-2,2 으로 이동")
27
28
29  ### 이벤트 ###
30
31  button1.input.on_click(on_button1_click)
32  button2.input.on_click(on_button2_click)
33  button3.input.on_click(on_button3_click)
```

설명

girl.transition.move_to(Vector3(x, y, z), duration) 함수를 사용하여 Casual girl 오브젝트를 지정된 좌표로 지정된 시간 동안 이동시킵니다. 여기서 Vector3(x, y, z)는 이동할 목표 좌표를 나타내며, duration은 이동하는 데 걸리는 시간(초 단위)을 나타냅니다.

20 move_to() 함수에서 사용되는 Vector3 좌표는 장면의 월드(전역) 좌표를 기준으로 합니다. 즉 Vector3(0,0,0)은 캐릭터의 위치나 방향과 상관없이 장면의 한가운데를 가리킵니다.

꿀팁 5

전역(글로벌) 좌표란?

공유 링크	완성작: https://edu.cospaces.io/QZU-GYH

코스페이시스에서 장면의 월드(전역) 기준 좌표계는 다음과 같습니다. 코스페이시스의 장면은 가로, 세로 60미터의 크기를 갖습니다. 높이는 약 40미터까지 직접 편집이 가능합니다. 비어 있는 장면(Empty scene)을 만들면 화면 한가운데에 카메라가 있습니다. 카메라의 좌표는 (0,0,1.7)입니다.
카메라를 기준으로 좌우가 X축입니다. X좌표는 맨 왼쪽이 +30, 맨 오른쪽이 −30입니다.
앞뒤는 Y축입니다. 카메라 뒤쪽 끝이 +30, 앞쪽 끝이 −30입니다.
위아래는 Z축입니다. 바닥면이 0이고 위로 올라갈수록 숫자가 커집니다. Z축은 마이너스(−) 좌표가 없으며 위로만 커질 수 있습니다.

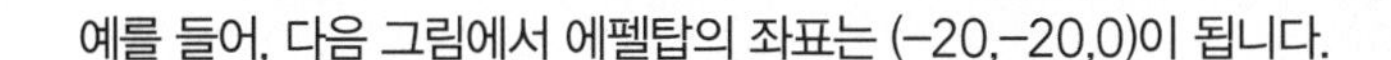
예를 들어, 다음 그림에서 에펠탑의 좌표는 (−20,−20,0)이 됩니다.

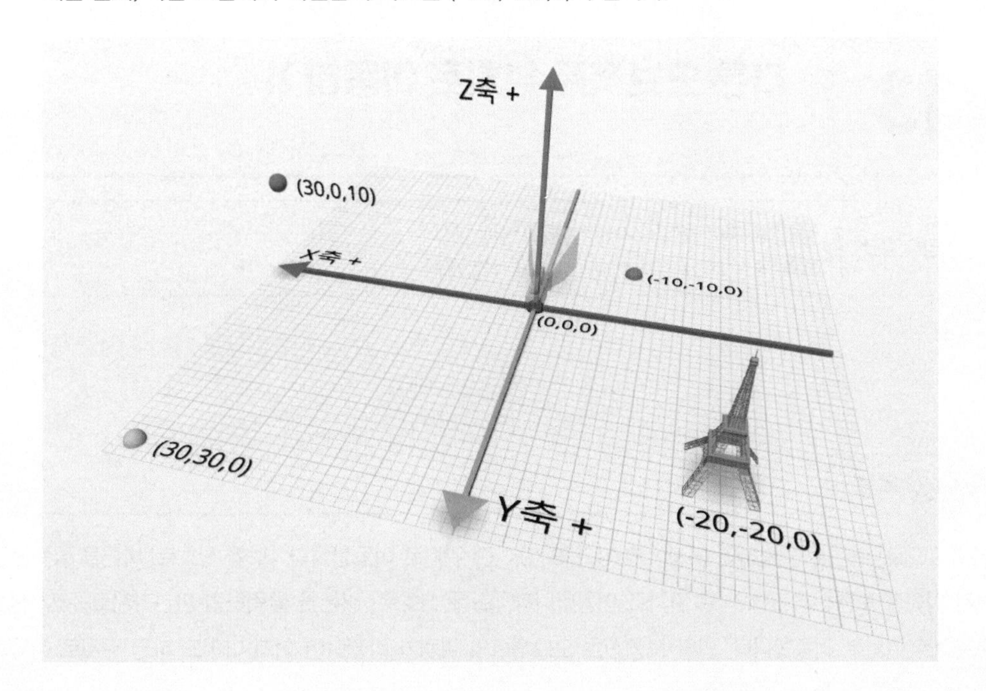

월드(전역) 좌표계는 장면을 기준으로 하며 변하지 않습니다. 다음 그림처럼 장면을 회전시켜도 에펠탑의 좌표(−20,−20,0)는 바뀌지 않습니다.

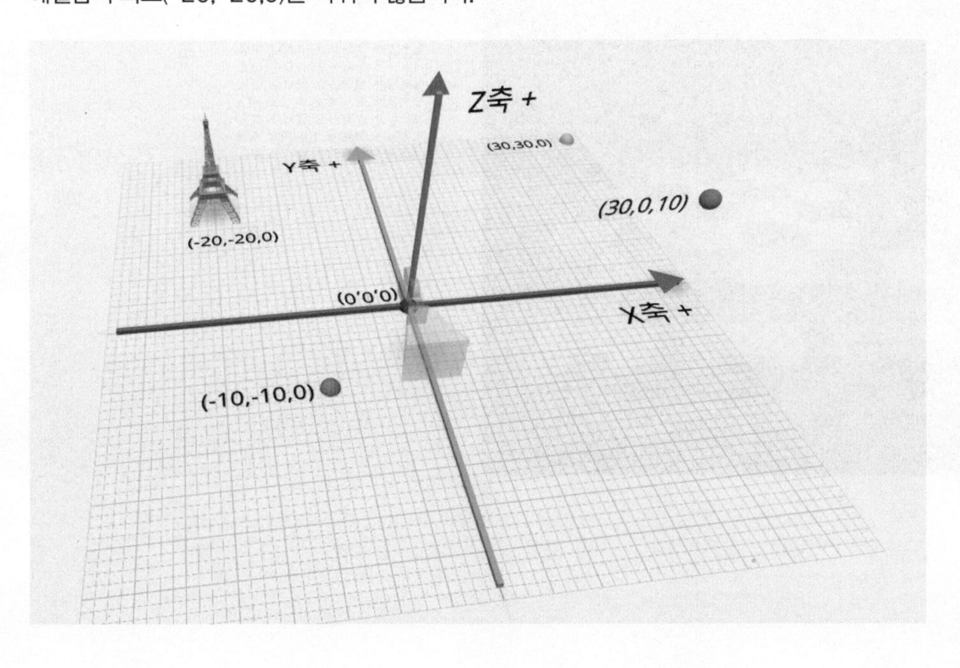

예제 13 다른 오브젝트 위치로 이동하기

공유 링크
완성작: https://edu.cospaces.io/RJN-LFU
템플릿: https://edu.cospaces.io/CGY-YQQ

목표

[(0,0,0)으로] 버튼을 클릭하면 여자 아이가 좌표 (0,0,0) 위치로 이동합니다. [보행 신호로] 버튼을 클릭하면 여자 아이가 보행신호 오브젝트 위치로 이동합니다. [스톱 신호로] 버튼을 클릭하면 마찬가지로 정지 신호 오브젝트 위치로 이동합니다. 만약 보행신호 오브젝트의 위치가 바뀐다면 여자 아이도 바뀐 위치로 이동합니다.

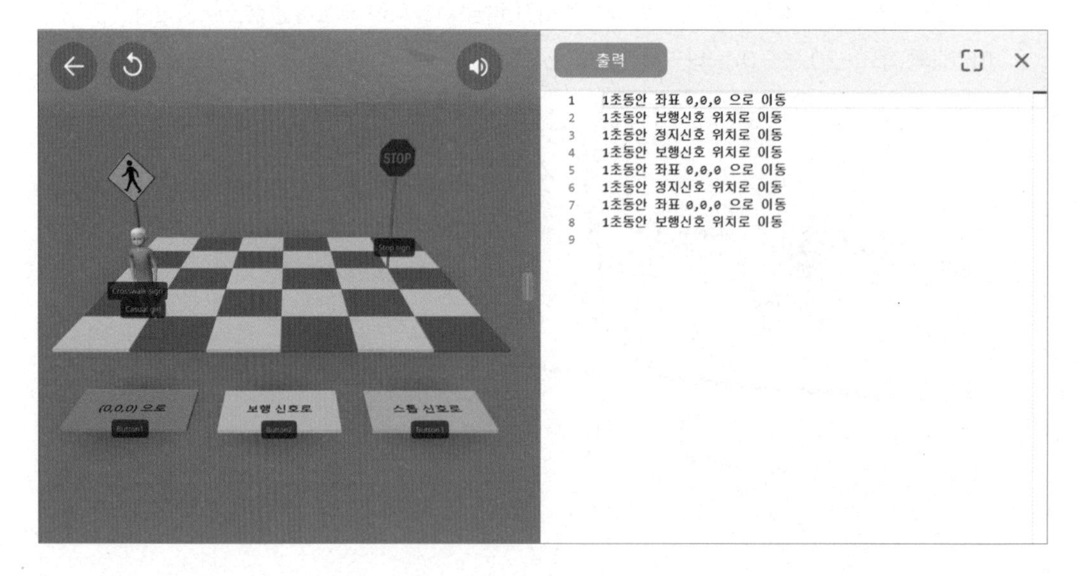

코드 **예제 파일** | 예제13_다른_오브젝트_위치로_이동하기.txt

```
1  from cospaces import *
2  import math
3  import random
4
5
6  ### 변수 ###
7
8  girl = scene.get_item("Casual girl")
9  walk_sign = scene.get_item("Crosswalk sign")
10 stop_sign = scene.get_item("Stop sign")
11
12 button1 = scene.get_item("Button1")
13 button2 = scene.get_item("Button2")
14 button3 = scene.get_item("Button3")
15
16
17 ### 함수 ###
18
19 def on_button1_click():
20     girl.transition.move_to(Vector3(0,0,0),1)
21     print("1초동안 좌표 0,0,0 으로 이동")
22
23 def on_button2_click():
24     girl.transition.move_to(walk_sign.transform.position,1)
25     print("1초동안 보행신호 위치로 이동")
26
27 def on_button3_click():
28     girl.transition.move_to(stop_sign.transform.position,1)
29     print("1초동안 정지신호 위치로 이동")
30
31
32 ### 이벤트 ###
33
```

```
34 button1.input.on_click(on_button1_click)
35 button2.input.on_click(on_button2_click)
36 button3.input.on_click(on_button3_click)
```

설명

사용자가 버튼을 클릭하여 캐릭터를 장면 내에서 지정된 위치로 이동시킬 수 있게 합니다. 이런 기능은 총알의 복제본을 만들고 발사하는 게임에서 주로 사용됩니다. 총알은 항상 총구 또는 카메라 앞에서 발사해야 하는데, 복제된 총알을 특정한 위치로 이동시키는 데 이 기능을 사용하게 됩니다.

20 button1을 클릭하면 Casual girl 오브젝트를 화면의 중앙인 (0,0,0) 위치로 1초 동안 이동시킵니다. 오브젝트를 이동시키기 위해 girl.transition.move_to(walk_sign.transform.position, duration) 함수를 사용했습니다. 여기서 duration은 이동하는 데 걸리는 시간(초 단위)을 나타냅니다.

24 button2를 클릭하면 Casual girl 오브젝트를 화면의 보행신호 위치로 위치로 1초 동안 이동시킵니다. 여기서 walk_sign.transform.position은 walk_sign 오브젝트의 현재 위치 좌표를 나타냅니다.

28 button3을 클릭하면 Casual girl 오브젝트를 정지신호 위치로 1초 동안 이동시킵니다.

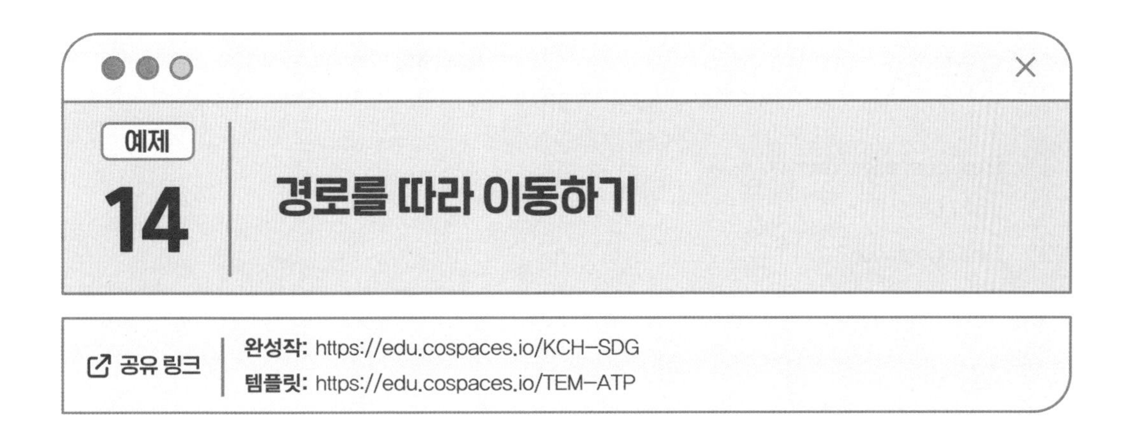

예제 14

경로를 따라 이동하기

공유 링크

완성작: https://edu.cospaces.io/KCH-SDG
템플릿: https://edu.cospaces.io/TEM-ATP

목표

[둥근 경로 한바퀴] 버튼을 클릭하면 여자 아이가 둥근 경로를 따라 한바퀴 이동합니다. [사각 경로 반복] 버튼을 클릭하면 여자 아이가 사각 경로를 따라 반복해서 계속 이동합니다. [반복 멈추기] 버튼을 클릭하면 여자 아이의 움직임이 멈춥니다.

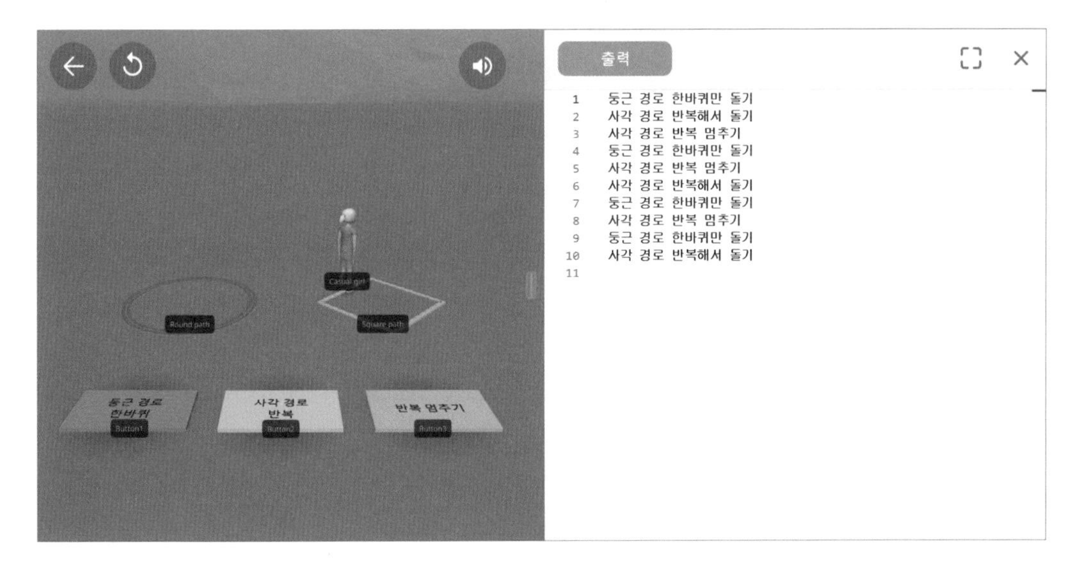

코드

예제 파일 | 예제14_경로를_따라_이동하기.txt

```
1  from cospaces import *
2  import math
3  import random
4
5
6  ### 변수 ###
7
8  girl = scene.get_item("Casual girl")
9  path1 = scene.get_item("Round path")
10 path2 = scene.get_item("Square path")
11
12 button1 = scene.get_item("Button1")
13 button2 = scene.get_item("Button2")
14 button3 = scene.get_item("Button3")
15
16
17 ### 함수 ###
18
19 def on_button1_click():
20     girl.transition.move_on_path(path=path1, time=3)
21     print("둥근 경로 한바퀴만 돌기")
22
23 def on_button2_click():
24     girl.transition.move_on_path(path=path2, time=3, repeat=True)
25     print("사각 경로 반복해서 돌기")
26
27 def on_button3_click():
28     girl.transition.stop()
29     print("사각 경로 반복 멈추기")
30
31
32 ### 이벤트 ###
33
```

```
34 button1.input.on_click(on_button1_click)
35 button2.input.on_click(on_button2_click)
36 button3.input.on_click(on_button3_click)
```

설명

girl.transition.move_on_path() 함수는 오브젝트를 지정된 경로에 따라 이동시키며, time 매개변수는 이동에 소요되는 시간을 결정하고, repeat 매개변수는 이동을 반복할지 여부를 결정합니다.

9 Round path라는 이름의 둥근 경로 오브젝트를 찾아 path1 변수에 할당합니다. 경로를 따라 움직이도록 하려면 경로 오브젝트가 변수로 선언되어 있어야 합니다.

10 Square Path라는 이름의 사각 경로 오브젝트를 찾아 path2 변수에 할당합니다.

20 Casual girl이 둥근 경로(path1)를 따라 3초 동안 한 바퀴만 돌도록 합니다.

24 Casual girl이 사각 경로(path2)를 따라 3초 동안 한 바퀴씩 반복해서 돌도록 합니다.

28 Casual girl이 현재 이동하고 있는 경로에서 멈춥니다.

예제 15 회전하기

공유 링크
완성작: https://edu.cospaces.io/YRS-XWS
템플릿: https://edu.cospaces.io/VLM-MXM

목표

[왼쪽 회전] 버튼을 클릭하면 여자 아이가 0.3초 동안 왼쪽으로 30도 회전합니다. [오른쪽 회전] 버튼을 클릭하면 오른쪽으로 회전합니다. [앞으로 이동] 버튼을 클릭하면 1초 동안 앞으로 0.5미터 이동하고, [뒤로 이동] 버튼을 클릭하면 0.5미터 뒤로 이동합니다.

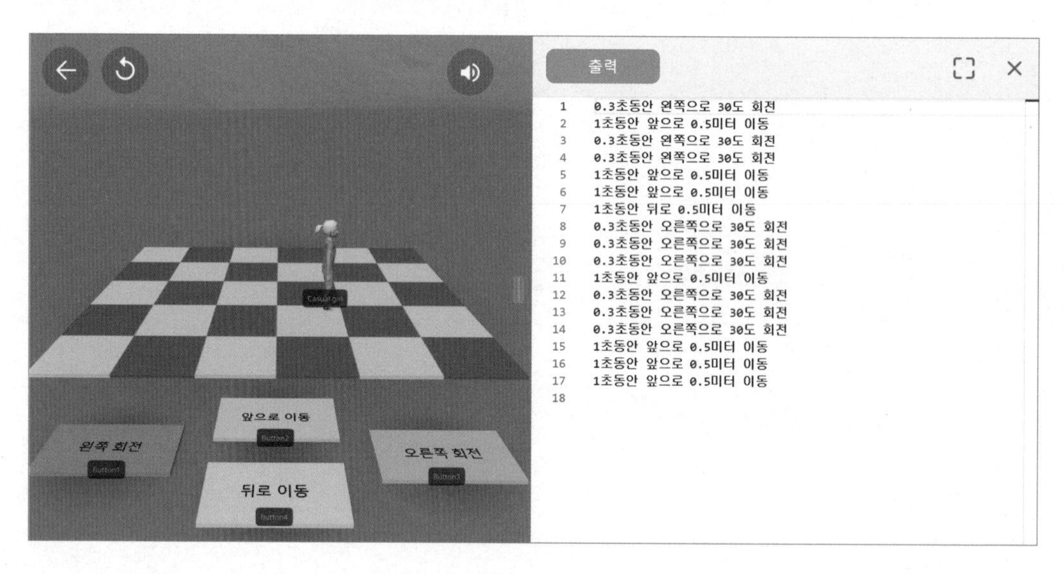

코드

예제 파일 | 예제15_회전하기.txt

```
1   from cospaces import *
2   import math
3   import random
4
5
6   ### 변수 ###
7
8   girl = scene.get_item("Casual girl")
9   button1 = scene.get_item("Button1")
10  button2 = scene.get_item("Button2")
11  button3 = scene.get_item("Button3")
12  button4 = scene.get_item("Button4")
13
14
15  ### 함수 ###
16
17  def on_button1_click():
18      girl.transition.rotate_local(Vector3(0,0,1), math.radians(30), 0.3)
19      print("0.3초동안 왼쪽으로 30도 회전")
20
21  def on_button2_click():
22      girl.transition.move_by(Vector3(0,0.5,0), 1)
23      print("1초동안 앞으로 0.5미터 이동")
24
25  def on_button3_click():
26      girl.transition.rotate_local(Vector3(0,0,-1), math.radians(30), 0.3)
27      print("0.3초동안 오른쪽으로 30도 회전")
28
29  def on_button4_click():
30      girl.transition.move_by(Vector3(0,-0.5,0), 1)
31      print("1초동안 뒤로 0.5미터 이동")
32
33
```

```
34  ### 이벤트 ###
35
36  button1.input.on_click(on_button1_click)
37  button2.input.on_click(on_button2_click)
38  button3.input.on_click(on_button3_click)
39  button4.input.on_click(on_button4_click)
```

설명

Casual girl 오브젝트에 대한 이동 및 회전 제어를 수행하는 기능을 담고 있습니다. 사용자가 버튼을 클릭하면 특정 동작이 실행됩니다.

18 button1을 클릭할 때 Casual girl 오브젝트가 0.3초 동안 왼쪽으로 30도 회전합니다. rotate_local() 함수는 오브젝트를 로컬(지역) 축을 기준으로 회전시킵니다. 여기서 회전축은 Vector3(0,0,1)입니다. 이때 회전하는 각도는 라디안으로 입력해야 하므로, math.radians() 함수를 이용해서 각도를 라디안으로 변환해 줍니다. 1라디안은 57.296도이기 때문에 30도는 약 0.524라디안입니다.

꿀팁 6

회전축이란?

공유 링크 | 완성작: https://edu.cospaces.io/XMQ-UQJ

코스페이시스에서 오브젝트를 회전시킬 때는 회전의 중심축을 설정해야 합니다. 그리고 회전축을 중심으로 시계방향 또는 반시계방향으로 회전시킬 각도를 지정해 줍니다.

회전축은 오브젝트의 로컬(지역) 좌표계를 기준으로 합니다. 예를 들어, 회전축이 Vector3(1,0,0)이라면 오브젝트의 중심에서 오른쪽으로 뻗어나간 가상의 직선이 회전축이 됩니다. 그리고 오브젝트의 중심에서 직선을 바라보고, 시계방향으로 정해진 각도만큼 회전하게 됩니다.

다음 그림은 캐릭터를 Vector3(1,0,0) 회전축으로 45도만큼 시계방향으로 회전시킨 예시입니다. 빨간색 화살표가 회전축입니다.

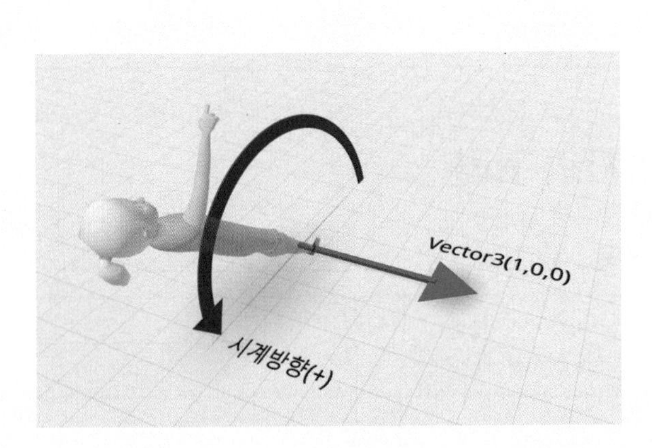

다음 그림은 캐릭터를 Vector3(0,1,0) 회전축으로 45도만큼 시계방향으로 회전시킨 예시입니다. 초록색 화살표가 회전축입니다.

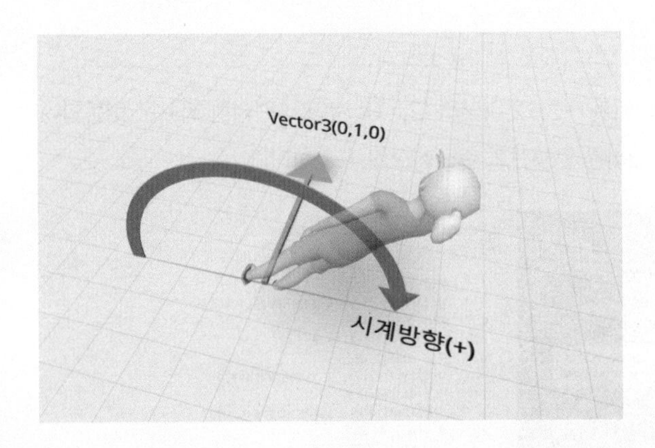

다음 그림은 캐릭터를 Vector3(0,0,1) 회전축으로 45도만큼 시계방향으로 회전시킨 예시입니다. 파란색 화살표가 회전축이며, 아래에서 위를 바라보고 시계방향을 계산합니다.

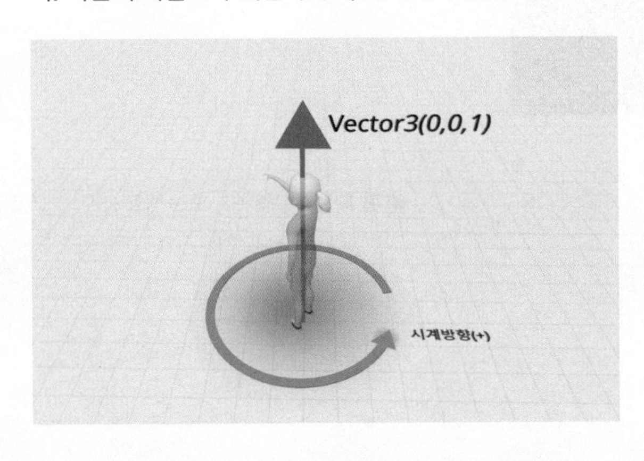

예제 16 오브젝트까지의 거리

공유 링크
완성작: https://edu.cospaces.io/XYV-LHS
템플릿: https://edu.cospaces.io/JVY-HAV

목표

[랜덤 위치 이동] 버튼을 클릭하면 여자 아이가 (-2,-2,0)부터 (2,2,0) 사이의 랜덤한 좌표로 이동합니다. 그리고 강아지와 여자 아이 캐릭터 사이의 거리를 말풍선과 출력창으로 표시합니다.

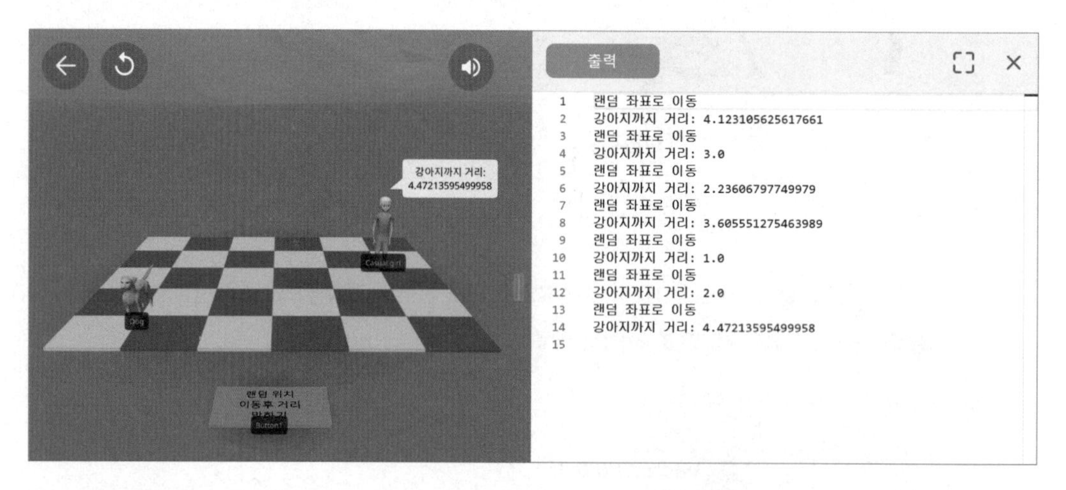

코드

예제 파일 | 예제16_오브젝트까지의_거리.txt

```
1  from cospaces import *
2  import math
3  import random
4
5
6  ### 변수 ###
```

```
7
8  girl = scene.get_item("Casual girl")
9  dog = scene.get_item("Dog")
10 button1 = scene.get_item("Button1")
11
12
13 ### 함수 ###
14
15 def on_button1_click():
16     random_x = random.randint(-2,2)
17     random_y = random.randint(-2,2)
18     girl.transform.position = Vector3(random_x,random_y,0)
19     print("랜덤 좌표로 이동")
20
21     distance = (girl.transform.position - dog.transform.position).length
22
23     girl.speech = "강아지까지 거리: \n"+ str(distance)
24     print("강아지까지 거리: "+ str(distance))
25
26
27 ### 이벤트 ###
28
29 button1.input.on_click(on_button1_click)
```

설명

Casual girl 오브젝트와 Dog 오브젝트 간의 거리를 계산하는 기능을 포함하고 있습니다. 사용자가 Button1을 클릭하면 Casual girl 오브젝트는 랜덤한 좌표로 이동하고, 이동 후 Dog 오브젝트와의 거리를 계산하여 출력합니다.

15 button1을 클릭할 때 실행되는 함수입니다. 우선 random_x와 random_y 변수에 -2에서 2 사이의 범위에서 랜덤한 정수를 생성합니다. girl.transform.position 속성값을 이용해서 Casual girl 오브젝트의 위치를 새로운 좌표로 설정합니다.

21 Casual girl과 Dog 오브젝트 사이의 거리를 계산합니다. Vector3 좌표 사이의 거리를 계산할 때는 우선 두 점의 벡터를 서로 뺀 후에 길이를 추출하면 됩니다.

꿀팁 7

두 오브젝트 사이의 거리와 방향

공유 링크 | 완성작: https://edu.cospaces.io/MCX-WMM

코스페이시스에서 오브젝트의 월드(전역) 좌표는 원점에서 어떤 축으로 얼마큼 이동했는지를 나타냅니다. 예를 들어, 오브젝트가 (3,1,0) 좌표에 있다는 것은 원점(0,0,0)에서부터 X축으로 3만큼, Y축으로 1만큼, Z축으로 0만큼 이동한 위치에 있다는 것을 의미합니다. 이것을 벡터라는 형식으로 표현합니다.

벡터의 뺄셈을 통해서 두 오브젝트 사이의 거리와 방향을 알 수 있습니다. 만약 여러분이 두 오브젝트 사이의 거리를 알고 싶다면, 두 오브젝트의 위치 벡터 A, B를 각각 구한 다음, 하나에서 다른 하나를 빼서 차이 벡터 C를 구하고, 이 차이 벡터 C의 .length 속성을 사용하여 두 오브젝트 사이의 실제 거리를 계산할 수 있습니다.

또한 여러분이 한 오브젝트가 다른 오브젝트를 바라보게 만들 때, 얼마나 회전시켜야 하는지 알고 싶을 때도 벡터의 뺄셈을 사용합니다. 두 오브젝트의 위치 벡터 A, B의 차이 벡터 C를 구하고, 이 차이 벡터 C의 .normalized 속성을 사용하면 거리가 1이고, A에서 B 지점을 바라보는 방향을 나타내는 정규화 벡터를 얻을 수 있습니다.

예를 들면 다음 그림에 보이는 것과 같이, B 위치를 나타내는 벡터 B(2,3,0)에서 A 위치를 나타내는 벡터 A(3,1,0)를 빼면 A 위치에서 B 위치로 이동하는 새로운 벡터 C(−1, 2, 0)를 얻을 수 있습니다. .length를 이용해 계산한 벡터 C의 길이는 약 2.236이고, .normalized를 이용해 계산한 벡터 C의 정규화 벡터는 (−0.4472136, 0.8944272, 0.0)입니다. 이 말은 A 오브젝트를 B 오브젝트 위치로 이동시키려면 (−0.4472136, 0.8944272, 0.0) 방향으로 2.236미터 이동하면 된다는 뜻입니다.

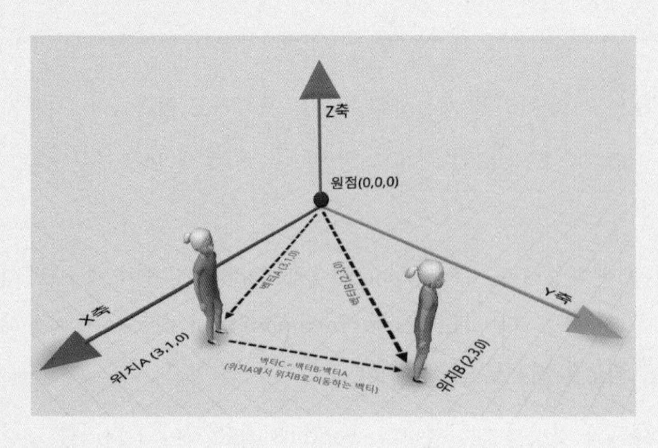

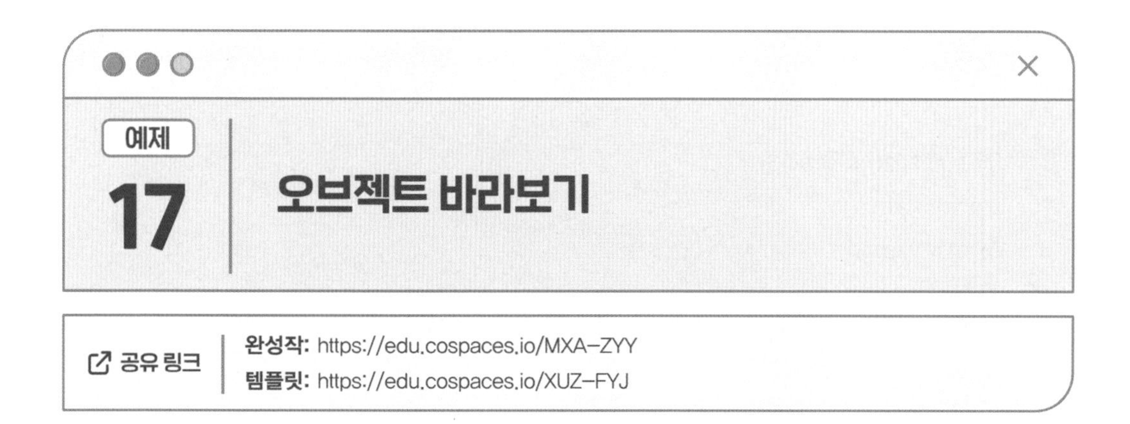

예제

17 오브젝트 바라보기

공유 링크

완성작: https://edu.cospaces.io/MXA-ZYY
템플릿: https://edu.cospaces.io/XUZ-FYJ

목표

[닭 바라보기], [토끼 바라보기], [나비 바라보기], [여우 바라보기] 버튼을 클릭하면 여자 아이가 방향을 회전하여 각각의 오브젝트를 바라봅니다.

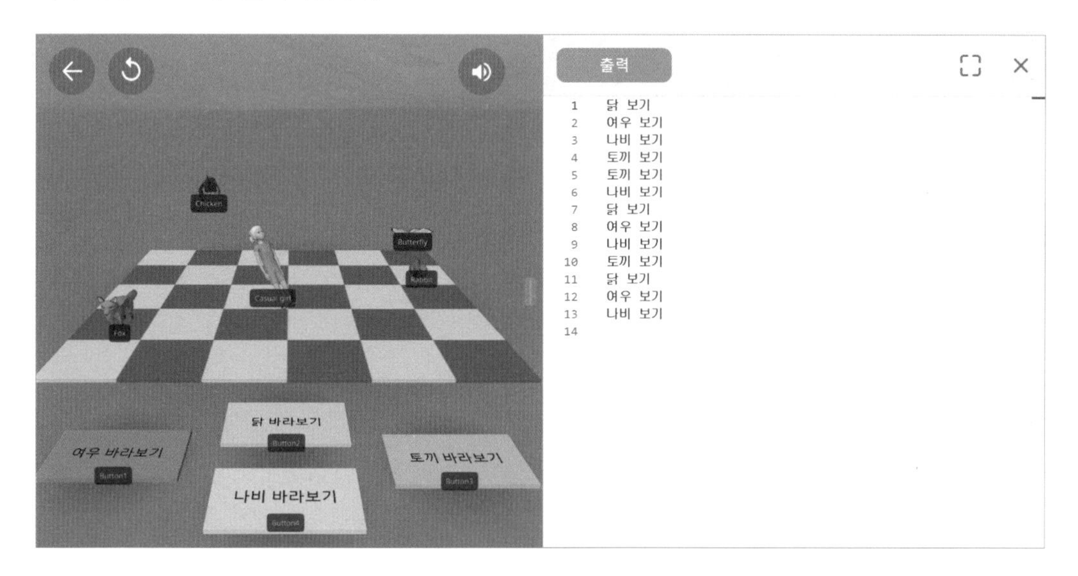

코드 예제 파일 | 예제17_오브젝트_바라보기.txt

```
1  from cospaces import *
2  import math
3  import random
4
5
6  ### 변수 ###
7
8  girl = scene.get_item("Casual girl")
9  fox = scene.get_item("Fox")
10 rabbit = scene.get_item("Rabbit")
11 chicken = scene.get_item("Chicken")
12 butterfly = scene.get_item("Butterfly")
13
14 button1 = scene.get_item("Button1")
15 button2 = scene.get_item("Button2")
16 button3 = scene.get_item("Button3")
17 button4 = scene.get_item("Button4")
18
19
20 ### 함수 ###
21
22 def on_button1_click():
23     girl.transform.look_at(fox.transform.position)
24     print("여우 보기")
25
26 def on_button2_click():
27     girl.transform.look_at(chicken.transform.position)
28     print("닭 보기")
29
30 def on_button3_click():
31     girl.transform.look_at(rabbit.transform.position)
32     print("토끼 보기")
33
```

```
34 def on_button4_click():
35     girl.transform.look_at(butterfly.transform.position)
36     print("나비 보기")
37
38
39 ### 이벤트 ###
40
41 button1.input.on_click(on_button1_click)
42 button2.input.on_click(on_button2_click)
43 button3.input.on_click(on_button3_click)
44 button4.input.on_click(on_button4_click)
```

설명

girl.transform.look_at(target_position) 함수는 Casual girl 오브젝트가 주어진 대상의 위치를 바라보도록 오브젝트의 방향을 설정합니다. 여기서 target_position은 바라볼 대상 오브젝트의 위치를 나타내는 Vector3 오브젝트입니다.

23 button1을 클릭하면 Casual girl 오브젝트가 여우를 바라보도록 설정합니다.

27 button2를 클릭하면 Casual girl 오브젝트가 닭을 바라보도록 설정합니다.

31 button3을 클릭하면 Casual girl 오브젝트가 토끼를 바라보도록 설정합니다.

35 button4를 클릭하면 Casual girl 오브젝트가 나비를 바라보도록 설정합니다.

예제 18

같은 방향 바라보기

공유 링크

완성작: https://edu.cospaces.io/JFA-EZR

템플릿: https://edu.cospaces.io/PZE-BEL

목표

[여우와 같은 방향 보기], [닭과 같은 방향 보기], [토끼와 같은 방향 보기], [나비와 같은 방향 보기] 버튼을 클릭하면 여자 아이가 각각 여우, 닭, 토끼, 나비와 같은 방향으로 보도록 회전합니다.

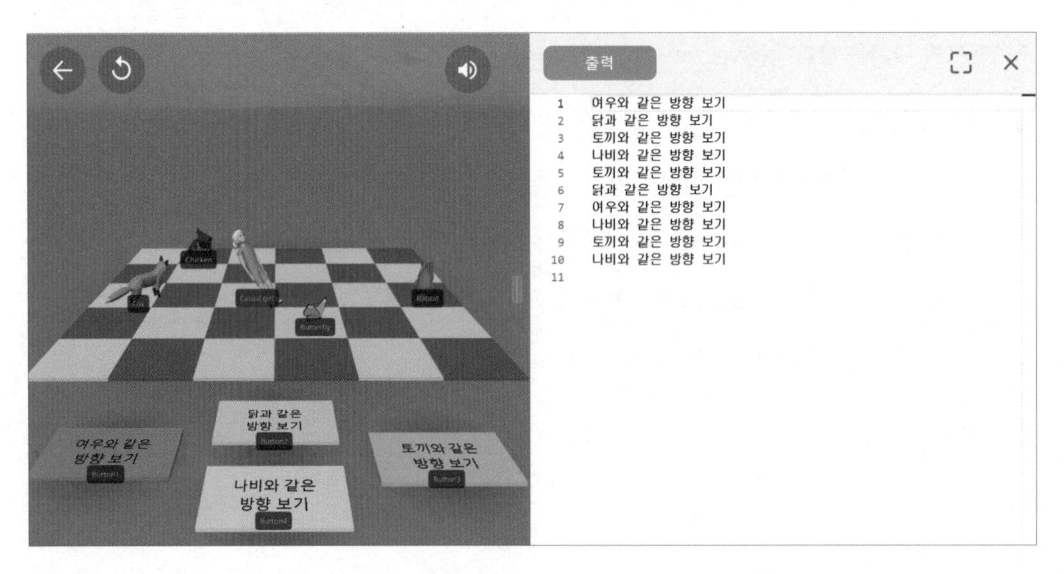

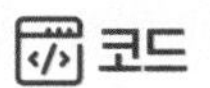

예제 파일 | 예제18_같은_방향_바라보기.txt

```
1  from cospaces import *
2  import math
3  import random
4
5
6  ### 변수 ###
7
8  girl = scene.get_item("Casual girl")
9  fox = scene.get_item("Fox")
10 rabbit = scene.get_item("Rabbit")
11 chicken = scene.get_item("Chicken")
12 butterfly = scene.get_item("Butterfly")
13
14 button1 = scene.get_item("Button1")
15 button2 = scene.get_item("Button2")
16 button3 = scene.get_item("Button3")
17 button4 = scene.get_item("Button4")
18
19
20 ### 함수 ###
21
22 def on_button1_click():
23     girl.transform.set_direction(fox.transform.forward, Vector3(0,0,1))
24     print("여우와 같은 방향 보기")
25
26 def on_button2_click():
27     girl.transform.set_direction(chicken.transform.forward, Vector3(0,0,1))
28     print("닭과 같은 방향 보기")
29
30 def on_button3_click():
31     girl.transform.set_direction(rabbit.transform.forward, Vector3(0,0,1))
32     print("토끼와 같은 방향 보기")
33
```

```
34 def on_button4_click():
35     girl.transform.set_direction(butterfly.transform.forward, Vector3(0,0,1))
36     print("나비와 같은 방향 보기")
37
38
39 ### 이벤트 ###
40
41 button1.input.on_click(on_button1_click)
42 button2.input.on_click(on_button2_click)
43 button3.input.on_click(on_button3_click)
44 button4.input.on_click(on_button4_click)
```

설명

fox.transform.forward는 fox 오브젝트의 전방 벡터를 나타냅니다. 이 벡터는 3차원 공간에서 fox 오브젝트가 바라보고 있는 방향을 나타내는 벡터로, 코스페이시스에서는 로컬(지역) Y축과 일치합니다.

23 transform.set_direction(newDirection, up) 함수는 오브젝트가 새로운 방향을 바라보도록 설정합니다. 여기서 newDirection은 오브젝트가 바라볼 새로운 방향을 나타내는 Vector3 값이고, up은 오브젝트의 상단 방향을 나타냅니다. 코스페이시스는 위쪽 방향이 z축이므로 up 방향으로 Vector3(0,0,1)을 사용합니다.

예제

19 모든 오브젝트 위에서 드래그하기

공유 링크

완성작: https://edu.cospaces.io/NYN-NWE

템플릿: https://edu.cospaces.io/WGY-MNT

목표

여자 아이 캐릭터를 마우스로 끌면, 모든 오브젝트 표면 위에서 캐릭터가 자유롭게 이동합니다.

코드

예제 파일 | 예제19_모든_오브젝트_위에서_드래그하기.txt

```
1  from cospaces import *
2  import math
3  import random
4
5
6  ### 변수 ###
7
8  girl = scene.get_item("Casual girl")
9
10
11 ### 함수 ###
12
13
14 ### 이벤트 ###
15
16
17 ### 메인코드 ###
18
19 girl.input.set_collision_drag()
```

설명

이 기능은 현재 코블록스에는 없는 기능입니다. 오직 파이썬과 타입스크립트 코드에서만 가능합니다.

19 girl.input.set_collision_drag()는 Casual girl 오브젝트가 다른 모든 오브젝트의 표면 위로 드래그할 수 있으며, 다른 오브젝트와 충돌할 수 있도록 설정합니다. 이는 사용자가 Casual girl 오브젝트를 클릭하고 드래그하여 이동하면서 다른 오브젝트와 상호작용할 수 있게 합니다.

꿀팁 8

코스페이시스 파이썬 API 명세서

코스페이시스 파이썬 명령어를 더 알아보고 싶다면 코스페이시스가 제공하는 매뉴얼을 활용해 보세요. 코드 편집창에 있는 [i] 버튼을 클릭하거나 아래의 링크에서 확인할 수 있습니다.

- 코스페이시스 파이썬 API 매뉴얼
  https://docs.edu.cospaces.io/python/api/public/

매뉴얼에 있는 다양한 카테고리(클래스) 중에서 특히 오브젝트를 다루는 명령어는 BaseItem 카테고리에 있습니다. 매뉴얼은 영어로 되어 있고, 간단하게 정리되어 있습니다. 상세한 학습에는 부족할 수 있지만, 파이썬 명령어의 전체적인 내용을 확인하는 데 큰 도움이 됩니다.

(i) 버튼으로 보기

매뉴얼 카테고리

Chapter

04

COSPACES EDU

제어

⊙ 학습 목표

- 버튼 클릭과 같은 이벤트에 반응하여 객체의 동작을 시작하고 멈추게 하는 방법을 배웁니다.
- 이벤트 핸들러 내에서 글로벌 변수의 상태 변경을 통해 프로그램의 흐름을 제어하는 방법을 학습합니다.
- 사용자 상호작용, 예를 들어 버튼 클릭에 반응하여 특정 동작을 시작하고 멈추는 방법을 익힙니다.

예제 20 무한 반복하기 1

공유 링크
완성작: https://edu.cospaces.io/NJN-CDF
템플릿: https://edu.cospaces.io/GDM-XAZ

목표

time.schedule_repeating() 함수를 이용해서 [무한 반복 회전] 버튼을 한 번 클릭하면 여자 아이 캐릭터가 무한히 회전하도록 만듭니다.

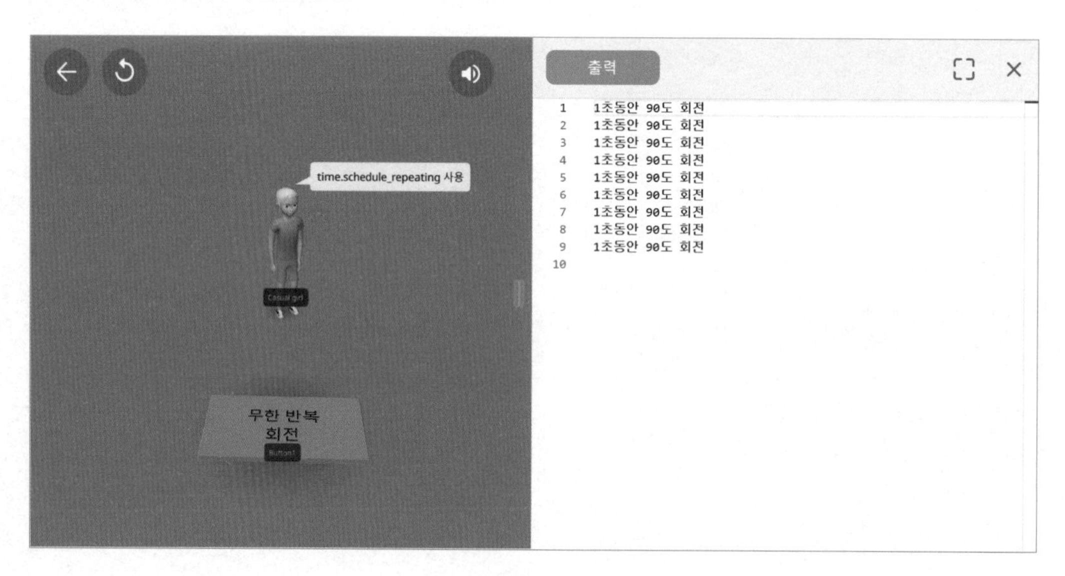

코드

예제 파일 | 예제20_무한_반복하기_1.txt

```
1   from cospaces import *
2   import math
3   import random
4
5
6   ### 변수 ###
7
8   girl = scene.get_item("Casual girl")
9   button1 = scene.get_item("Button1")
10
11
12  ### 함수 ###
13
14  def on_button1_click():
15      girl_turn(0)
16      time.schedule_repeating(girl_turn, 1)
17
18  def girl_turn(dt):
19      girl.transition.rotate_local(Vector3(0,0,1), math.radians(90), 1)
20      print("1초동안 90도 회전")
21
22
23  ### 이벤트 ###
24
25  button1.input.on_click(on_button1_click)
```

설명

무한 반복을 만드는 첫 번째 방법은 time.schedule_repeating() 함수로, 스케줄링된 반복 함수(scheduled repeating function)를 만드는 것입니다. 이러한 함수는 정해진 시간 간격으로 특정 작업을 반복적으로 실행할 때 사용됩니다.

15 button1을 클릭하면 girl_turn() 함수를 호출해서 여자 아이를 1초 동안 1번 회전시킵니다. 밑의 time.schedule_repeating() 함수에 의해 girl_turn() 함수가 호출되려면 1초를 기다려야 하기 때문에 1초의 딜레이(지연)가 발생하는데 그 사이에 미리 한 바퀴 회전을 실행해서 딜레이를 없애는 기능입니다.

16 time.schedule_repeating() 함수를 사용하여 girl_turn() 함수를 1초 후부터 매 1초마다 반복적으로 호출하도록 예약합니다.

18 girl_turn() 함수는 casual girl 오브젝트를 회전시키는 콜백 함수입니다. 여기서 time.schedule_repeating() 함수를 사용할 때, 반복적으로 호출되는 함수(콜백 함수)를 지정해야 하며, 콜백 함수는 일반적으로 하나의 매개변수를 가집니다. girl_turn() 함수의 매개변수는 delta time을 나타내며, 보통 dt로 표시됩니다. 만약 dt 매개변수를 사용하지 않는다고 삭제하면 오류가 납니다.

delta time(dt) 매개변수의 역할은 이전에 함수가 호출된 시간부터 현재 함수가 호출되기까지 걸린 시간을 나타냅니다. 이 값을 사용함으로써, 프로그램이 각각의 호출 사이에 일정한 시간이 지났는지를 알 수 있고, 이를 바탕으로 애니메이션과 같은 시간에 민감한 작업을 더 부드럽고 일관되게 처리할 수 있습니다.

19 rotate_local() 함수는 오브젝트를 로컬(지역) 축을 기준으로 회전시킵니다. 이때 회전하는 각도는 라디안으로 입력해야 하므로, math.radians() 함수를 이용해서 각도를 라디안으로 변환해 줍니다.

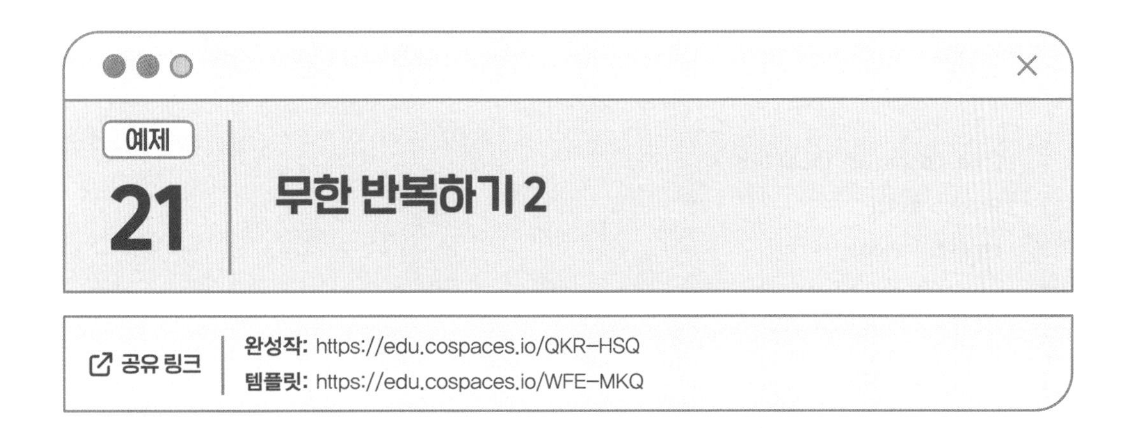

예제

21 무한 반복하기 2

공유 링크

완성작: https://edu.cospaces.io/QKR-HSQ
템플릿: https://edu.cospaces.io/WFE-MKQ

목표

`time.schedule()` 함수를 이용해서 [무한 반복 회전] 버튼을 한 번 클릭하면 여자 아이 캐릭터가 무한히 회전하도록 만듭니다.

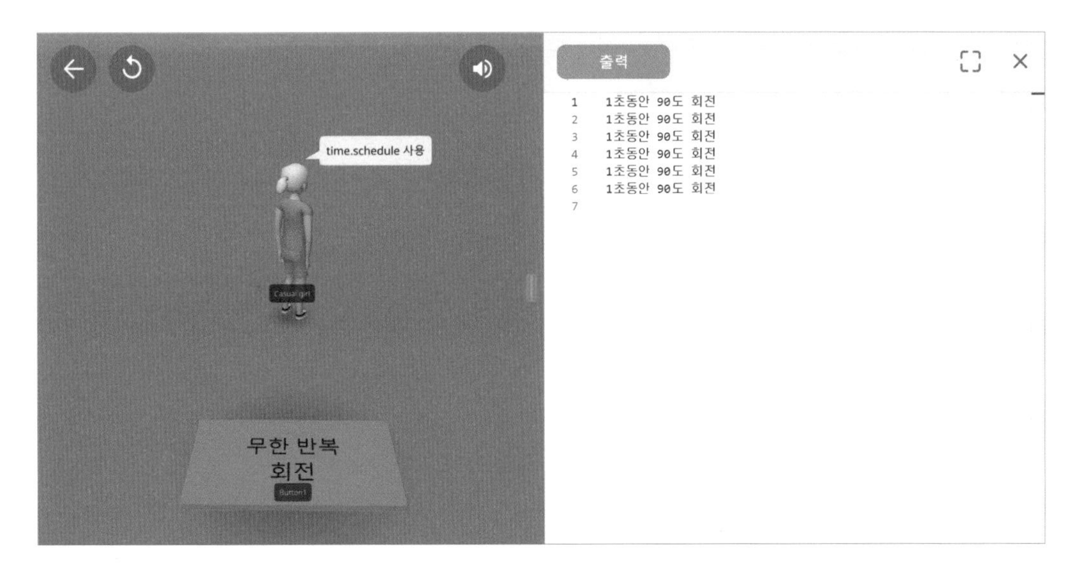

코드

예제 파일 | 예제21_무한_반복하기_2.txt

```
1  from cospaces import *
2  import math
3  import random
4
5
6  ### 변수 ###
7
8  girl = scene.get_item("Casual girl")
9  button1 = scene.get_item("Button1")
10
11
12  ### 함수 ###
13
14  def on_button1_click():
15      girl.transition.rotate_local(Vector3(0,0,1), math.radians(90), 1)
16      print("1초동안 90도 회전")
17      delay()
18
19  def delay():
20      time.schedule(on_button1_click, 1)
21
22
23  ### 이벤트 ###
24
25  button1.input.on_click(on_button1_click)
```

설명

무한 반복을 만드는 두 번째 방법은 반복 타이머입니다. 반복 타이머는 함수 A가 함수 B를 호출하고, 함수 B는 지연 후에 다시 함수 A를 호출하는 방식으로 지속적으로 실행되는 반복 루프를 만듭니다. 이는 특정 작업을 주기적으로 반복하고자 할 때 사용됩니다.

코스페이시스의 파이썬 언어는 아직 베타 버전으로, 책을 출판하기 전 6개월 동안 time.schedule_repeating() 함수가 오류로 실행되지 않는 버그가 있었습니다. 향후에도 이런 문제가 발생한다면 반복 타이머 방식으로 무한 반복 패턴을 만들 수 있습니다.

14 on_button1_click() 함수는 Button1이 클릭되었을 때 발생하는 행동을 정의하는 함수입니다. Casual girl 오브젝트를 Z축 주위로 1초 동안 90도 회전시키는 rotate_local() 함수를 사용합니다.

17 시간을 지연시키기 위해 delay() 함수를 따로 만들어 호출합니다.

19 delay() 함수는 on_button1_click() 함수가 다시 호출되도록 time.schedule() 함수를 사용해 1초 후에 스케줄하는 함수입니다. 이를 통해 반복 루프를 생성합니다.

예제 22 반복에서 탈출하기 1

공유 링크
완성작: https://edu.cospaces.io/GZZ-MWW
템플릿: https://edu.cospaces.io/HVZ-NHP

목표

[무한 반복 회전] 버튼을 클릭하면 `time.schedule_repeating()` 함수를 이용해서 캐릭터를 무한히 회전시킵니다. [반복 멈추기] 버튼을 클릭하면 캐릭터 회전을 멈춥니다.

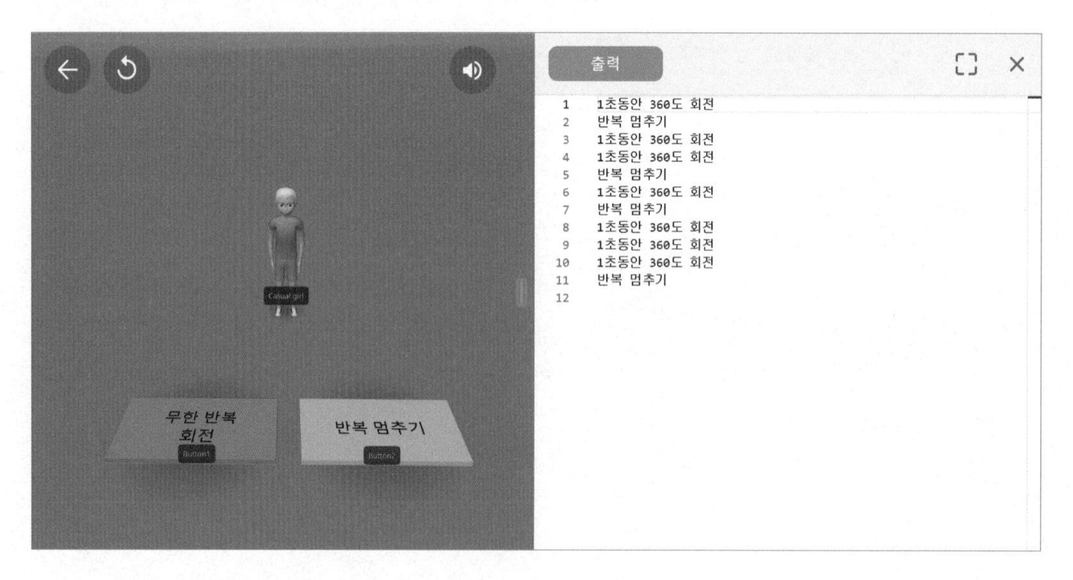

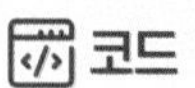

예제 파일 | 예제22_반복에서_탈출하기_1.txt

```
1   from cospaces import *
2   import math
3   import random
4
5
6   ### 변수 ###
7
8   girl = scene.get_item("Casual girl")
9   button1 = scene.get_item("Button1")
10  button2 = scene.get_item("Button2")
11  loop_turn = Disposable
12
13  ### 함수 ###
14
15  def on_button1_click():
16      girl_turn(0)
17      global loop_turn
18      loop_turn = time.schedule_repeating(girl_turn, 1)
19
20  def girl_turn(dt):
21      girl.transition.rotate_local(Vector3(0,0,1), math.radians(360), 1)
22      print("1초동안 360도 회전")
23
24  def on_button2_click():
25      global loop_turn
26      loop_turn.dispose()
27      print("반복 멈추기")
28
29
30  ### 이벤트 ###
31
32  button1.input.on_click(on_button1_click)
33  button2.input.on_click(on_button2_click)
```

설명

코스페이시스는 스케줄링된 작업을 취소하기 위해 Disposable 오브젝트를 제공합니다. Disposable 오브젝트로 선언된 스케줄링 변수는 dispose() 함수를 이용해서 취소할 수 있습니다.

11 loop_turn 변수는 Disposable 타입으로 선언되어 있으며, 이는 나중에 특정 작업을 중지(dispose)하기 위해 사용됩니다.

15 함수 on_button1_click()은 button1이 클릭될 때 호출됩니다. 이 함수 내에서 girl_turn() 함수를 즉시 호출하고, loop_turn 변수를 사용하여 girl_turn() 함수가 1초마다 반복적으로 호출되도록 스케줄링합니다.

20 girl_turn() 함수는 Casual girl 오브젝트를 로컬 z축을 기준으로 1초 동안 360도 회전시키는 애니메이션을 적용합니다.

24 on_button2_click() 함수는 button2가 클릭될 때 호출되며, 이 함수는 loop_turn을 통해 설정된 반복 애니메이션을 중지(dispose)합니다. 이것은 loop_turn 변수가 가리키는 반복 스케줄을 취소하고 회전 애니메이션을 멈추게 합니다.

공유 링크
완성작: https://edu.cospaces.io/FGS-DWJ
템플릿: https://edu.cospaces.io/STJ-EZH

목표

[무한 반복 회전] 버튼을 클릭하면 `time.schedule()` 함수를 이용한 반복 타이머로 캐릭터를 무한히 회전시킵니다. [반복 멈추기] 버튼을 클릭하면 캐릭터 회전을 멈춥니다.

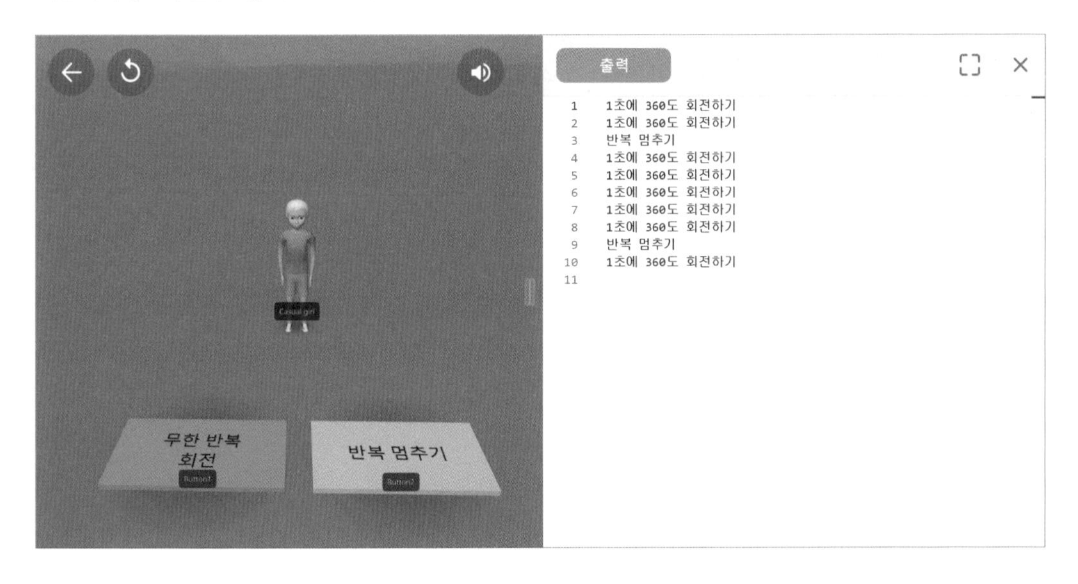

코드 　　예제 파일 | 예제23_반복에서_탈출하기_2.txt

```
1   from cospaces import *
2   import math
3   import random
4
5
6   ### 변수 ###
7
8   girl = scene.get_item("Casual girl")
9   button1 = scene.get_item("Button1")
10  button2 = scene.get_item("Button2")
11  isPlaying = False
12
13
14  ### 함수 ###
15
16  def on_button1_click():
17      global isPlaying
18      isPlaying = True
19      girl_turn(0)
20
21  def girl_turn(dt):
22      girl.transition.rotate_local(Vector3(0,0,1), math.radians(360), 1)
23      print("1초에 360도 회전하기")
24      if isPlaying:
25          time.schedule(delay, 1)
26
27  def delay():
28      girl_turn(0)
29
30  def on_button2_click():
31      global isPlaying
32      isPlaying = False
33      print("반복 멈추기")
```

```
34
35
36 ### 이벤트 ###
37
38 button1.input.on_click(on_button1_click)
39 button2.input.on_click(on_button2_click)
```

설명

time.schedule() 함수로 만들어진 반복 타이머 패턴도 상태 변수를 이용해서 반복을 종료할 수 있습니다.

11 isPlaying이라는 불리언 변수를 사용하여 반복 여부를 관리합니다.

16 button1이 클릭되었을 때 호출됩니다. isPlaying을 True로 설정하여 반복을 시작하고 girl_turn() 함수를 즉시 호출합니다.

21 Casual girl 오브젝트를 1초에 360도 회전시킵니다. 회전이 끝나면 isPlaying이 True인 경우 delay() 함수를 1초 후에 스케줄링하여 회전을 계속 반복합니다.

27 girl_turn() 함수를 다시 호출하여 애니메이션이 계속되도록 합니다.

30 button2가 클릭되었을 때 호출되며, isPlaying을 False로 설정하여 반복을 멈추게 합니다. girl_turn() 함수 내부에서 isPlaying의 상태를 확인하여 더 이상 새로운 delay를 스케줄링하지 않는 것으로 회전 반복을 멈추게 됩니다.

예제

24 1초 기다리기

공유 링크

완성작: https://edu.cospaces.io/YTC-ZTW

템플릿: https://edu.cospaces.io/KRM-EBM

목표

[1초 기다리고 말하기] 버튼을 클릭하면 1초 후에 캐릭터가 '안녕'이라고 말합니다. [3초 기다리고 말하기] 버튼을 클릭하면 3초 후에 '안녕'이라고 말합니다.

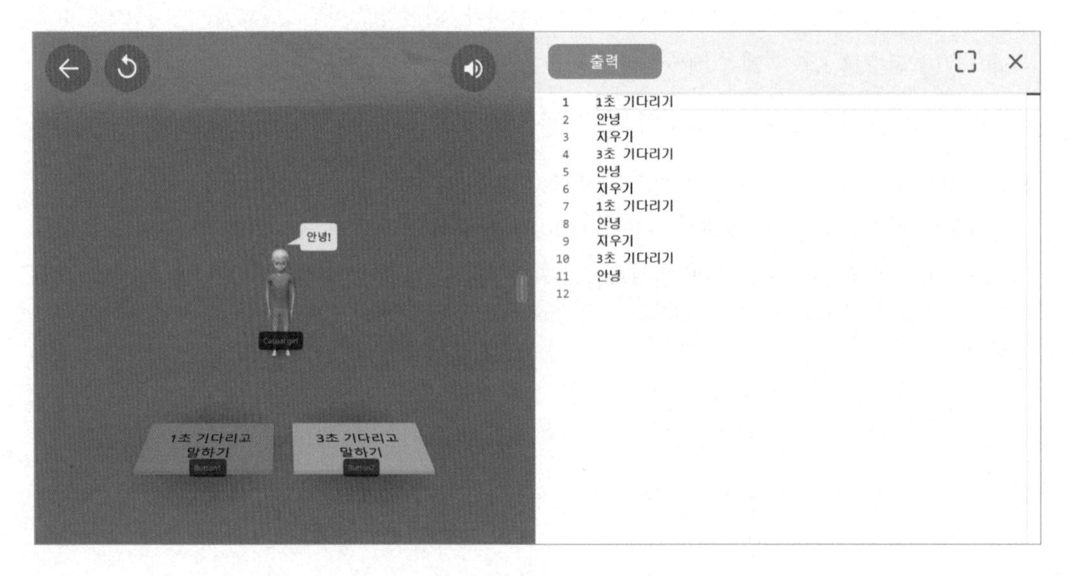

코드

예제 파일 | 예제24_1초_기다리기.txt

```
1  from cospaces import *
2  import math
3  import random
4
5
6  ### 변수 ###
7
8  girl = scene.get_item("Casual girl")
9  button1 = scene.get_item("Button1")
10 button2 = scene.get_item("Button2")
11
12
13 ### 함수 ###
14
15 def on_button1_click():
16     print("1초 기다리기")
17     time.schedule(girl_say_hello, 1)
18
19 def on_button2_click():
20     print("3초 기다리기")
21     time.schedule(girl_say_hello, 3)
22
23 def girl_say_hello():
24     girl.speech = "안녕!"
25     print("안녕")
26     time.schedule(girl_say_nothing, 1)
27
28 def girl_say_nothing():
29     girl.speech = ""
30     print("지우기")
31
32
33 ### 이벤트 ###
```

```
34
35  button1.input.on_click(on_button1_click)
36  button2.input.on_click(on_button2_click)
```

설명

버튼 클릭에 따라 캐릭터가 일정 시간 후에 인사를 하고, 그 후 다시 조용해지는 동작을 보여줍니다. time.schedule() 함수는 지정된 시간(delay) 후에 특정 함수를 실행하도록 예약하는 데 사용됩니다.

15 on_button1_click() 함수는 button1이 클릭되었을 때 호출되는 함수입니다. time.schedule() 함수를 이용해서 1초를 기다렸다가 girl_say_hello() 함수를 호출합니다.

19 on_button2_click() 함수는 button2가 클릭되었을 때 호출되는 함수입니다. time.schedule() 함수를 이용해서 3초를 기다렸다가 girl_say_hello() 함수를 호출합니다.

23 캐릭터가 "안녕!"이라고 말하게 합니다. 그리고 1초 후에 girl_say_nothing() 함수를 호출합니다.

28 girl_say_nothing() 함수는 캐릭터의 말을 지우고 아무것도 말하지 않는 상태로 만듭니다.

꿀팁 9

작품을 다른 계정으로 옮기기

작품을 만들다 보면, 완성된 작품을 다른 계정으로 옮겨야 할 때가 있습니다. 예를 들어 체험판을 이용해서 작품을 만들었다면 체험판 기간(1개월)이 만료되면 더 이상 작품을 수정할 수 없습니다. 또한 A학급 놀이터에서 만든 작품을 B학급의 놀이터로 옮겨야 할 때가 있습니다. 이럴 때 작품을 다른 계정 또는 다른 학급 놀이터로 옮기는 방법을 소개합니다. 바로 '리믹스 가능한 비공개 공유' 기능을 사용하면 됩니다.
편집 화면에서 오른쪽 상단의 [공유] 버튼을 클릭한 후에 리믹스 기능을 활성화하고 비공개 공유시켜 주세요.

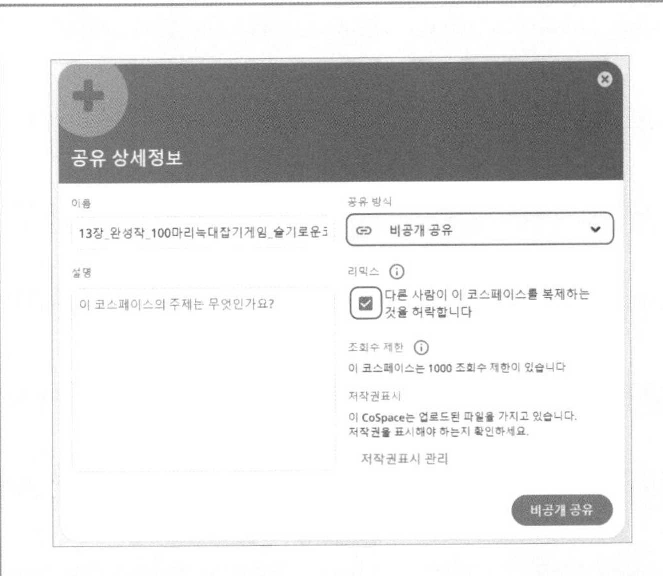

이렇게 한번 비공개를 시켜 놓으면, 이 작품은 언제든지 다른 계정 또는 다른 학급의 놀이터로 다시 불러올 수 있습니다. 비공개 공유 링크에 접속한 후에 [리믹스] 버튼을 클릭한 후, 복제할 위치(선생님의 코스페이스 또는 학급의 놀이터)를 선택하면 복제본이 만들어집니다.

특히 체험판을 사용해서 작품을 만들었다면, 작품 보관을 위해서 체험판 기간이 만료되기 전에 작품을 비공개 공유시켜 주세요. 기간이 종료한 후에는 비공개 공유를 시킬 수 없습니다.

Chapter

05

COSPACES EDU

아이템

⊙ 학습 목표

- 아이템을 코드를 이용해서 동적으로 추가하고 삭제하는 방법을 배웁니다.
- 오브젝트에 물리 기능을 추가하여 실제와 유사한 물리적 상호작용을 구현하는 방법을 익힙니다.
- 복제 기능을 사용하여 같은 오브젝트를 여러 개 생성하고, 필요에 따라 삭제하는 방법을 학습합니다.

예제 25

자식 아이템으로 추가하기

공유 링크

완성작: https://edu.cospaces.io/UYT-YEA

템플릿: https://edu.cospaces.io/UPX-ZEU

목표

[점수 붙이기] 버튼을 클릭하면 '점수: 100' 텍스트 패널이 카메라에 달라붙어서 마치 HUD 화면 UI처럼 보여집니다. [점수 떼기] 버튼을 클릭하면 텍스트 패널이 카메라에서 떨어져서 일반 오브젝트처럼 보여집니다.

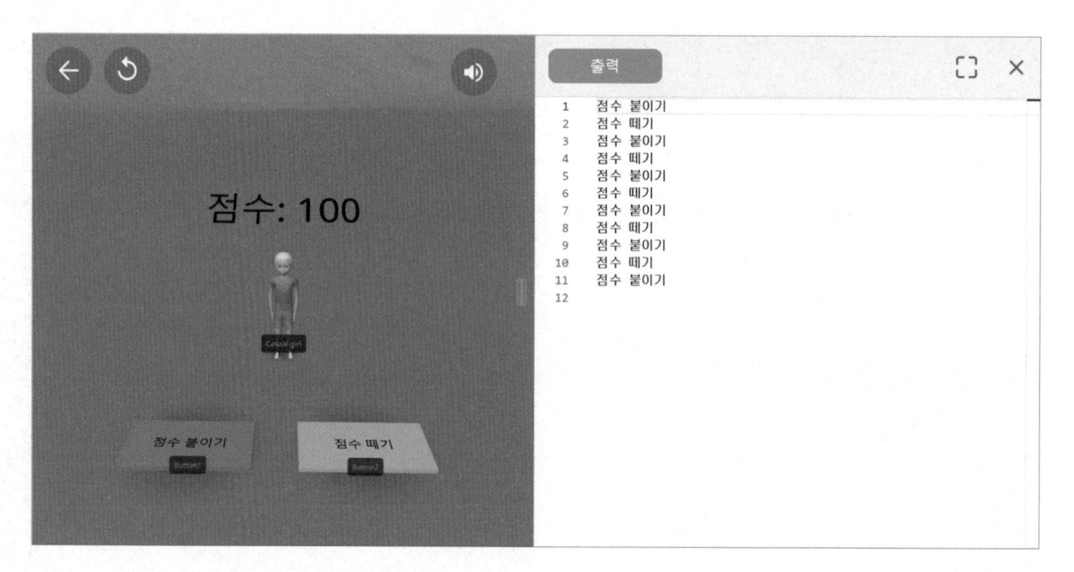

코드

예제 파일 | 예제25_자식_아이템으로_추가하기.txt

```
1  from cospaces import *
2  import math
3  import random
4
5
6  ### 변수 ###
7
8  button1 = scene.get_item("Button1")
9  button2 = scene.get_item("Button2")
10 score_display = scene.get_item("Score_display")
11 camera = scene.get_item("Camera")
12
13
14 ### 함수 ###
15
16 def on_button1_click():
17     camera.add(score_display)
18     print("점수 붙이기")
19
20 def on_button2_click():
21     score_display.remove_from_parent()
22     print("점수 떼기")
23
24
25 ### 이벤트 ###
26
27 button1.input.on_click(on_button1_click)
28 button2.input.on_click(on_button2_click)
29
30
31 ### 메인코드 ###
32
33 on_button1_click()
```

설명

텍스트 파일 같은 사용자 인터페이스 요소를 동적으로 관리할 수 있습니다. 예를 들어, 사용자가 게임에서 점수를 얻었을 때 점수 패널을 카메라에 붙여서 항상 보이게 하거나, 필요 없을 때는 제거하는 기능을 구현할 수 있습니다.

10 점수를 표시하는 텍스트 패널 오브젝트를 변수로 할당합니다.

11 플레이어(카메라) 오브젝트를 변수로 할당합니다.

16 on_button1_click() 함수는 button1을 클릭했을 때 실행되는 함수로, score_display 오브젝트를 카메라 오브젝트에 자식 아이템으로 추가합니다. 이제 카메라를 움직일 때 score_display 오브젝트도 함께 움직입니다.

20 on_button2_click() 함수는 button2를 클릭했을 때 실행되는 함수로, score_display 오브젝트를 부모 오브젝트에서 제거합니다.

33 스크립트가 시작할 때 on_button1_click() 함수를 바로 호출하여 점수 디스플레이를 카메라 뷰에 추가합니다.

예제 26

오브젝트 삭제하기

공유 링크

완성작: https://edu.cospaces.io/LKL-CHA
템플릿: https://edu.cospaces.io/UVY-URY

목표

세 개의 버튼을 각각 클릭할 때마다 해당 버튼 오브젝트가 삭제됩니다.

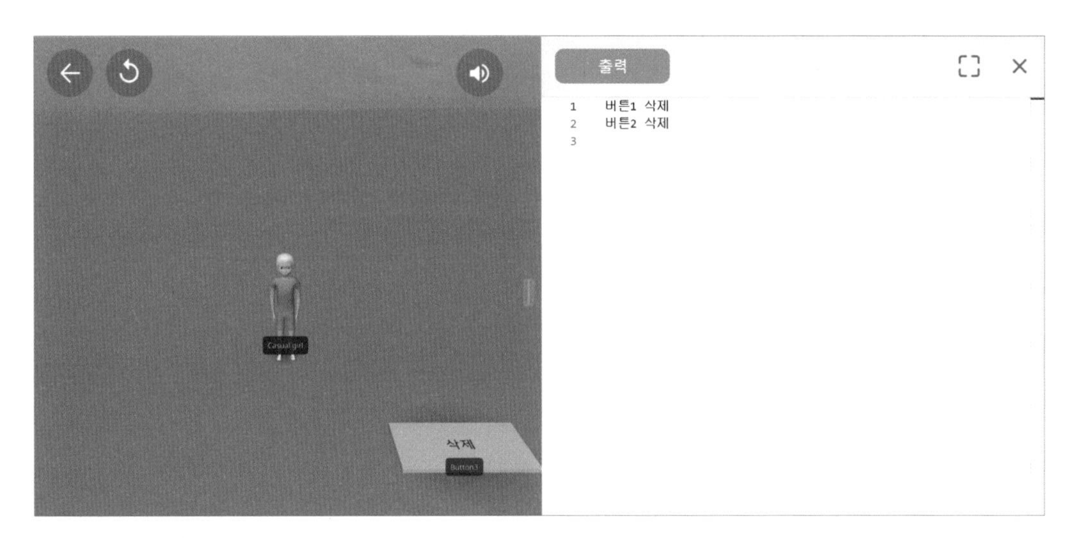

코드

예제 파일 | 예제26_오브젝트_삭제하기.txt

```
1  from cospaces import *
2  import math
3  import random
4
5
```

```
6   ### 변수 ###
7
8   button1 = scene.get_item("Button1")
9   button2 = scene.get_item("Button2")
10  button3 = scene.get_item("Button3")
11
12
13  ### 함수 ###
14
15  def on_button1_click():
16      button1.delete()
17      print("버튼1 삭제")
18
19  def on_button2_click():
20      button2.delete()
21      print("버튼2 삭제")
22
23  def on_button3_click():
24      button3.delete()
25      print("버튼3 삭제")
26
27
28  ### 이벤트 ###
29
30  button1.input.on_click(on_button1_click)
31  button2.input.on_click(on_button2_click)
32  button3.input.on_click(on_button3_click)
```

설명

사용자의 클릭에 따라 버튼을 삭제하는 간단한 상호작용을 구현합니다. 버튼을 클릭하면 버튼 클릭에 응답하여 해당 버튼이 장면에서 삭제됩니다.

15 on_button1_click() 함수는 button1을 클릭했을 때 실행되는 함수로, button1을 삭제하고 출력창에 "button1 삭제"를 출력합니다.

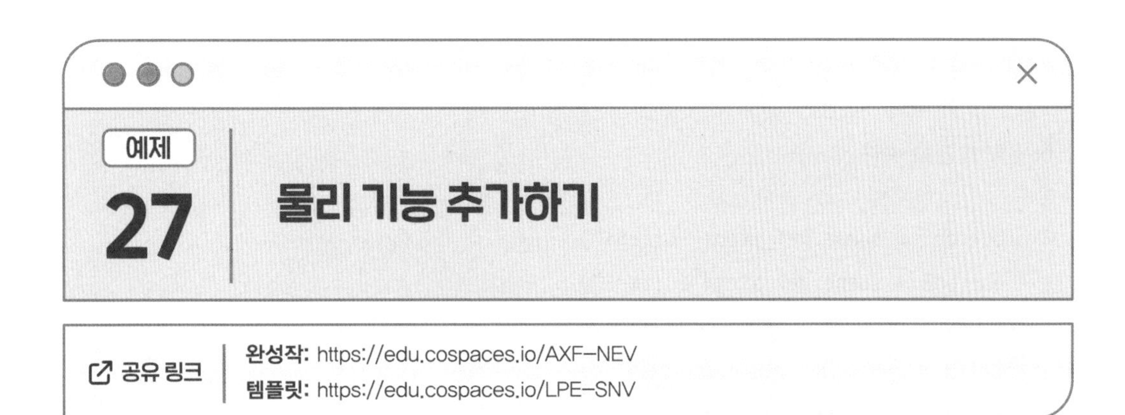

목표

[물리 기능 추가] 버튼을 클릭하면 세 공에 물리 기능이 추가되어 바닥으로 떨어집니다. [물리 기능 제거] 버튼을 클릭하면 물리 기능이 제거되어 제자리에 멈춥니다.

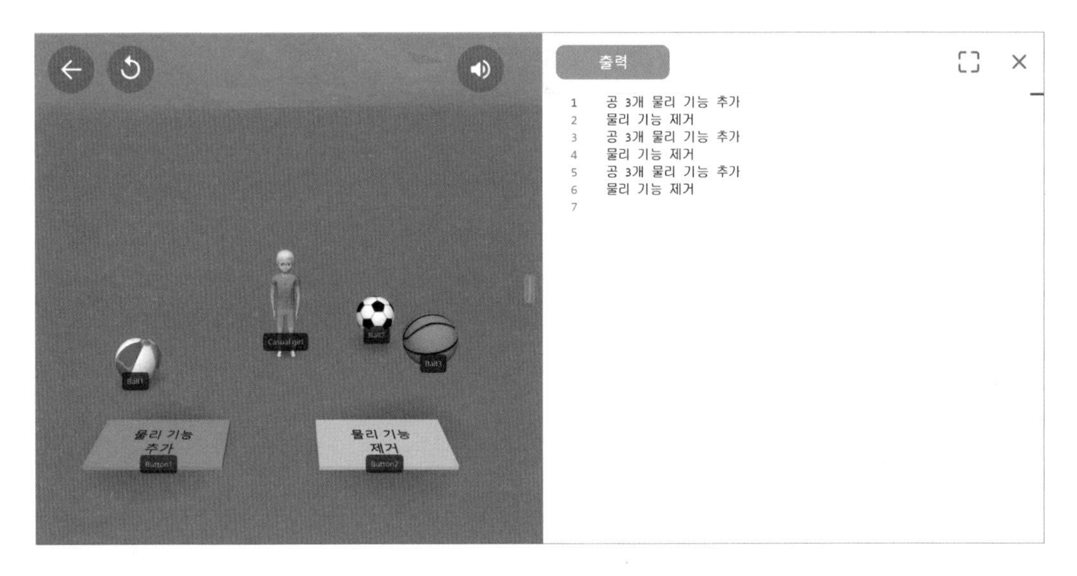

코드

예제 파일 | 예제27_물리_기능_추가하기.txt

```
1  from cospaces import *
2  import math
3  import random
```

```
4
5
6  ### 변수 ###
7
8  button1 = scene.get_item("Button1")
9  button2 = scene.get_item("Button2")
10 ball1 = scene.get_item("Ball1")
11 ball2 = scene.get_item("Ball2")
12 ball3 = scene.get_item("Ball3")
13
14
15 ### 함수 ###
16
17 def on_button1_click():
18     ball1.physics.enabled = True
19     ball2.physics.enabled = True
20     ball3.physics.enabled = True
21     ball1.physics.restitution = 0
22     ball2.physics.restitution = 0.9
23     ball3.physics.restitution = 1
24     print("공 3개 물리 기능 추가")
25
26 def on_button2_click():
27     ball1.physics.enabled = False
28     ball2.physics.enabled = False
29     ball3.physics.enabled = False
30     print("물리 기능 제거")
31
32
33 ### 이벤트 ###
34
35 button1.input.on_click(on_button1_click)
36 button2.input.on_click(on_button2_click)
```

설명

물리 기능은 사용자가 버튼을 클릭할 때 공에게 물리적인 속성을 부여하거나 제거하여 물리 법칙을 시뮬레이션하는 데 사용됩니다. 예를 들어, 공에 탄성을 부여하면 땅에 닿으면 튕겨져 올라오는 것을 볼 수 있습니다.

17 on_button1_click() 함수는 button1을 클릭할 때 실행되는 함수로, ball1, ball2, ball3의 물리 엔진을 활성화하고 각 공의 탄성(반발력)을 설정합니다. ball1은 탄성이 0(restitution = 0), ball2는 탄성이 0.9, ball3은 탄성이 1로 설정됩니다. 이렇게 설정함으로써 공들이 다른 탄성을 가지고 반응하게 됩니다. "공 3개 물리 기능 추가"라는 메시지를 출력창에 표시합니다.

26 on_button2_click() 함수는 button2를 클릭할 때 실행되는 함수로, 세 공의 물리 엔진을 비활성화(False)합니다. "물리 기능 제거"라는 메시지를 출력창에 표시합니다.

예제

28 복제본 만들고 삭제하기

공유 링크

완성작: https://edu.cospaces.io/PHW-GEW

템플릿: https://edu.cospaces.io/KFG-KWL

목표

[복제하기] 버튼을 클릭하면 여자 아이 캐릭터의 복제본이 생성되며, (−3,−3,0)부터 (3,3,0) 사이의 랜덤한 위치로 이동합니다. 해당 복제본 오브젝트를 클릭하면 복제본이 삭제됩니다.

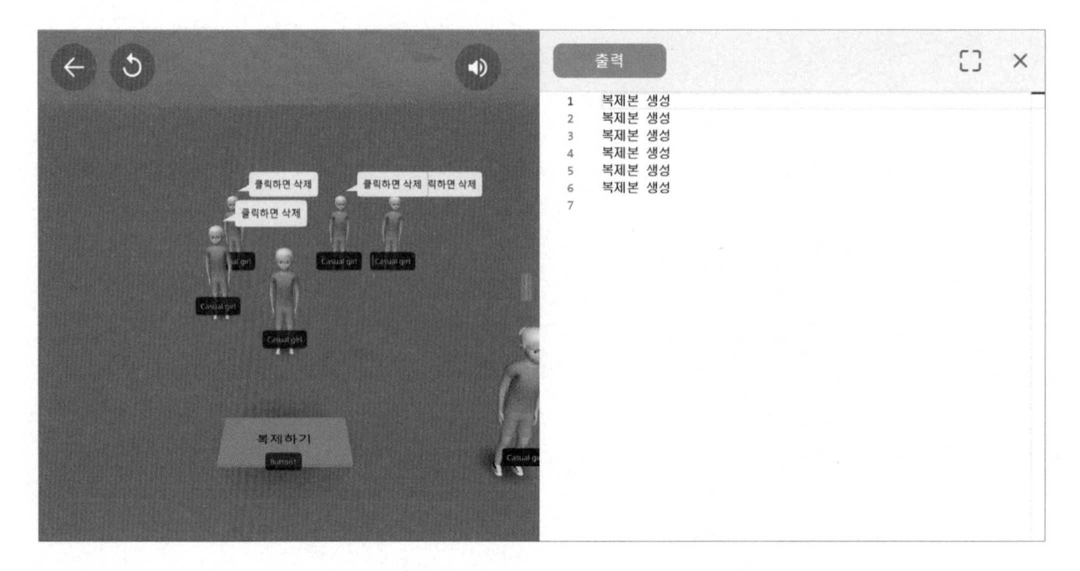

코드

예제 파일 | 예제28_복제본_만들고_삭제하기.txt

```
1  from cospaces import *
2  import math
3  import random
4
5
6  ### 변수 ###
7
8  button1 = scene.get_item("Button1")
9  girl = scene.get_item("Casual girl")
10
11
12 ### 함수 ###
13
14 def on_button1_click():
15     on_copy_girl(girl.copy())
16
17 def on_copy_girl(copied_girl:BaseItem):
18     copied_girl.transition.move_by(Vector3(random.randint(-3,3),random.
   randint(-3,3),0),0.2)
19     copied_girl.input.on_click(lambda: copied_girl.delete())
20     copied_girl.speech = "클릭하면 삭제"
21     print("복제본 생성")
22
23
24 ### 이벤트 ###
25
26 button1.input.on_click(on_button1_click)
```

설명

14 on_button1_click() 함수는 Button1을 클릭할 때 호출되는 함수입니다. 이 함수는 Casual girl 오브젝트를 복제하고, 그 복제본에 대해 on_copy_girl() 함수를 호출합니다.

17 copied_girl 매개변수로 전달받은 복제된 오브젝트를 처리하는 함수입니다. 복제된 오브젝트는 copied_girl이라는 이름을 갖습니다.

18 복제된 오브젝트를 (-3,-3,0)부터 (3,3,0) 사이의 무작위 위치로 0.2초 동안 이동시킵니다.

19 복제된 오브젝트에 클릭 이벤트 리스너를 추가합니다. 클릭하면 그 오브젝트는 삭제됩니다. 여기서는 코드를 간략화하기 위해서 별도의 사용자 정의 함수를 만들지 않고, 람다(lambda) 표현식을 사용했습니다. lambda는 익명 함수를 만드는 데 사용되며, 파이썬에서 lambda 키워드는 간단한 한 줄짜리 함수를 생성할 때 사용됩니다.

20 복제된 오브젝트에 "**클릭하면 삭제**"라는 말풍선을 표시합니다.

꿀팁 10

챗GPT 이용해서 코드 만들기

챗GPT, 코파일럿, 뤼튼 등의 인공지능을 이용해서 코스페이시스 파이썬 코드를 생성할 수 있습니다. 또는 코드에 주석을 달거나, 변수명이나 함수명을 수정하는 것처럼 스타일을 교정할 때도 인공지능을 사용할 수 있습니다. 실제로 이 책에 실린 대부분의 코드는 챗GPT-4를 이용해서 파이썬의 공식 스타일 가이드(PEP-8)에 맞게 교정되었습니다.
챗GPT의 무료 버전(GPT3.5)은 파이썬 코드를 만드는 실력이 높지 않습니다. 챗GPT 유료 버전(GPT-4)은 파이썬 코드를 충분히 생성할 수 있습니다. 챗GPT-4에서도 파이썬 코드를 제대로 생성하기 위해서는 미리 코드 예시를 입력해서 학습시켜야 합니다. 이 책에 있는 코드가 매우 좋은 학습예시가 될 수 있습니다.

다음은 이 책에 실린 예제 코드 10개를 챗GPT-4에 학습시킨 후, 코드 생성을 요청한 예시입니다.

You

코스페이시스 파이썬 코드를 만들어 줘.

'Casual girl' 오브젝트를 클릭하면 오브젝트가 '안녕' 이라고 말하고 'Dance fun' 애니메이션을 재생하고, 5초뒤에 다시 'Neutral' 애니메이션이 되도록 해줘.

챗GPT

아래는 'Casual girl' 오브젝트를 클릭하면 '안녕'이라고 말하고 'Dance fun' 애니메이션을 재생한 후 5초 뒤에 'Neutral' 애니메이션으로 돌아가는 CoSpaces Edu용 파이썬 스크립트입니다.

python Copy code

```python
from cospaces import *

### 변수 ###
girl = scene.get_item("Casual girl")  # 'Casual girl' 오브젝트를 찾습니다.

### 함수 ###
def on_girl_click():
    girl.speech = "안녕"  # 오브젝트가 '안녕'이라고 말하게 합니다.
    girl.animation.play("Dance fun")  # 'Dance fun' 애니메이션을 재생합니다.
    # 5초 후에 transition_to_neutral 함수를 실행하도록 예약합니다.
    time.schedule(transition_to_neutral, 5)

def transition_to_neutral():
    girl.speech = ""  # 오브젝트가 말하는 것을 멈추고
    girl.animation.play("Neutral")  # 'Neutral' 애니메이션을 재생합니다.

### 이벤트 ###
girl.input.on_click(on_girl_click)  # 클릭 이벤트에 on_girl_click 함수를 바인딩합니다.
```

이 스크립트는 `on_girl_click` 함수를 'Casual girl' 오브젝트의 클릭 이벤트에 연결합니다. 이 함수가 호출되면, 오브젝트는 "안녕"이라고 말하고 'Dance fun' 애니메이션을 시작합니다. `time.schedule`은 5초 후에 `transition_to_neutral` 함수를 호출하여, 오브젝트가 아무것도 말하지 않도록 하고 'Neutral' 애니메이션을 재생하게 합니다.

Chapter 06

COSPACES EDU

물리

⊙ 학습 목표

- 오브젝트에 물리적인 충격을 가해서 특정 방향으로 밀어내는 방법을 배웁니다.
- 로컬 방향과 월드 방향의 차이를 이해하고, 각각의 상황에 맞게 오브젝트에 힘을 적용하는 방법을 배웁니다.
- 물리 엔진에서 질량, 탄성, 마찰력이 오브젝트의 움직임에 어떤 영향을 미치는지를 학습합니다.

예제 29

월드 방향으로 밀기

공유 링크 | **완성작:** https://edu.cospaces.io/LNX-KZY
템플릿: https://edu.cospaces.io/EWR-SXY

목표

[북쪽으로 밀기] 버튼을 클릭할 때마다 공 오브젝트를 북쪽 방향으로 40의 힘으로 밉니다.

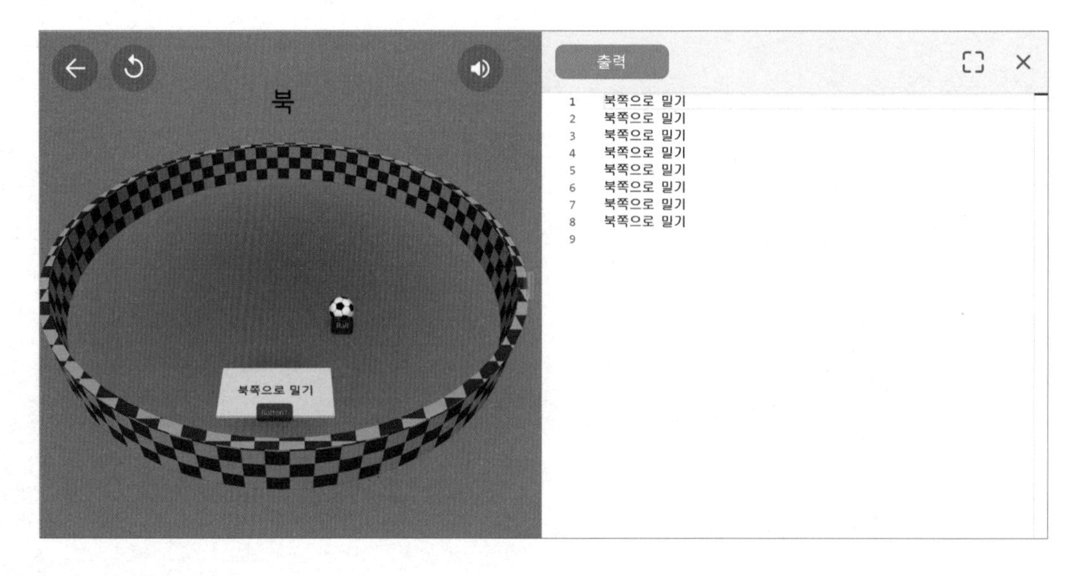

코드

예제 파일 | 예제29_월드_방향으로_밀기.txt

```
1  from cospaces import *
2  import math
3  import random
4
```

```
5
6  ### 변수 ###
7
8  ball = scene.get_item("Ball")
9  button1 = scene.get_item("Button1")
10
11
12  ### 함수 ###
13
14  def on_button1_click():
15      ball.physics.apply_impulse(Vector3(0,0,0),Vector3(0,-40,0))
16      print("북쪽으로 밀기")
17
18
19  ### 이벤트 ###
20
21  button1.input.on_click(on_button1_click)
```

설명

사용자가 버튼을 클릭하면, Ball이란 이름이 붙은 오브젝트에 y축의 반대 방향으로 40의 힘을 가하여 밀어내는 동작을 수행합니다. 이것은 물리 엔진에서 힘을 가하는 것으로 transition.move_to()를 이용한 이동과 다릅니다. 물리 엔진에서 힘을 가할 때는 오브젝트의 질량, 탄성, 마찰력에 따라서 전달되는 힘이 달라집니다. 오브젝트의 현재 방향과 상관없이 항상 똑같은 방향으로 밀어냅니다.

14 ball 오브젝트에 apply_impulse() 함수를 사용하여 물리적 충격(impulse)을 적용합니다. Vector3(0,0,0)은 충격이 가해지는 위치를 나타내며, 여기서는 오브젝트의 중심점을 의미합니다. Vector3(0,-40,0)는 충격의 방향과 크기를 나타내는 벡터로, 이 경우에는 y축 방향으로 -40의 크기로 충격을 가하여, 오브젝트를 '북쪽'으로 밀게 됩니다. 이 좌표계는 월드(전역) 좌표로, 항상 똑같은 방향을 가리킵니다. 여기서는 카메라가 바라보는 방향을 '북쪽'이라고 가정합니다.

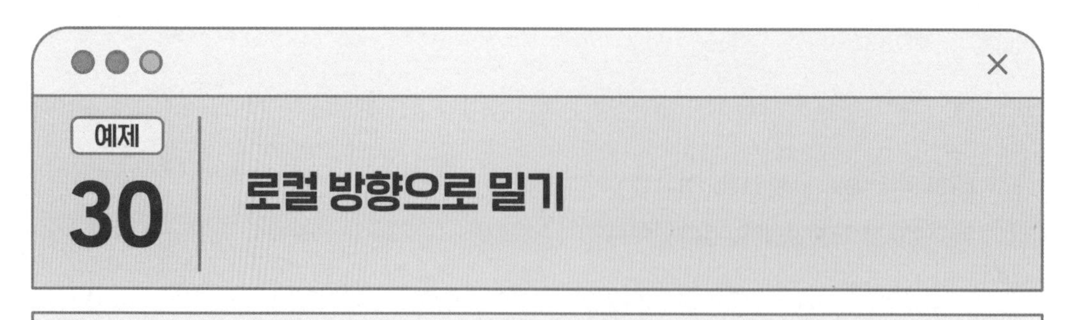

예제 30 로컬 방향으로 밀기

공유 링크 | **완성작:** https://edu.cospaces.io/BMQ-MYZ
템플릿: https://edu.cospaces.io/CBJ-XCY

목표

[앞쪽으로 밀기] 버튼을 클릭할 때마다 나무 토막 오브젝트를 앞쪽(화살표) 방향으로 60의 힘으로 밉니다.

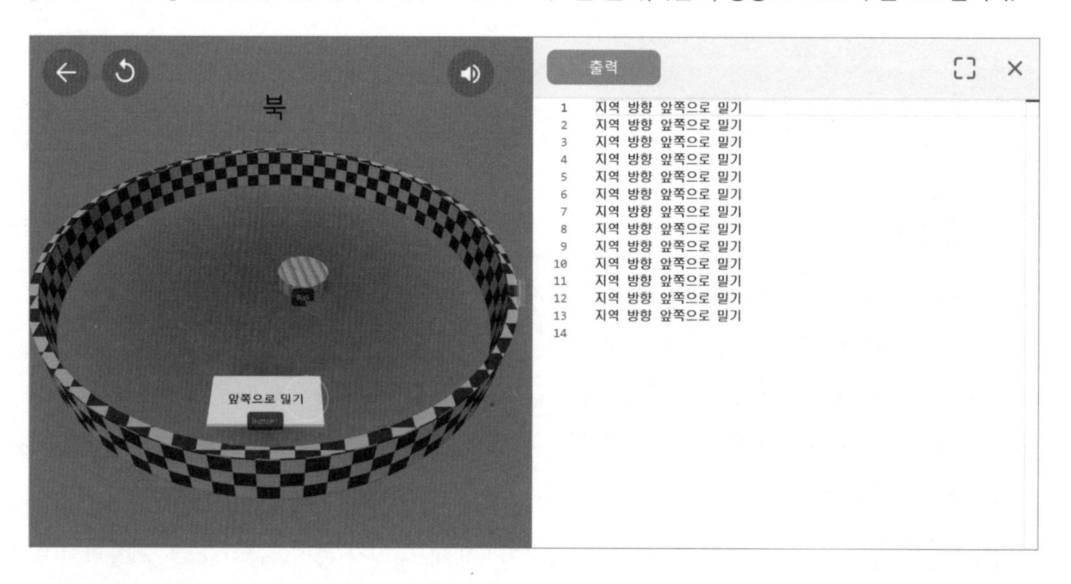

코드

예제 파일 | 예제30_로컬_방향으로_밀기.txt

```
1  from cospaces import *
2  import math
3  import random
4
5
```

```
6   ### 변수 ###
7
8   ball = scene.get_item("Ball")
9   button1 = scene.get_item("Button1")
10
11
12  ### 함수 ###
13
14  def on_button1_click():
15      ball.physics.apply_impulse_local(Vector3(0,0,0),Vector3(0,60,0))
16      print("지역 방향 앞쪽으로 밀기")
17
18
19  ### 이벤트 ###
20
21  button1.input.on_click(on_button1_click)
```

설명

사용자가 버튼을 클릭하면 Ball 오브젝트를 오브젝트 기준으로 앞쪽으로 힘을 가해 밀어내는 동작을 수행합니다. 오브젝트의 현재 방향에 따라 밀어내는 힘의 방향이 달라집니다.

15 ball 오브젝트에 apply_impulse_local() 함수를 사용하여 로컬 방향으로 힘을 가합니다. Vector3(0,0,0)은 힘을 가할 지점의 로컬 좌표를 나타내는데 여기서는 오브젝트의 중심점을 의미합니다. 중심점이 아닌 경우 물체에 회전이 들어갑니다. Vector3(0,60,0)는 오브젝트의 로컬(지역) 좌표를 기준으로 앞쪽(y축 방향)으로 60의 크기로 힘을 가하는 것을 의미합니다. 이는 나무 토막을 앞쪽으로 밀어내는 효과를 생성합니다. 힘의 방향과 크기는 벡터 값에 따라 달라질 수 있습니다.

안내 **다른 명령어 예제 자료도 함께 공부해 보세요!**

이번 파트 2에서는 미리 준비되었던 56개의 예제 중에서 파트 3에서 직접 사용된 기능을 다룬 30개의 예제를 책에 담았고, 나머지 26개는 네이버 카페에 업로드되어 있습니다. 책에 담지 못한 아래의 명령어 예제들은 〈헬리쌤의 에듀테크〉 네이버 카페에서 자료를 다운로드 받아 학습할 수 있습니다.

카테고리	예제
이벤트	마우스를 올렸을 때
	이벤트 제거하기
형태	2초 동안 말하기
	순서대로 말하기
	생각하기
	불투명도 바꾸기
	퀴즈창 보이기
	선택창 보이기
	카메라 바꾸기
	비디오 재생하기
동작	크기 바꾸기
	동작 멈추기
	위치 바꾸기
	오브젝트의 위치
	방향 바꾸기
	하나의 오브젝트 위에서 드래그하기
제어	100번 반복하기
	리스트에서 항목 가져와 반복하기
	동시에 반복하기
장면	장면으로 가기
	장면 재시작하기
	코스페이스 끝내기
	장면 내비게이션 보기
연산	랜덤 사칙연산
	타이머
아이템	복제본끼리 충돌 판단하기

〈헬리쌤의 에듀테크〉 네이버 카페

https://cafe.naver.com/cospaces

PART 03

파이썬 게임 예제

세 번째 파트에서는 이전 두 파트에서 배운 내용을 종합하여 실제 게임을 만들어 봅니다. 총 12개의 다양한 게임 제작 예제를 통해 학생들은 자신들이 배운 명령어와 개념들을 어떻게 실제 프로젝트에 적용할 수 있는지를 배우게 됩니다. 이 과정에서 학생들은 프로그래밍의 기초부터 실제 응용까지 전 과정을 경험하며, 자신만의 창의적인 게임을 만들어 나갈 수 있습니다.

예제

01 스피드 챌린지

공유 링크

완성작: https://edu.cospaces.io/XVR-SXL
템플릿: https://edu.cospaces.io/BGH-XFC

목표

첫 번째로 만들어 볼 게임은 상자를 빠르게 클릭하여 일정 점수(여기서는 50점)에 도달하는 것을 목표로 하는 클리커 장르의 게임입니다. 점수와 경과 시간이 화면에 표시되고, 목표 점수에 도달하면 타이머가 중지되고 상자가 열립니다. 경과 시간을 비교하면 누가 더 빠르게 클릭하는지 대결할 수 있습니다.

순서

1단계 오브젝트 구성과 초기화하기
2단계 상자를 클릭하면 점수 표시하기
3단계 타이머로 시간 표시하기
4단계 목표 점수가 되면 게임 종료하기
5단계 게임 소개 팝업창 보이기

1단계 오브젝트 구성과 초기화하기

이 책에 나오는 게임 예제를 만들기 위해서는 다양한 오브젝트와 외부 파일(이미지, 소리 등)이 필요합니다. 이런 리소스를 준비하고 디자인하는 데 많은 시간이 소요되기 때문에 템플릿 예제에 미리 장면을 구성해 놓았습니다. 우선 템플릿 예제를 리믹스해서 파이썬 코딩을 해 보고, 그런 다음에는 직접 장면을 디자인하고 새로운 오브젝트를 추가해서 응용해 보기 바랍니다.

템플릿 예제를 열면 네 개의 오브젝트를 볼 수 있습니다.

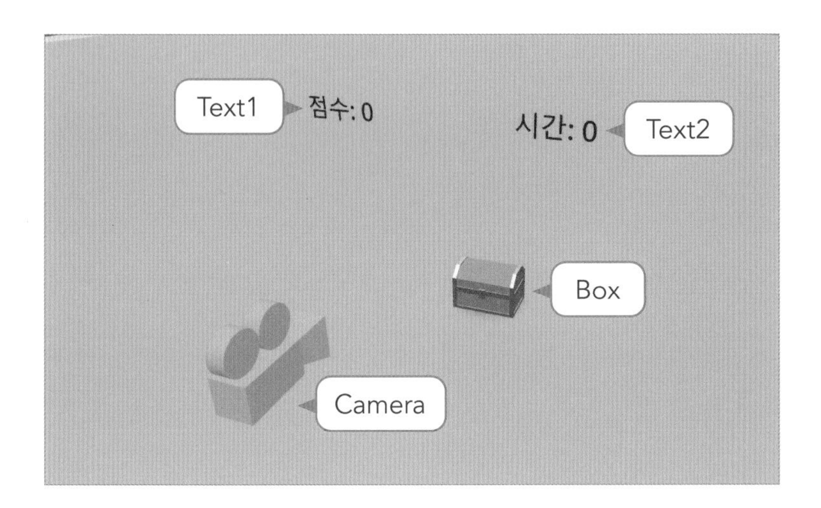

특히 Box 오브젝트는 애니메이션을 [Half Open]으로 바꾸면 내부에 많은 금화가 들어 있는 것을 볼 수 있습니다.

이제 파이썬 스크립트를 만들어 보겠습니다. [코드] 버튼을 클릭하면 주석만 있는 파이썬 코드를 볼 수 있습니다.

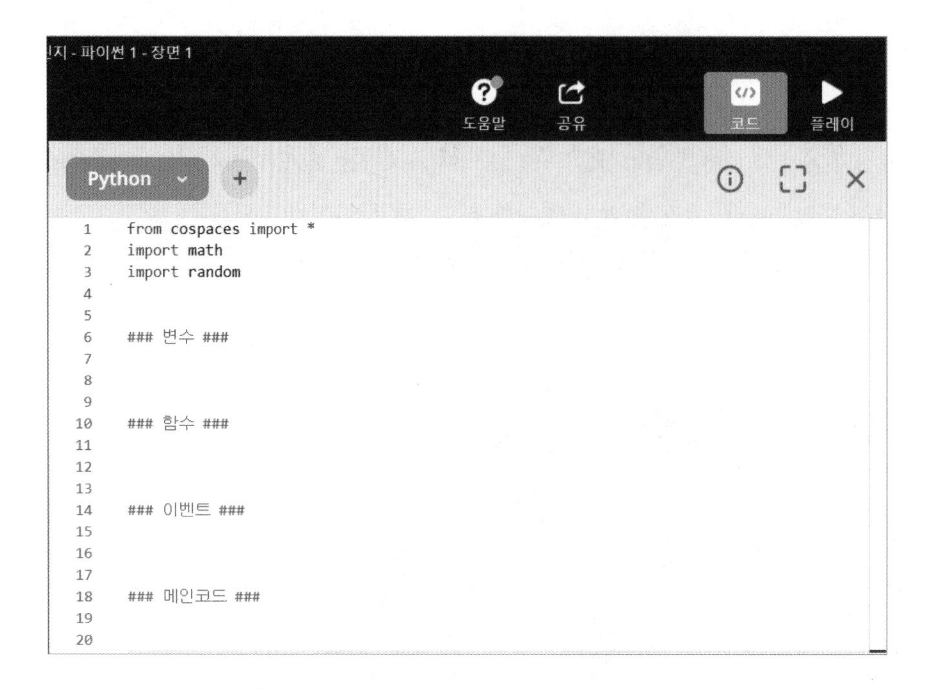

오브젝트를 제어하거나 조작하려면 먼저 변수를 선언해서 참조해야 합니다. 카메라를 제외한 세 개 오브젝트 변수를 선언합니다.

- box: 게임에서 클릭할 상자 오브젝트
- text_score: 점수를 표시하는 텍스트 오브젝트
- text_time: 시간을 표시하는 텍스트 오브젝트

```
1   from cospaces import *
2   import math
3   import random
4
5
6   ### 변수 ###
7
8   box = scene.get_item("Box")
9   text_score = scene.get_item("Text1")
10  text_time = scene.get_item("Text2")
11
12
13  ### 함수 ###
```

2단계 상자를 클릭하면 점수 표시하기

상자를 클릭하면 점수를 증가시키고 화면에 표시하겠습니다. 우선 점수를 저장할 글로벌 변수를 선언합니다.

```
6   ### 변수 ###
7
8   box = scene.get_item("Box")
9   text_score = scene.get_item("Text1")
10  text_time = scene.get_item("Text2")
11
12  score = 0
13
14  ### 함수 ###
```

상자 오브젝트 클릭을 감지하는 이벤트 리스너를 만듭니다. 클릭 이벤트를 감지하면 on_box_click() 함수를 실행합니다.

```
16
17
18  ### 이벤트 ###
19
20  box.input.on_click(on_box_click)
21
22
23  ### 메인코드 ###
```

이제 on_box_click() 함수를 정의합니다. 글로벌 변수 score를 가져온 후에, 점수를 1 증가시킵니다. 그리고 해당 점수를 포함한 텍스트를 만들어서 text_score 변수(Text1 오브젝트)의 텍스트 값으로 지정합니다.

```
15  ### 함수 ###
16
17  def on_box_click():
18      global score
19      score += 1
20      text_score.text = "점수: " + str(score)
21
22
23  ### 이벤트 ###
```

여기까지 완성된 코드는 다음과 같습니다.

```
1   from cospaces import *
2   import math
3   import random
4
5
6   ### 변수 ###
7
8   box = scene.get_item("Box")
9   text_score = scene.get_item("Text1")
10  text_time = scene.get_item("Text2")
11
12  score = 0
13
14
15  ### 함수 ###
16
17  def on_box_click():
18      global score
19      score += 1
20      text_score.text = "점수: " + str(score)
21
22
```

```
23  ### 이벤트 ###
24
25  box.input.on_click(on_box_click)
26
27
28  ### 메인코드 ###
```

테스트를 위해서 플레이를 실행한 후 상자를 마우스로 클릭하면 점수가 올라갑니다.

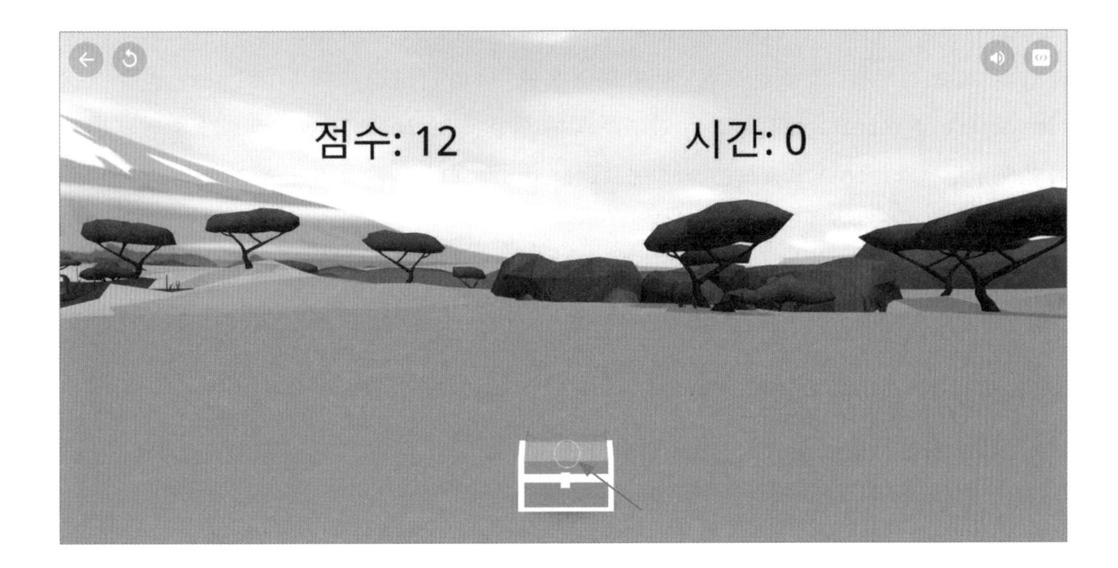

3단계 타이머로 시간 표시하기

화면에 0.1초 단위로 플레이 경과 시간을 표시하겠습니다. 우선 변수를 추가합니다.

- current_time: 게임이 시작된 후 지난 시간을 저장하는 변수입니다.
- timer: 일정 시간마다 반복하는 스케줄러 접근 변수입니다. 나중에 멈춰야 하기 때문에 Disposable 타입으로 선언합니다.

Disposable 클래스는 보통 타이머, 이벤트 핸들러 또는 다른 리소스를 관리하는 데 사용되며, 해당 리소스가 더 이상 필요하지 않을 때 제거하거나 해제하는 기능을 제공합니다.

스크립트 내에서 timer = Disposable과 같이 사용된 경우, 이는 timer 변수가 Disposable 타입의 오브젝트를 참조하도록 선언되었음을 나타냅니다. 이후 timer 변수에는 time.schedule_repeating()과 같은 함수를 통해 반환된 Disposable 오브젝트가 할당됩니다. 이렇게 할당된 timer 오브젝트는 나중에 timer.dispose() 함수를 호출하여 해당 타이머를 중지하고 관련 리소스를 정리하는 데 사용됩니다.

```
6   ### 변수 ###
7
8   box = scene.get_item("Box")
9   text_score = scene.get_item("Text1")
10  text_time = scene.get_item("Text2")
11
12  score = 0
13  current_time = 0
14  timer = Disposable
15
16
17  ### 함수 ###
```

메인 코드 부분에 timer 스케줄러를 설정합니다. 0.1초마다 on_timer_update() 함수를 호출합니다.

```
30  ### 메인코드 ###
31
32  timer = time.schedule_repeating(on_timer_update, 0.1)
```

호출하는 on_timer_update() 함수를 정의합니다. 주의할 점으로, time.schedule_repeating()에서 사용되는 콜백(호출) 함수는 델타 타임(호출 간격을 나타내는 시간)을 매개변수로 꼭 넣어 줘야 합니다. 여기서는 dt라는 변수명이 사용되었습니다. 이 변수를 넣지 않으면 오류가 발생하며, 스크립트가 실행되지 않습니다.

글로벌 변수 current_time을 불러온 후 1을 더해 줍니다. 그리고 current_time을 다시 10으로 나누어 시간을 표시합니다. 여기서 0.1초마다 변수 값을 1씩 증가시키고 다시 10으로 나누어 표시하는 이유는 오차를 줄이기 위해서입니다. 컴퓨터는 소수점 연산에 약하기 때문에 0.1씩 값을 증가시키면 시간이 지날수록 오차가 점점 커지는 문제가 발생합니다. 정확한 연산을 위해서는 되도록 소수점이 없는 정수를 사용하는 것이 좋습니다. 점수를 나타내는 글로벌 변수 target을 불러옵니다.

```
17  ### 함수 ###
18
19  def on_box_click():
20      global score
21      score += 1
22      text_score.text = "점수: " + str(score)
23
24  def on_timer_update(dt):
25      global current_time
26      global target
27      current_time += 1
28      text_time.text = "시간: " + str(current_time/10) + "초"
29
30
31  ### 이벤트 ###
```

여기까지 작성한 코드는 다음과 같습니다.

```
1   from cospaces import *
2   import math
3   import random
4
```

```
5
6  ### 변수 ###
7
8  box = scene.get_item("Box")
9  text_score = scene.get_item("Text1")
10 text_time = scene.get_item("Text2")
11
12 score = 0
13 current_time = 0
14 timer = Disposable
15
16
17 ### 함수 ###
18
19 def on_box_click():
20     global score
21     score += 1
22     text_score.text = "점수: " + str(score)
23
24 def on_timer_update(dt):
25     global current_time
26     global target
27     current_time += 1
28     text_time.text = "시간: " + str(current_time/10) + "초"
29
30
31 ### 이벤트 ###
32
33 box.input.on_click(on_box_click)
34
35
36 ### 메인코드 ###
37
38 timer = time.schedule_repeating(on_timer_update, 0.1)
```

플레이를 하면 자동으로 시간이 증가하는 타이머(스톱 워치)를 볼 수 있습니다.

4단계 목표 점수가 되면 게임 종료하기

목표 점수에 도달하면 게임을 종료하고, 애니메이션으로 상자를 열겠습니다. 목표 점수는 쉽게 바꿀 수 있도록 변수로 지정하겠습니다. target 변수에 50을 넣어 줍니다.

```
6   ### 변수 ###
7
8   box = scene.get_item("Box")
9   text_score = scene.get_item("Text1")
10  text_time = scene.get_item("Text2")
11
12  score = 0
13  current_time = 0
14  timer = Disposable
15  target = 50
16
17
18  ### 함수 ###
```

on_box_click() 함수에서 상자를 클릭할 때 점수를 증가시키는데, 증가시킨 점수가 목표 점수 이상이 되면 상자를 열고 타이머를 중지시키겠습니다. 우선 글로벌 변수 target과 timer를 불러옵니다. score가 target 값 이상이면 상자의 "Half Open" 애니메이션을 실행합니다. 그리고 timer를 제거합니다.

```
18  ### 함수 ###
19
20  def on_box_click():
21      global score
22      global target
23      global timer
24      score += 1
25      text_score.text = "점수: " + str(score)
```

```
26
27      if score >= target:
28          box.animation.play("Half Open")
29          timer.dispose()
30
31  def on_timer_update(dt):
```

여기까지 작성한 코드는 다음과 같습니다.

```
1   from cospaces import *
2   import math
3   import random
4
5
6   ### 변수 ###
7
8   box = scene.get_item("Box")
9   text_score = scene.get_item("Text1")
10  text_time = scene.get_item("Text2")
11
12  score = 0
13  current_time = 0
14  timer = Disposable
15  target = 50
16
17
18  ### 함수 ###
19
20  def on_box_click():
21      global score
22      global target
23      global timer
24      score += 1
25      text_score.text = "점수: " + str(score)
26
```

```
27      if score >= target:
28          box.animation.play("Half Open")
29          timer.dispose()
30
31  def on_timer_update(dt):
32      global current_time
33      global target
34      current_time += 1
35      text_time.text = "시간: " + str(current_time/10) + "초"
36
37
38  ### 이벤트 ###
39
40  box.input.on_click(on_box_click)
41
42
43  ### 메인코드 ###
44
45  timer = time.schedule_repeating(on_timer_update, 0.1)
```

게임을 플레이하고 상자를 클릭해서 점수가 50이 되면 타이머가 멈추고 상자가 열리는 것을 볼 수 있습니다.

5단계 게임 소개 팝업창 보이기

마지막으로 게임을 처음 실행했을 때 팝업창으로 게임 방법을 안내하겠습니다. 그리고 타이머는 팝업창을 닫으면 그때부터 시작합니다. 우선 메인 코드 영역에서 show_info_panel() 함수를 호출합니다.

```
38 ### 이벤트 ###
39
40 box.input.on_click(on_box_click)
41
42
43 ### 메인코드 ###
44
45 timer = time.schedule_repeating(on_timer_update, 0.1)
46 show_info_panel()
```

show_info_panel() 함수를 정의합니다. 정보(팝업)창으로 제목과 텍스트를 표시합니다. on_hide 속성은 정보창을 닫았을 때 호출할 함수입니다. timer_start() 함수를 호출합니다.

timer_start() 함수 안에서 timer 스케줄러를 시작합니다.

```
31 def on_timer_update(dt):
32     global current_time
33     global target
34     current_time += 1
35     text_time.text = "시간: " + str(current_time/10) + "초"
36
37 def show_info_panel():
38     gui.hud.show_info_panel(
39     title="스피드 챌린지",
40     text="최고 속도로 상자를 " + str(target) + "번 클릭해",
41     on_hide=timer_start)
42
43 def timer_start():
44     global timer
45     timer = time.schedule_repeating(on_timer_update, 0.1)
```

```
46
47
48 ### 이벤트 ###
```

팝업창을 닫을 때 타이머 스케줄러가 실행됩니다. 메인 코드 영역에 있었던 timer 스케줄러 시작 코드는 삭제하거나 앞에 #을 붙여 주석으로 처리해 줍니다.

```
48 ### 이벤트 ###
49
50 box.input.on_click(on_box_click)
51
52
53 ### 메인코드 ###
54
55 # timer = time.schedule_repeating(on_timer_update, 0.1)
56 show_info_panel()
```

게임을 플레이하면 팝업창이 먼저 나타나고, 창을 닫으면 타이머가 시작됩니다.

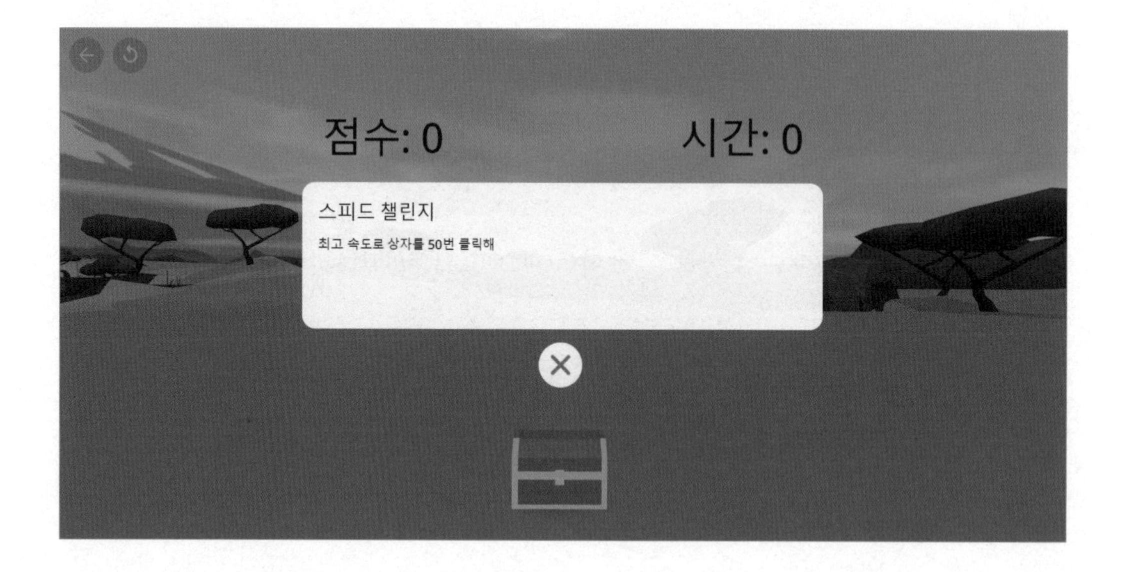

최종 완성 코드

예제 파일 | 예제01_스피드_챌린지.txt

```
1   from cospaces import *
2   import math
3   import random
4
5
6   ### 변수 ###
7
8   box = scene.get_item("Box")
9   text_score = scene.get_item("Text1")
10  text_time = scene.get_item("Text2")
11
12  score = 0
13  current_time = 0
14  timer = Disposable
15  target = 50
16
17
18  ### 함수 ###
19
20  def on_box_click():
21      global score
22      global target
23      global timer
24      score += 1
25      text_score.text = "점수: " + str(score)
26
27      if score >= target:
28          box.animation.play("Half Open")
29          timer.dispose()
30
31  def on_timer_update(dt):
32      global current_time
33      global target
```

```
34      current_time += 1
35      text_time.text = "시간: " + str(current_time/10) + "초"
36
37  def show_info_panel():
38      gui.hud.show_info_panel(
39      title="스피드 챌린지",
40      text="최고 속도로 상자를 " + str(target) + "번 클릭해",
41      on_hide=timer_start)
42
43  def timer_start():
44      global timer
45      timer = time.schedule_repeating(on_timer_update, 0.1)
46
47
48  ### 이벤트 ###
49
50  box.input.on_click(on_box_click)
51
52
53  ### 메인코드 ###
54
55  # timer = time.schedule_repeating(on_timer_update, 0.1)
56  show_info_panel()
```

예제

02 이미지 퍼즐

공유 링크

완성작: https://edu.cospaces.io/KGL-EDT
템플릿: https://edu.cospaces.io/HBL-VLM

목표

이 게임에서는 12개의 퍼즐 조각들을 무작위 위치로 섞고, 플레이어는 이 조각들을 하나씩 드래그하여 올바른 위치로 옮겨야 합니다. 모든 조각이 거의 정확한 위치에 있을 때 퍼즐이 완성되고 게임이 끝납니다. 이 게임은 특히 리스트와 반복문을 이용해서 반복적인 작업을 간략한 코드로 프로그래밍하는 방법을 배울 수 있습니다.

순서

1단계 오브젝트 구성과 초기화하기

2단계 게임 소개 팝업창 보이기

3단계 카드 섞고 움직이게 만들기

4단계 카드 거리 계산하기

5단계 게임 클리어 팝업창 보이기

1단계 오브젝트 구성과 초기화하기

템플릿 예제를 열면 이미지 오브젝트 12개가 가로 4칸, 세로 3칸으로 배열되어 있습니다. 오브젝트의 이름은 왼쪽 상단 `Image0`부터 오른쪽 하단 `Image11`까지 설정되어 있습니다. 이 이미지들은 제가 직접 미드저니2 웹사이트에서 AI로 생성한 후에, Split image online 사이트에서 잘라내어 만들었습니다.

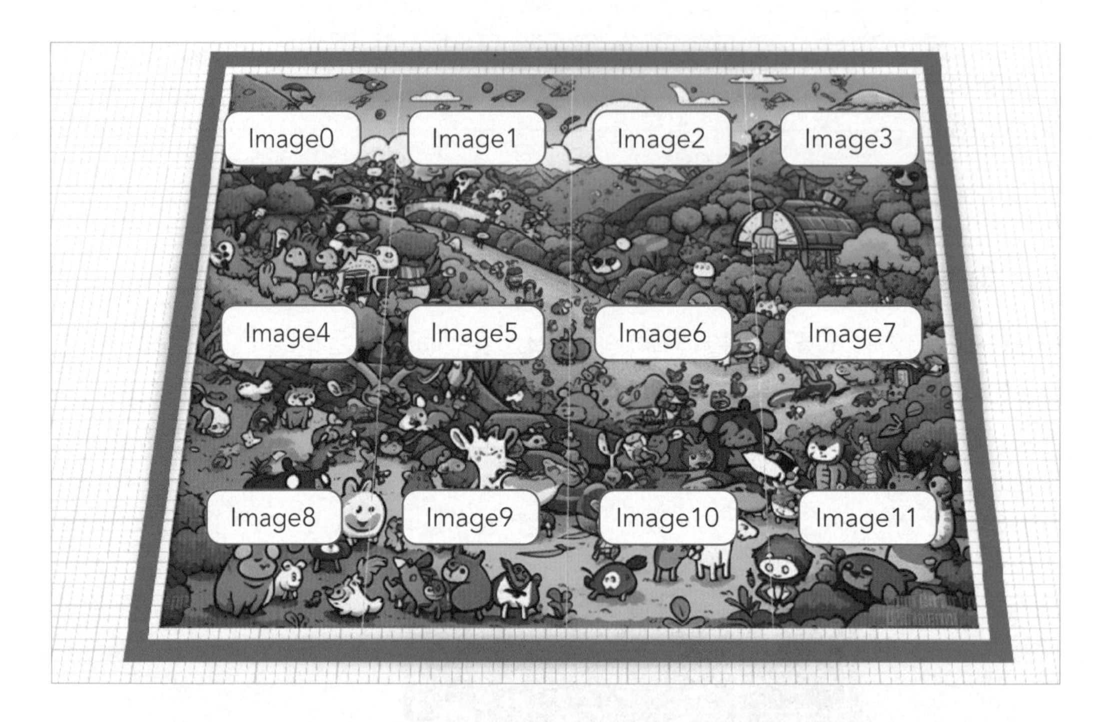

우선 이미지 오브젝트를 변수로 지정해서 접근할 수 있게 만들겠습니다. [코드] 버튼을 클릭해서 파이썬 스크립트를 엽니다. 주석으로 영역이 나누어진 기본 코드를 볼 수 있습니다.

Python

```
1  from cospaces import *
2  import math
3  import random
4
5
6  ### 변수 ###
7
8
9
10 ### 함수 ###
11
12
13
14 ### 이벤트 ###
15
16
17
18 ### 메인코드 ###
19
20
```

변수 영역에 오브젝트 변수를 선언합니다. image0부터 image11까지 오브젝트 이름과 변수명을 똑같이 맞추어 주면 됩니다. 그리고 image_list 리스트도 생성한 후 각각의 오브젝트를 리스트에 넣어 줍니다. 이렇게 리스트를 만들어 주는 이유는 카드를 섞거나 거리를 계산할 때 반복문을 이용해서 코드를 간단하게 짜기 위해서입니다.

```
6   ### 변수 ###
7
8   image0 = scene.get_item("image0")
9   image1 = scene.get_item("image1")
10  image2 = scene.get_item("image2")
11  image3 = scene.get_item("image3")
12  image4 = scene.get_item("image4")
13  image5 = scene.get_item("image5")
14  image6 = scene.get_item("image6")
15  image7 = scene.get_item("image7")
16  image8 = scene.get_item("image8")
17  image9 = scene.get_item("image9")
18  image10 = scene.get_item("image10")
19  image11 = scene.get_item("image11")
20
21  image_list = [
22      image0, image1, image2, image3,
23      image4, image5, image6, image7,
24      image8, image9, image10, image11
25      ]
26
27
28  ### 함수 ###
```

2단계 게임 소개 팝업창 보이기

작품을 플레이하면 먼저 게임에 대한 소개 팝업창이 나타나게 합시다. 메인 코드에서 intro_message() 함수를 호출합니다.

```
32  ### 이벤트 ###
33
34
35
36  ### 메인코드 ###
37
38  intro_message()
```

함수 영역에서 intro_message() 함수를 정의합니다. show_info_panel() 함수를 이용해서 정보(팝업)창을 표시합니다. 코드의 마지막에 백슬래시(\) 기호를 넣으면 코드를 다음 줄에 이어서 쓸 수 있습니다. 코드가 길어지면 책에 표시하기 어려워서 이렇게 줄을 나누어 작성했습니다. 백슬래시+n(\n) 기호를 넣으면 팝업창에서 줄바꿈을 할 수 있습니다.

on_hide 속성값에는 팝업창을 닫았을 때 호출할 함수명을 입력할 수 있습니다. 아직 해당 함수가 정의되지 않았으므로 None(없음)을 입력합니다.

```
28  ### 함수 ###
29
30  def intro_message():
31      gui.hud.show_info_panel(
32          title = "이미지 퍼즐",
33          text = "가로 4장 X 세로 3장의 그림 퍼즐을 맞추어 보세요!\
34              \n출력창의 떨어진 거리의 합계가 30이하면 완성입니다\
35              \n창을 닫으면 그림을 섞습니다.",
36          on_hide = None
37          )
38
39
40  ### 이벤트 ###
```

여기까지 완성된 코드는 다음과 같습니다.

```
1   from cospaces import *
2   import math
3   import random
4
5
6   ### 변수 ###
7
8   image0 = scene.get_item("image0")
9   image1 = scene.get_item("image1")
10  image2 = scene.get_item("image2")
11  image3 = scene.get_item("image3")
12  image4 = scene.get_item("image4")
13  image5 = scene.get_item("image5")
14  image6 = scene.get_item("image6")
15  image7 = scene.get_item("image7")
16  image8 = scene.get_item("image8")
17  image9 = scene.get_item("image9")
18  image10 = scene.get_item("image10")
19  image11 = scene.get_item("image11")
20
21  image_list = [
22      image0, image1, image2, image3,
23      image4, image5, image6, image7,
24      image8, image9, image10, image11
25      ]
26
27
28  ### 함수 ###
29
30  def intro_message():
31      gui.hud.show_info_panel(
32          title = "이미지 퍼즐",
33          text = "가로 4장 X 세로 3장의 그림 퍼즐을 맞추어 보세요!\
```

```
34              \n출력창의 떨어진 거리의 합계가 3이하면 완성입니다\
35              \n창을 닫으면 그림을 섞습니다.",
36          on_hide = None
37          )
38
39
40  ### 이벤트 ###
41
42
43
44  ### 메인코드 ###
45
46  intro_message()
```

게임을 플레이하면 팝업창이 나타나고, 창을 닫으면 아무 일도 일어나지 않습니다.

3단계 카드 섞고 움직이게 만들기

팝업창을 닫으면 카드를 랜덤하게 섞습니다. 그리고 마우스로 카드를 움직일 수 있게 만들겠습니다. show_info_panel() 함수에서 창을 닫으면 shuffle() 함수를 호출합니다.

```
28  ### 함수 ###
29
30  def intro_message():
31      gui.hud.show_info_panel(
32          title = "이미지 퍼즐",
33          text = "가로 4장 X 세로 3장의 그림 퍼즐을 맞추어 보세요!\
34              \n출력창의 떨어진 거리의 합계가 30이하면 완성입니다\
35              \n창을 닫으면 그림을 섞습니다.",
36          on_hide = shuffle
37          )
38
39
40  ### 이벤트 ###
```

shuffle() 함수를 새롭게 정의합니다. image_list에 있는 이미지 오브젝트 12개를 하나씩 불러와서 위치를 변경합니다. x축 좌표는 0~15 사이에, y축 좌표는 0~10 사이로 설정하고, z축은 0으로 그냥 놔둡니다.

```
28  ### 함수 ###
29
30  def intro_message():
31      gui.hud.show_info_panel(
32          title = "이미지 퍼즐",
33          text = "가로 4장 X 세로 3장의 그림 퍼즐을 맞추어 보세요!\
34              \n출력창의 떨어진 거리의 합계가 30이하면 완성입니다\
35              \n창을 닫으면 그림을 섞습니다.",
36          on_hide = shuffle
37          )
```

```
38
39 def shuffle():
40     for image in image_list:
41         image.transform.position = \
42             Vector3(random.randint(0,15),random.randint(0,10),0)
43
44
45 ### 이벤트 ###
```

이미지 오브젝트를 마우스로 드래그할 수 있게 만들겠습니다. 코드는 이벤트 영역에 넣습니다. image_list에 있는 오브젝트를 하나씩 불러와서 set_collision_drag() 함수를 이용해 드래그 가능하게 설정합니다.

```
45 ### 이벤트 ###
46
47 for image in image_list:
48     image.input.set_collision_drag()
49
50
51 ### 메인코드 ###
```

여기까지 완성된 코드는 다음과 같습니다.

```
1  from cospaces import *
2  import math
3  import random
4
5
6  ### 변수 ###
7
8  image0 = scene.get_item("image0")
9  image1 = scene.get_item("image1")
10 image2 = scene.get_item("image2")
11 image3 = scene.get_item("image3")
```

```
12 image4 = scene.get_item("image4")
13 image5 = scene.get_item("image5")
14 image6 = scene.get_item("image6")
15 image7 = scene.get_item("image7")
16 image8 = scene.get_item("image8")
17 image9 = scene.get_item("image9")
18 image10 = scene.get_item("image10")
19 image11 = scene.get_item("image11")
20
21 image_list = [
22     image0, image1, image2, image3,
23     image4, image5, image6, image7,
24     image8, image9, image10, image11
25     ]
26
27
28 ### 함수 ###
29
30 def intro_message():
31     gui.hud.show_info_panel(
32         title = "이미지 퍼즐",
33         text = "가로 4장 X 세로 3장의 그림 퍼즐을 맞추어 보세요!\
34             \n출력창의 떨어진 거리의 합계가 3이하면 완성입니다\
35             \n창을 닫으면 그림을 섞습니다.",
36         on_hide = shuffle
37         )
38
39 def shuffle():
40     for image in image_list:
41         image.transform.position = \
42             Vector3(random.randint(0,15),random.randint(0,10),0)
43
44
45 ### 이벤트 ###
46
```

```
47 for image in image_list:
48     image.input.set_collision_drag()
49
50
51 ### 메인코드 ###
52
53 intro_message()
```

게임을 실행한 후 팝업창을 닫으면 이미지가 랜덤하게 위치를 이동합니다. 그리고 마우스로 이미지를 드래그해서 위치를 이동시킬 수 있습니다.

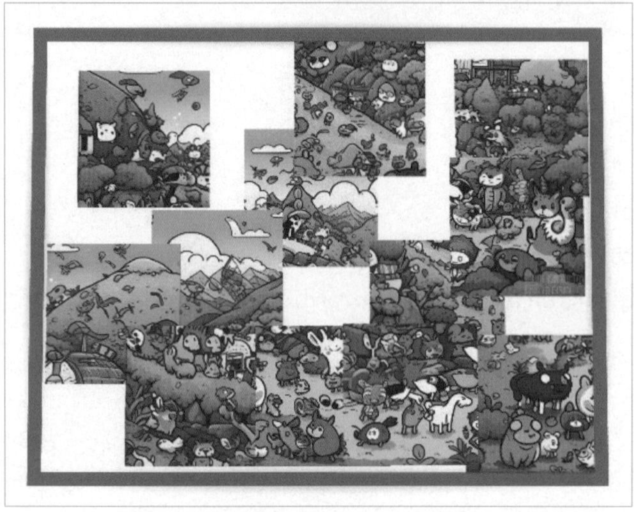

4단계 카드 거리 계산하기

사용자가 퍼즐을 잘 맞추었는지 어떻게 판단할 수 있을까요? 쉬운 방법 중에 하나는 각각의 이미지가 원래 위치에서 얼마나 떨어져 있는지 거리를 구해서 총합을 계산하는 것입니다. 이미지의 본래 위치(좌표)에서 현재 얼마나 떨어져 있는지는 벡터 연산으로 쉽게 알아낼 수 있습니다.

우선 이미지의 원래 위치를 미리 저장해 놓아야 합니다. 이미지 오브젝트를 살펴보면, 크기 비율을 5배(5.0)로 설정했습니다. 따라서 각각의 오브젝트는 가로 5미터, 세로 5미터의 크기를 갖습니다.

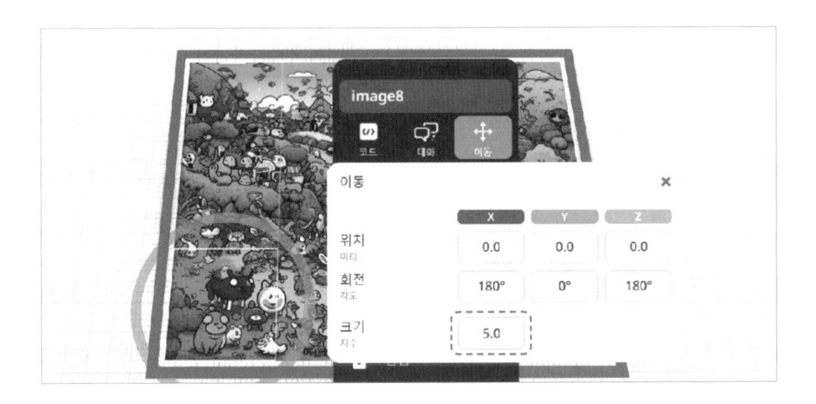

왼쪽 맨 아래 이미지의 좌표는 (0,0,0)이고 오른쪽으로 5미터씩 떨어져 있습니다. 즉 x좌표가 5씩 증가합니다. 위쪽으로 5미터씩 떨어져 있습니다. 즉 y좌표가 5씩 증가합니다. 12개 이미지 오브젝트의 위치는 다음과 같습니다.

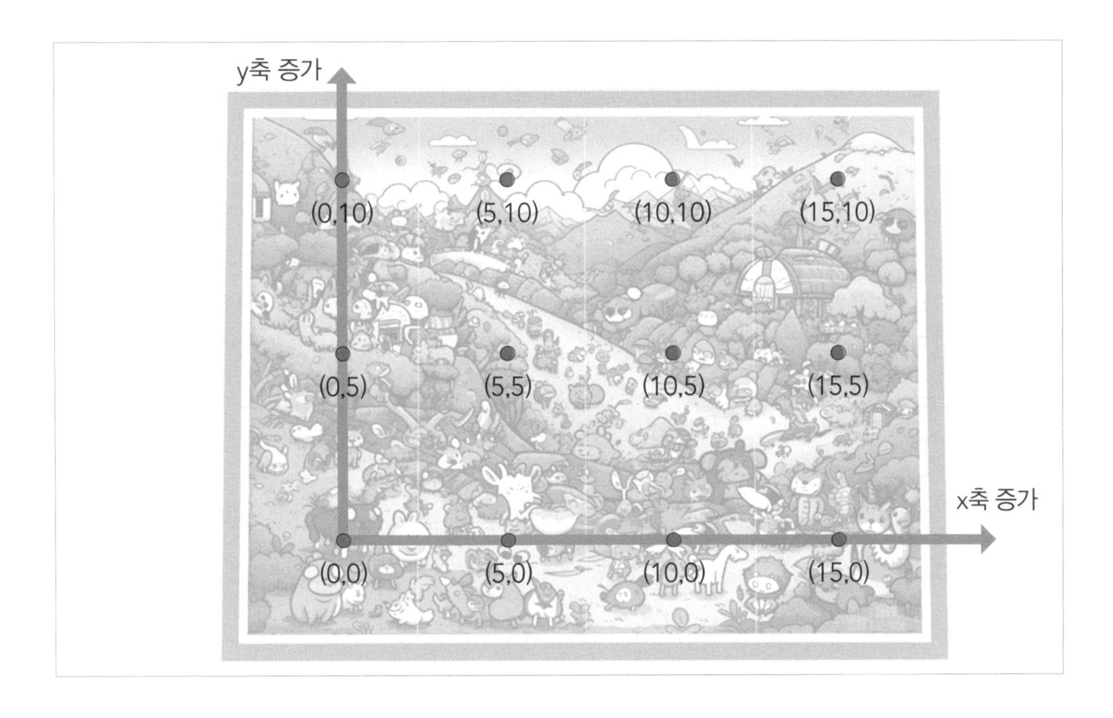

오브젝트의 위치 좌표를 리스트로 만들어 놓겠습니다. z축은 모두 0으로 좌표를 설정합니다. 예를 들어, image0 오브젝트의 원래 위치는 Vector3(0,10,0)이고, image11 오브젝트의 원래 위치는 Vector(15,0,0)입니다.

```
21  image_list = [
22      image0, image1, image2, image3,
23      image4, image5, image6, image7,
24      image8, image9, image10, image11
25      ]
26
27  position_list = [
28      Vector3(0,10,0), Vector3(5,10,0), Vector3(10,10,0), Vector3(15,10,0),
29      Vector3(0,5,0),  Vector3(5,5,0),  Vector3(10,5,0),  Vector3(15,5,0),
30      Vector3(0,0,0), Vector3(5,0,0),  Vector3(10,0,0), Vector3(15,0,0)
31      ]
32
33
34  ### 함수 ###
```

리스트를 하나 더 만들어야 하는데, 바로 이미지 오브젝트의 원래 위치와 현재 위치 사이의 거리를 저장할 리스트가 필요합니다. distance_list라는 이름으로 만들어 주는데 초기값으로 모두 0을 넣어 줍니다. 0의 개수는 12개입니다.

```
27  position_list = [
28      Vector3(0,10,0), Vector3(5,10,0), Vector3(10,10,0), Vector3(15,10,0),
29      Vector3(0,5,0),  Vector3(5,5,0),  Vector3(10,5,0),  Vector3(15,5,0),
30      Vector3(0,0,0), Vector3(5,0,0),  Vector3(10,0,0), Vector3(15,0,0)
31      ]
32
33  distance_list = [0,0,0,0,0,0,0,0,0,0,0,0]
34
35
36  ### 함수 ###
```

거리는 1초마다 계산하겠습니다. 메인 코드에 timer 스케줄러를 만들고 update_distance() 함수를 1초마다 호출합니다.

```
59  ### 메인코드 ###
60
61  intro_message()
62  timer = time.schedule_repeating(update_distance,1)
```

update_distance() 함수를 정의합니다. time.schedule_repeating() 함수에서 호출되는 콜백 함수이기 때문에 델타 타임 매개변수(dt)를 넣어줍니다. 리스트의 인덱스 번호가 0부터 12까지이므로 for 반복문으로 i 변수에 0부터 12까지 넣어서 반복해 줍니다.

이미지 오브젝트의 현재 위치(좌표)에서 position_list에 있는 원래 위치(좌표)를 뺀 후, 새로운 벡터에서 방향을 제외하고 길이만 추출하면 거리가 됩니다. 이 거리를 distance_list에 각각 넣어 줍니다.

12개 이미지 오브젝트의 거리를 모두 계산한 후에 sum 함수로 리스트에 있는 항목 값을 모두 더해 주면 거리의 총합이 나옵니다. total_distance라는 변수에 넣어주고, 값을 확인하기 위해서 print() 함수로 출력창에 표시합니다.

```
47  def shuffle():
48      for image in image_list:
49          image.transform.position = \
50              Vector3(random.randint(0,15),random.randint(0,10),0)
51
52  def update_distance(dt):
53      for i in range(0,12):
54          distance_list[i] = (image_list[i].transform.position -
    position_list[i]).length
55
56      total_distance = sum(distance_list)
57      print("떨어진 거리 합계:", total_distance)
58
59
60  ### 이벤트 ###
```

여기까지 완성된 코드는 다음과 같습니다.

```
1  from cospaces import *
2  import math
3  import random
4
5
6  ### 변수 ###
7
8  image0 = scene.get_item("image0")
9  image1 = scene.get_item("image1")
10 image2 = scene.get_item("image2")
11 image3 = scene.get_item("image3")
12 image4 = scene.get_item("image4")
13 image5 = scene.get_item("image5")
14 image6 = scene.get_item("image6")
15 image7 = scene.get_item("image7")
16 image8 = scene.get_item("image8")
17 image9 = scene.get_item("image9")
18 image10 = scene.get_item("image10")
19 image11 = scene.get_item("image11")
20
21 image_list = [
22     image0, image1, image2, image3,
23     image4, image5, image6, image7,
24     image8, image9, image10, image11
25     ]
26
27 position_list = [
28     Vector3(0,10,0), Vector3(5,10,0), Vector3(10,10,0), Vector3(15,10,0),
29     Vector3(0,5,0),  Vector3(5,5,0),  Vector3(10,5,0),  Vector3(15,5,0),
30     Vector3(0,0,0), Vector3(5,0,0),  Vector3(10,0,0), Vector3(15,0,0)
31     ]
32
```

```
33 distance_list = [0,0,0,0,0,0,0,0,0,0,0,0]
34
35
36 ### 함수 ###
37
38 def intro_message():
39     gui.hud.show_info_panel(
40         title = "이미지 퍼즐",
41         text = "가로 4장 X 세로 3장의 그림 퍼즐을 맞추어 보세요!\
42             \n출력창의 떨어진 거리의 합계가 3이하면 완성입니다\
43             \n창을 닫으면 그림을 섞습니다.",
44         on_hide = shuffle
45         )
46
47 def shuffle():
48     for image in image_list:
49         image.transform.position = \
50             Vector3(random.randint(0,15),random.randint(0,10),0)
51
52 def update_distance(dt):
53     for i in range(0,12):
54         distance_list[i] = (image_list[i].transform.position -
   position_list[i]).length
55
56     total_distance = sum(distance_list)
57     print("떨어진 거리 합계:", total_distance)
58
59
60 ### 이벤트 ###
61
62 for image in image_list:
63     image.input.set_collision_drag()
64
65
66 ### 메인코드 ###
```

```
67
68  intro_message()
69  timer = time.schedule_repeating(update_distance,1)
```

플레이를 실행한 후 팝업창을 닫고 출력창을 열면 1초마다 카드의 거리 합계가 표시됩니다. 카드를 움직이면 거리 합계가 달라지는 것을 볼 수 있습니다.

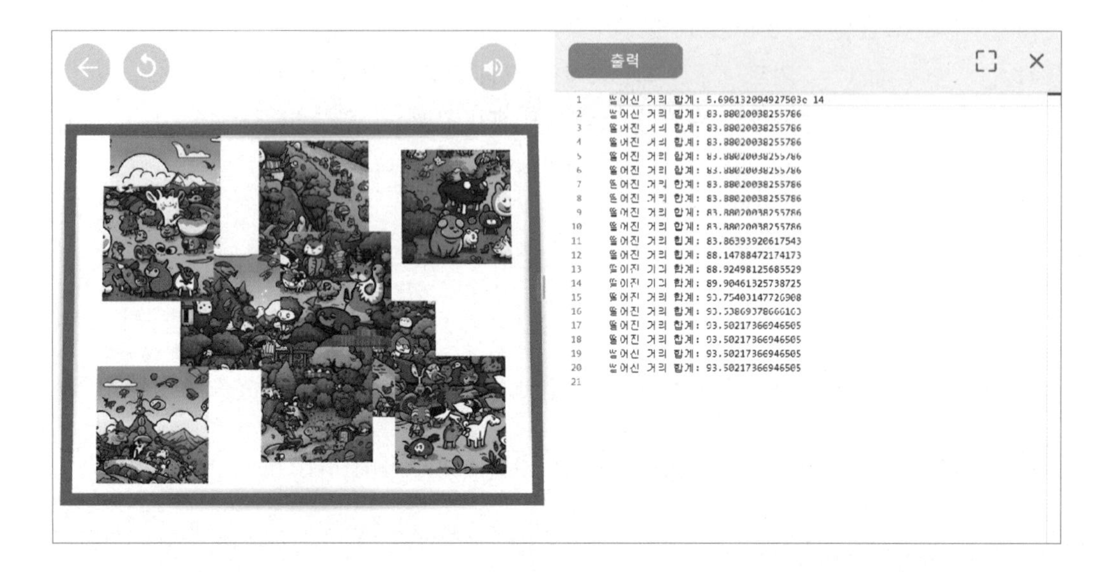

5단계 게임 클리어 팝업창 보이기

이 거리 합계가 정해진 값 아래가 되면 퍼즐을 완성한 것으로 간주하겠습니다. 여기서는 3미터를 기준으로 하겠습니다. 조건문에서 total_distance 값이 0.1보다 크고 3보다 작으면 finish_message() 함수를 호출합니다. 여기서 0.1보다 크다는 조건을 추가한 이유는 게임을 처음 플레이했을 때 카드가 섞이지 않은 상태에서 거리 합계가 0이 되는데, 바로 게임이 클리어되는 것을 방지하기 위해서입니다.

```
52  def update_distance(dt):
53      for i in range(0,12):
54          distance_list[i] = (image_list[i].transform.position -
    position_list[i]).length
55
56      total_distance = sum(distance_list)
57      print("떨어진 거리 합계:", total_distance)
58
59      if 0.1 < total_distance < 3:
60          finish_message()
61
62
63  ### 이벤트 ###
```

finish_message() 함수를 새롭게 정의합니다. 우선 timer 스케줄러를 정지시킵니다. 그렇지 않으면 계속해서 1초마다 팝업창이 새롭게 나타나게 됩니다. show_info_panel() 함수를 이용해서 게임 클리어 팝업창을 나타나게 하고, 팝업창을 닫으면 application.quit() 함수를 실행해서 게임을 종료하게 만듭니다.

```
59      if 0.1 < total_distance < 3:
60          finish_message()
61
```

```
62 def finish_message():
63     timer.dispose()
64     gui.hud.show_info_panel(
65         title = "퍼즐 완성",
66         text = "축하합니다! 퍼즐을 모두 맞추었습니다!",
67         on_hide = application.quit
68     )
69
70
71 ### 이벤트 ###
```

게임이 모두 완성되었습니다. 게임이 제대로 작동하는지 플레이해 보세요!

최종 완성 코드

예제 파일 | 예제02_이미지_퍼즐.txt

```
1  from cospaces import *
2  import math
3  import random
4
5
6  ### 변수 ###
7
8  image0 = scene.get_item("image0")
9  image1 = scene.get_item("image1")
10 image2 = scene.get_item("image2")
```

```
11 image3 = scene.get_item("image3")
12 image4 = scene.get_item("image4")
13 image5 = scene.get_item("image5")
14 image6 = scene.get_item("image6")
15 image7 = scene.get_item("image7")
16 image8 = scene.get_item("image8")
17 image9 = scene.get_item("image9")
18 image10 = scene.get_item("image10")
19 image11 = scene.get_item("image11")
20
21 image_list = [
22     image0, image1, image2, image3,
23     image4, image5, image6, image7,
24     image8, image9, image10, image11
25     ]
26
27 position_list = [
28     Vector3(0,10,0), Vector3(5,10,0), Vector3(10,10,0), Vector3(15,10,0),
29     Vector3(0,5,0),  Vector3(5,5,0),  Vector3(10,5,0),  Vector3(15,5,0),
30     Vector3(0,0,0), Vector3(5,0,0),  Vector3(10,0,0), Vector3(15,0,0)
31     ]
32
33 distance_list = [0,0,0,0,0,0,0,0,0,0,0,0]
34
35
36 ### 함수 ###
37
38 def intro_message():
39     gui.hud.show_info_panel(
40         title = "이미지 퍼즐",
41         text = "가로 4장 X 세로 3장의 그림 퍼즐을 맞추어 보세요!\
42             \n출력창의 떨어진 거리의 합계가 3이하면 완성입니다\
43             \n창을 닫으면 그림을 섞습니다.",
44         on_hide = shuffle
45         )
46
```

```
47  def shuffle():
48      for image in image_list:
49          image.transform.position = \
50              Vector3(random.randint(0,15),random.randint(0,10),0)
51
52  def update_distance(dt):
53      for i in range(0,12):
54          distance_list[i] = (image_list[i].transform.position -
    position_list[i]).length
55
56      total_distance = sum(distance_list)
57      print("떨어진 거리 합계:", total_distance)
58
59      if 0.1 < total_distance < 3:
60          finish_message()
61
62  def finish_message():
63      timer.dispose()
64      gui.hud.show_info_panel(
65          title = "퍼즐 완성",
66          text = "축하합니다! 퍼즐을 모두 맞추었습니다!",
67          on_hide = application.quit
68      )
69
70
71  ### 이벤트 ###
72
73  for image in image_list:
74      image.input.set_collision_drag()
75
76
77  ### 메인코드 ###
78
79  intro_message()
80  timer = time.schedule_repeating(update_distance,1)
```

예제

03 파쿠르 마스터

공유 링크

완성작: https://edu.cospaces.io/FQW-ACS
템플릿: https://edu.cospaces.io/ELN-TBJ

목표

이 게임에서 플레이어의 목표는 바닥에 떨어지지 않고 도착지점까지 도달하는 것입니다. 바닥에 떨어지면 게임이 끝나고, 도착지점에 도달하면 게임이 클리어됩니다. 자동으로 움직이는 나무 발판은 게임을 더 도전적으로 만들어 줍니다. 특히 이번 게임에서는 오브젝트를 왕복 운동시키는 함수를 만들어 놓고 여러 오브젝트를 매개변수로 입력하여 다양한 오브젝트를 상하, 좌우, 전후 왕복시키는 방법을 배우게 됩니다.

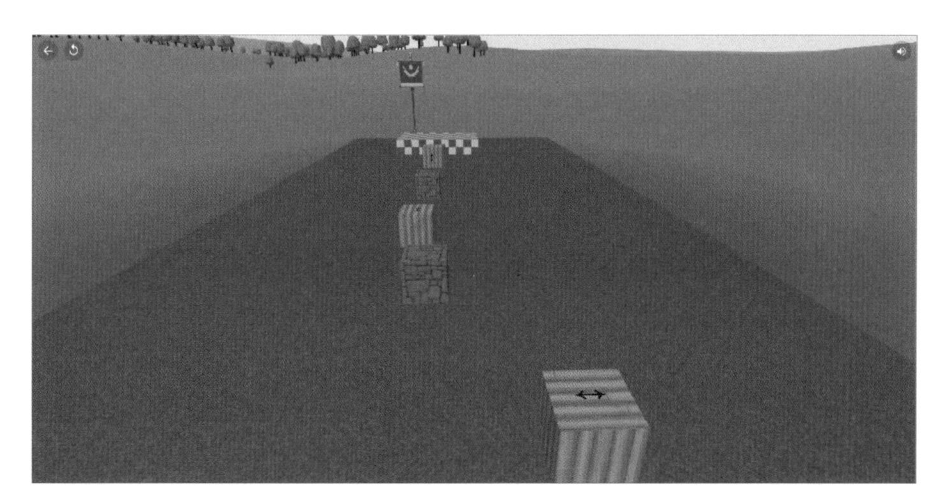

순서

1단계 오브젝트 구성과 초기화하기

2단계 게임 소개 팝업창 보이기

3단계 바닥에 떨어지면 게임 오버

4단계 도착지점에 닿으면 게임 클리어

5단계 나무 발판 왕복 이동하기

1단계 오브젝트 구성과 초기화하기

템플릿 예제 작품을 열면 다음과 같이 오브젝트를 확인할 수 있습니다. 카메라가 Stone과 Wood를 밟으면서 Floor에 닿지 않고, Endpoint까지 도착하면 게임을 클리어하게 됩니다. 발판 역할로는 위치가 고정된 돌(Stone)과 움직이는 나무(Wood) 오브젝트가 사용됩니다. 기본적으로 7개가 배치되어 있지만 나중에 여러분의 취향에 맞추어 복제해서 늘리거나 위치를 이동시킬 수 있습니다.

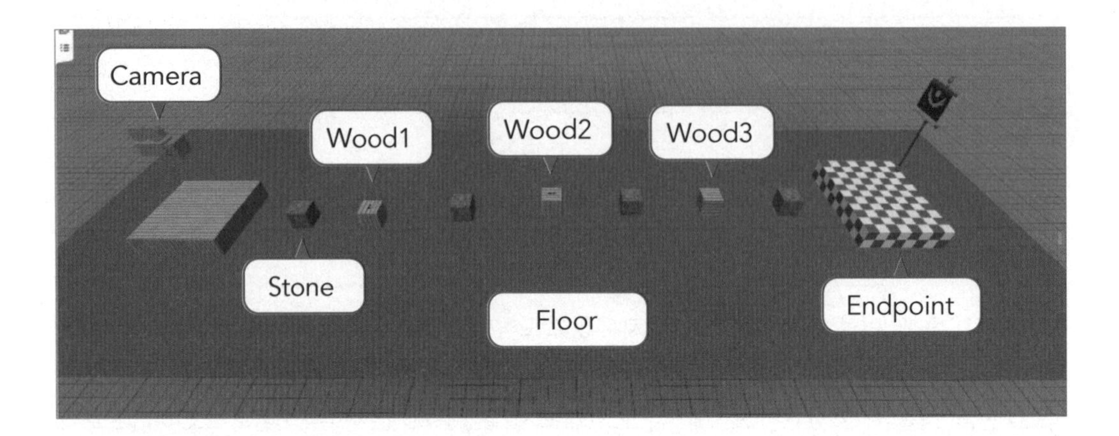

우선 상기 오브젝트 중에서 우리가 제어할 오브젝트의 접근 변수를 만들겠습니다.

- camera: 플레이어의 시점을 나타내는 카메라 오브젝트
- floor: 게임에서 바닥을 나타내는 오브젝트
- endpoint: 도착지점을 나타내는 오브젝트
- wood1, wood2, wood3: 게임에서 움직이는 나무 발판 오브젝트

```
6   ### 변수 ###
7
8   camera = scene.get_item("Camera")
9   floor = scene.get_item("Floor")
10  endpoint = scene.get_item("Endpoint")
11
12  wood1 = scene.get_item("Wood1")
13  wood2 = scene.get_item("Wood2")
14  wood3 = scene.get_item("Wood3")
15
16
17  ### 함수 ###
```

2단계 게임 소개 팝업창 보이기

플레이를 시작하면 게임을 소개하는 팝업창을 만들겠습니다. 메인 코드에서 intro_message() 함수를 호출해 줍니다. 함수 영역에서 intro_message() 함수를 정의합니다. show_info_panel() 함수로 정보(팝업)창을 만들고 간략하게 게임을 소개합니다.

```
17  ### 함수 ###
18
19  def intro_message():
20      gui.hud.show_info_panel(
21          title="파쿠르 게임",
22          text="땅에 떨어지지 않고 도착지점까지 가세요!"
23      )
24
25
26  ### 이벤트 ###
27
28
29
30  ### 메인코드 ###
31
32  intro_message()
```

❷ (19~23행), ❶ (32행)

게임을 플레이하면 게임 소개 팝업창이 나타납니다.

3단계 바닥에 떨어지면 게임 오버

파쿠르 게임의 묘미는 바로 바닥에 떨어지면 안 된다는 점입니다. 이 게임의 바닥에는 Floor 오브젝트가 깔려 있습니다. 만약 플레이어(camera)가 바닥(floor)에 충돌하면 게임 오버 메시지를 출력하고 게임을 재시작하겠습니다.

우선 이벤트 영역에 충돌 감지 이벤트인 on_collision_enter() 함수를 이용해서 카메라가 다른 오브젝트에 충돌하면 on_camera_collision() 함수를 호출합니다.

on_camera_collision() 함수를 호출할 때는 항상 충돌한 다른 오브젝트가 매개변수로 입력됩니다. 여기서는 매개변수명을 other라고 정했고 뒤에 other 오브젝트가 BaseItem 타입이라는 것을 적어 줍니다. 이렇게 콜론(:) 다음에 적는 BaseItem을 타입 힌트(Type Hint) 또는 타입 어노테이션(Type Annotation)이라고 부릅니다. 타입 힌트는 함수의 매개변수나 반환값이 어떤 타입이어야 하는지 명시적으로 나타내는 데 사용됩니다.

이 경우, other: BaseItem은 other라는 매개변수가 BaseItem 타입의 오브젝트여야 함을 나타냅니다. 이는 개발자에게 코드의 의도를 더 명확하게 전달하고, 잠재적인 오류를 줄이는 데 도움이 됩니다.

충돌이 일어나면 대상이 무엇인지 확인하게 됩니다. 만약 충돌한 대상이 floor(바닥)라면 게임 오버 메시지를 출력하기 위해서 over_message() 함수를 호출합니다.

```
17  ### 함수 ###
18
19  def intro_message():
20      gui.hud.show_info_panel(
21          title="파쿠르 게임",
22          text="땅에 떨어지지 않고 도착지점까지 가세요!"
23      )
24
25  def on_camera_collision(other:BaseItem):
26      if other == floor:
27          over_message()
28
29
```

```
30 ### 이벤트 ###
31
32 camera.on_collision_enter(on_camera_collision)
33
34
35 ### 메인코드 ###
```

이어서 over_message() 함수를 정의합니다. show_info_panel() 함수를 이용해서 팝업 창에 게임 오버 메시지를 출력한 후, 창을 닫으면 restart_game() 함수를 호출합니다.

restart_game() 함수는 플레이어(camera) 오브젝트를 시작지점으로 옮기는 역할을 합니다. 아직까지 파이썬 명령어 중에는 게임을 재시작하는 코드가 없습니다. 그래서 게임을 재시작하는 가장 쉬운 방법은 카메라의 위치와 방향을 처음 플레이 위치로 옮기는 것입니다.

그러기 위해서는 게임을 처음 시작했을 때 카메라의 위치와 방향을 미리 변수에 저장해 두어야 합니다. 메인 코드에서 카메라의 현재 위치를 camera_position 변수에 저장하고, 카메라의 현재 방향을 camera_rotation 변수에 저장합니다.

그리고 restart_game() 함수를 실행하면, 반대로 camera_position 변수에 저장된 위치로 카메라를 이동시키고, camera_rotation 변수에 저장된 방향으로 카메라를 회전시킵니다. 그러면 플레이어는 게임 첫 시작위치로 이동하게 됩니다.

이렇게 카메라를 특정 위치로 이동시키는 방식은 세이브 포인트(캐릭터가 죽었다가 최근 장소에서 되살아나는 위치)를 만들 때도 활용할 수 있습니다.

```
25 def on_camera_collision(other:BaseItem):
26     if other == floor:
27         over_message()
28
29 def over_message():
30     gui.hud.show_info_panel(
31         title="게임 오버",                                    ❶
32         text="바닥에 닿으면 죽습니다. 게임을 다시 시작합니다.",
33         on_hide=restart_game
34     )
```

```
35
36  def restart_game():
37      camera.transform.position = camera_position      ❸
38      camera.transform.rotation = camera_rotation
39
40
41  ### 이벤트 ###
42
43  camera.on_collision_enter(on_camera_collision)
44
45
46  ### 메인코드 ###
47
48  intro_message()
49  camera_position = camera.transform.position      ❷
50  camera_rotation = camera.transform.rotation
```

여기까지 완성한 코드는 다음과 같습니다.

```
1   from cospaces import *
2   import math
3   import random
4
5
6   ### 변수 ###
7
8   camera = scene.get_item("Camera")
9   floor = scene.get_item("Floor")
10  endpoint = scene.get_item("Endpoint")
11
12  wood1 = scene.get_item("Wood1")
13  wood2 = scene.get_item("Wood2")
14  wood3 = scene.get_item("Wood3")
15
16
```

```
17 ### 함수 ###
18
19 def intro_message():
20     gui.hud.show_info_panel(
21         title="파쿠르 게임",
22         text="땅에 떨어지지 않고 도착지점까지 가세요!"
23     )
24
25 def on_camera_collision(other:BaseItem):
26     if other == floor:
27         over_message()
28
29 def over_message():
30     gui.hud.show_info_panel(
31         title="게임 오버",
32         text="바닥에 닿으면 죽습니다. 게임을 다시 시작합니다.",
33         on_hide=restart_game
34     )
35
36 def restart_game():
37     camera.transform.position = camera_position
38     camera.transform.rotation = camera_rotation
39
40
41 ### 이벤트 ###
42
43 camera.on_collision_enter(on_camera_collision)
44
45
46 ### 메인코드 ###
47
48 intro_message()
49 camera_position = camera.transform.position
50 camera_rotation = camera.transform.rotation
```

테스트를 위해 플레이를 시작한 후 일부러 바닥에 떨어지면 게임 오버 팝업창이 나타나고 초기 위치로 되돌아갑니다.

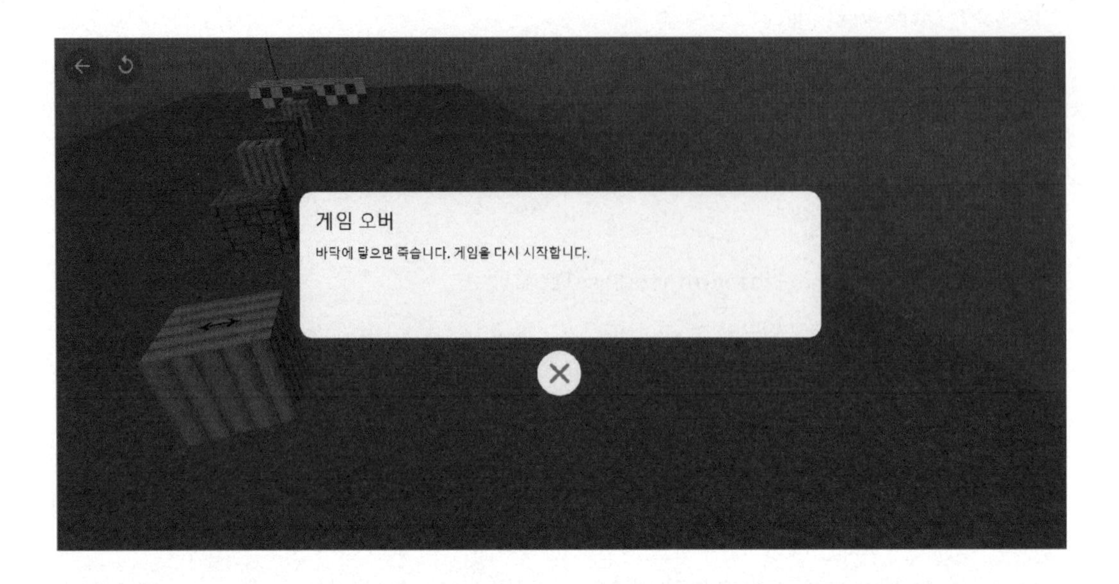

4단계 도착지점에 닿으면 게임 클리어

만약 플레이어가 도착지점(Endpoint)에 닿으면 게임 클리어 팝업창을 표시하고 게임을 종료하겠습니다.

카메라가 다른 오브젝트에 충돌하면 호출되는 on_camera_collision() 함수에서 충돌 대상(other)이 만약 endpoint(도착지점)라면, clear_message() 함수를 호출합니다.

clear_message() 함수는 게임 클리어 팝업창을 표시하고, 창을 닫으면 application.quit() 함수를 이용해서 게임을 종료합니다.

```
25 def on_camera_collision(other:BaseItem):
26     if other == floor:
27         over_message()
28     elif other == endpoint:              ❶
29         clear_message()
30
31 def clear_message():
32     gui.hud.show_info_panel(
33         title="게임 클리어",                  ❷
34         text="도착지점에 무사히 도착했습니다!",
35         on_hide=application.quit
36     )
37
38 def over_message():
39     gui.hud.show_info_panel(
40         title="게임 오버",
41         text="바닥에 닿으면 죽습니다. 게임을 다시 시작합니다.",
42         on_hide=restart_game
43     )
```

플레이를 시작하고, 도착지점에 무사히 도착하면 게임 클리어 팝업창이 나타납니다.

5단계 나무 발판 왕복 이동하기

기본적인 파쿠르 게임의 구성은 끝났습니다. 하지만 더욱 재미있는 게임을 만들기 위해서 나무 발판이 움직이도록 만들겠습니다.

현재 나무 발판은 세 개로 wood1, wood2, wood3 변수로 선언되어 있습니다. 그런데 게임을 더 다양하고 재미있게 만들기 위해서 나무 발판을 10개 이상 사용한다면, 발판을 동시에 제어하기 위해서 매우 긴 코드가 필요할 것입니다. 이럴 때 공통적으로 사용할 수 있는 함수를 선언해 주고, 대신 다양한 오브젝트를 매개변수로 입력해서 제어하면 코드를 간결하게 만들 수 있습니다.

우선 오브젝트 매개변수를 입력받아서 해당 오브젝트를 앞뒤로 이동시키는 wood_move() 함수를 정의합니다. 매개변수로 받은 오브젝트는 함수 안에서 wood 변수로 사용합니다. 우선 move_by() 함수를 이용해서 오브젝트를 y축(앞) 방향으로 1미터를 3초 동안 이동합니다. 그리고 rotate_local() 함수를 이용해서 오브젝트를 z축(위) 기준으로 시계방향으로 0초 동안 180도 회전시킵니다. 3초 후에 이동 및 회전이 끝나면 자기 자신을 다시 한번 호출합니다. 그러면 3초마다 이 동작이 반복됩니다.

이렇게 반복을 위해서 함수 안에서 주기적으로 자기 자신(함수)을 호출하는 것을 자가 호출 함수(self-calling function)이라고 부르며, 특정 조건이 충족될 때까지 또는 프로그램이 중단될 때까지 계속 실행됩니다.

```
45  def restart_game():
46      camera.transform.position = camera_position
47      camera.transform.rotation = camera_rotation
48
49  def wood_move(wood):
50      wood.transition.move_by(Vector3(0,1,0),3)
51      wood.transition.rotate_local(Vector3(0,0,1), math.radians(180), 0)
52      time.schedule(lambda: wood_move(wood), 3)
53
54
55  ### 이벤트 ###
56
57  camera.on_collision_enter(on_camera_collision)
58
59
```

메인 코드에서 이 자가 호출 함수를 실행해 줍니다. wood_move(wood1)처럼 나무 발판 오브젝트를 매개변수로 넣어 함수를 호출하면 됩니다. 그런데 그냥 함수를 실행하면 나무 발판의 움직이는 모습이 모두 똑같아져서 움직임이 단순해집니다. 여기에 time.schedule() 함수를 이용해서 초기에 지연 시간을 조금씩 주면, 실행 시간에 차이가 나면서 움직임이 복잡해집니다.

```
60  ### 메인코드 ###
61
62  intro_message()
63  camera_position = camera.transform.position
64  camera_rotation = camera.transform.rotation
65
66  time.schedule(lambda: wood_move(wood1), 1)
67  time.schedule(lambda: wood_move(wood2), 2)
68  time.schedule(lambda: wood_move(wood3), 3)
```

게임을 모두 완성했습니다. 플레이를 시작해 도착지점까지 이동해 보세요.

시간이 있다면 Stone, Wood 오브젝트를 복제해서 맵을 더 크고 복잡하게 만들 수 있습니다. 특히 나무 발판의 방향을 바꾸어 놓으면 발판의 움직임을 더욱 다양하게 만들 수 있습니다. wood_move() 함수에서 오브젝트는 로컬(지역) 축을 기준으로 y축(앞) 방향으로 전진했다가 되돌아옵니다. 장면에서 오브젝트의 방향을 어떻게 설정하는가에 따라서 발판 오브젝트가 전후 이동, 좌우 이동, 상하 이동, 대각선 이동을 선택할 수 있습니다.

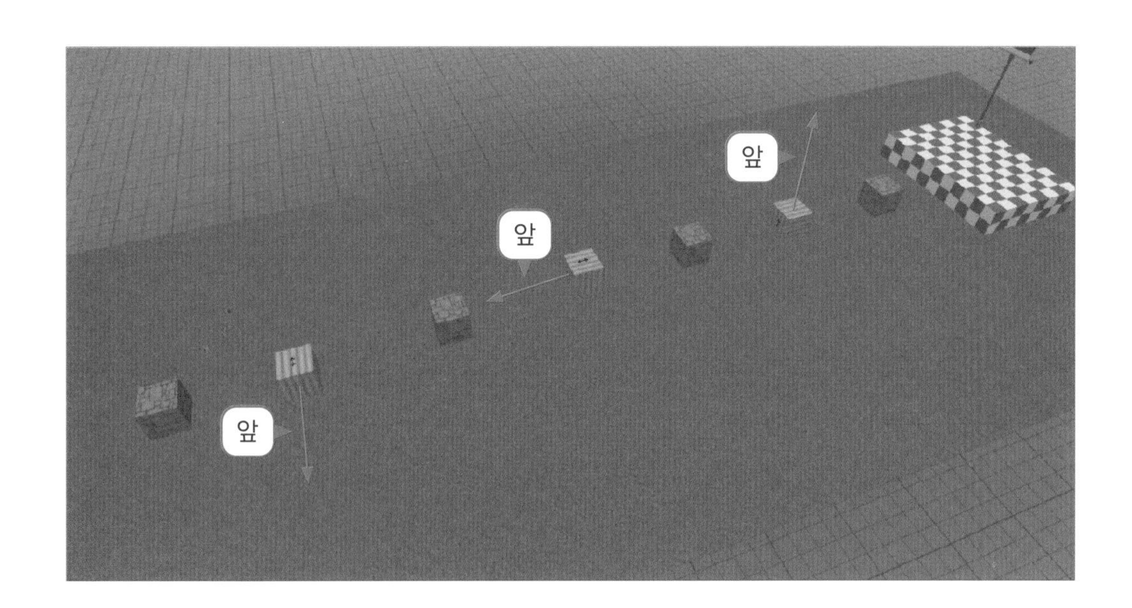
앞
앞
앞

꿀팁 11

오브젝트의 로컬(지역) 방향

공유 링크 | **완성작:** https://edu.cospaces.io/XEX-RSS

코스페이시스의 파이썬 함수 중에 `rotate_local()` 함수 등은 오브젝트의 로컬(지역) 좌표계와 방향이 기준이 됩니다. 코스페이시스는 앞쪽이 y축, 오른쪽이 x축, 위쪽이 z축으로 설정되어 있습니다.

로컬(지역) 좌표계는 오브젝트의 현재 회전과 위치에 따라 결정됩니다. 오브젝트가 회전하면 로컬 좌표계도 함께 회전합니다. 예를 들어, 오브젝트가 90도 회전하면, 그 오브젝트의 로컬 x축과 y축도 이에 따라 변합니다. 오브젝트가 이동하면, 그 오브젝트의 로컬 좌표계의 원점(0, 0, 0)도 이동합니다.

로컬(지역) 방향도 오브젝트의 현재 방향을 기준으로 합니다. 즉, 오브젝트가 어떤 방향을 향하고 있느냐에 따라 로컬 방향이 정해집니다. 오브젝트가 회전하면, 그 오브젝트의 로컬 방향도 함께 회전합니다. 로컬 방향은 오브젝트의 이동에 영향을 받지 않고 오로지 회전에만 영향을 받습니다.

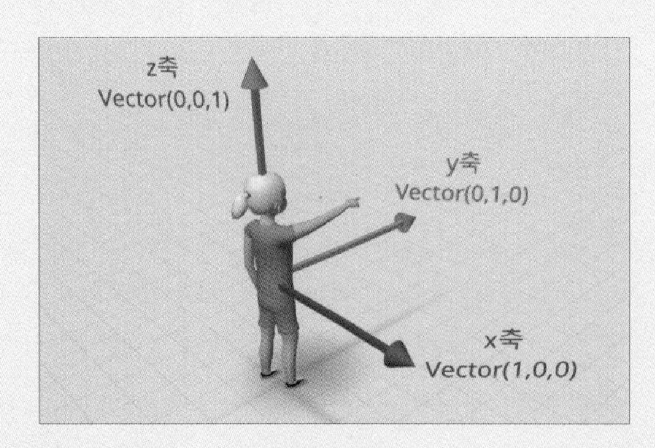

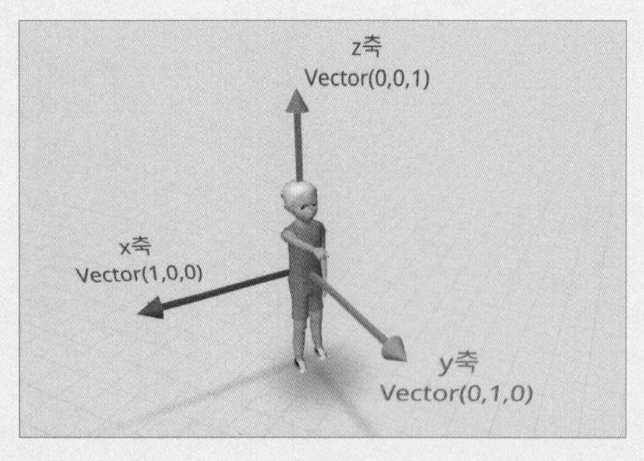

최종 완성 코드

예제 파일 | 예제03_파쿠르_마스터.txt

```
1   from cospaces import *
2   import math
3   import random
4
5
6   ### 변수 ###
7
8   camera = scene.get_item("Camera")
9   floor = scene.get_item("Floor")
10  endpoint = scene.get_item("Endpoint")
11
12  wood1 = scene.get_item("Wood1")
13  wood2 = scene.get_item("Wood2")
14  wood3 = scene.get_item("Wood3")
15
16
17  ### 함수 ###
18
19  def intro_message():
20      gui.hud.show_info_panel(
21          title="파쿠르 게임",
22          text="땅에 떨어지지 않고 도착지점까지 가세요!"
23      )
24
25  def on_camera_collision(other:BaseItem):
26      if other == floor:
27          over_message()
28      elif other == endpoint:
29          clear_message()
30
31  def clear_message():
32      gui.hud.show_info_panel(
33          title="게임 클리어",
```

```
34          text="도착지점에 무사히 도착했습니다!",
35          on_hide=application.quit
36      )
37
38  def over_message():
39      gui.hud.show_info_panel(
40          title="게임 오버",
41          text="바닥에 닿으면 죽습니다. 게임을 다시 시작합니다.",
42          on_hide=restart_game
43      )
44
45  def restart_game():
46      camera.transform.position = camera_position
47      camera.transform.rotation = camera_rotation
48
49  def wood_move(wood):
50      wood.transition.move_by(Vector3(0,1,0),3)
51      wood.transition.rotate_local(Vector3(0,0,1), math.radians(180), 0)
52      time.schedule(lambda: wood_move(wood), 3)
53
54
55  ### 이벤트 ###
56
57  camera.on_collision_enter(on_camera_collision)
58
59
60  ### 메인코드 ###
61
62  intro_message()
63  camera_position = camera.transform.position
64  camera_rotation = camera.transform.rotation
65
66  time.schedule(lambda: wood_move(wood1), 1)
67  time.schedule(lambda: wood_move(wood2), 2)
68  time.schedule(lambda: wood_move(wood3), 3)
```

예제

04 장애물 레이스

공유 링크

완성작: https://edu.cospaces.io/XXV-GTL
템플릿: https://edu.cospaces.io/HGH-EYX

목표

이 게임에서 플레이어는 카메라를 조작하여 여러 장애물을 피해 도착지점까지 최단 시간 안에 도착해야 합니다. 게임 화면에 경과 시간이 표시되고, 장애물이 움직이면서 재미 요소가 추가됩니다. 특히 이번 게임에서는 타이머와 반복 이동을 구현할 때 지금까지 사용했던 스케줄러(`time.schedule_repeating()` 함수 활용)를 사용하지 않고 여러 개의 자가 호출 함수(`time.schedule()` 함수 활용)를 이용합니다.

순서

1단계 오브젝트 구성과 초기화하기

2단계 자가 호출로 타이머 만들기

3단계 회전 장애물 만들기

4단계 왕복 장애물 만들기

5단계 게임 클리어 팝업창 보이기

1단계 오브젝트 구성과 초기화하기

템플릿 예제 작품을 열면 다음과 같이 오브젝트를 확인할 수 있습니다. 카메라가 절벽을 지나 도착지점(`Endpoint`)에 도착하면 게임을 클리어하게 됩니다. 카메라 앞에 `TimerText`에 경과 시간이 나타나고 도착지점에 닿으면 멈춥니다. 빨간 기둥(`Pole1`, `Pole2`)은 회전하면서 플레이어를 절벽 아래로 떨어뜨리고, 파란 발판(`Board1`, `Board2`)은 좌우 또는 상하로 움직이면서 플레이어가 움직이는 타이밍을 만듭니다.

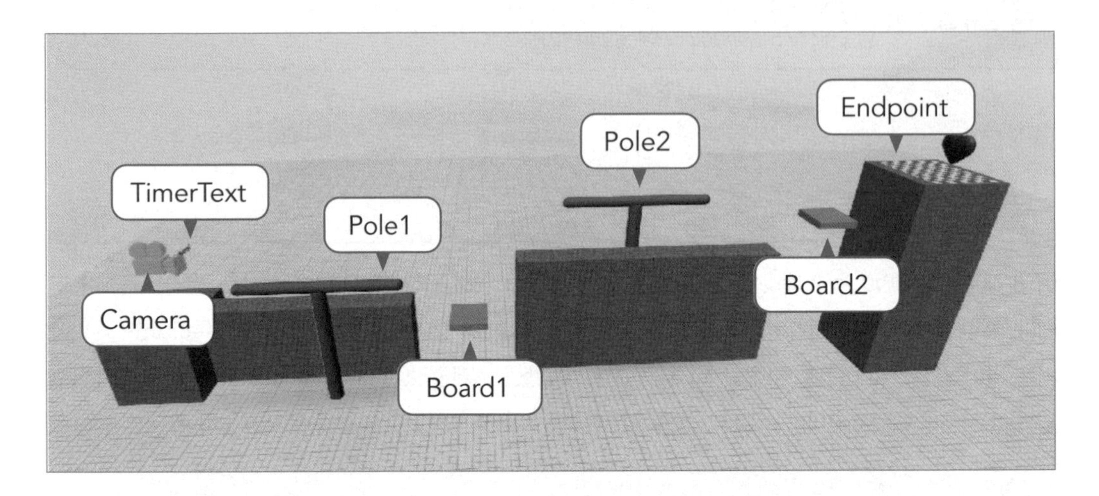

[코드] 버튼을 클릭해 보면 주석으로 영역을 나눈 빈 파이썬 스크립트를 볼 수 있습니다.

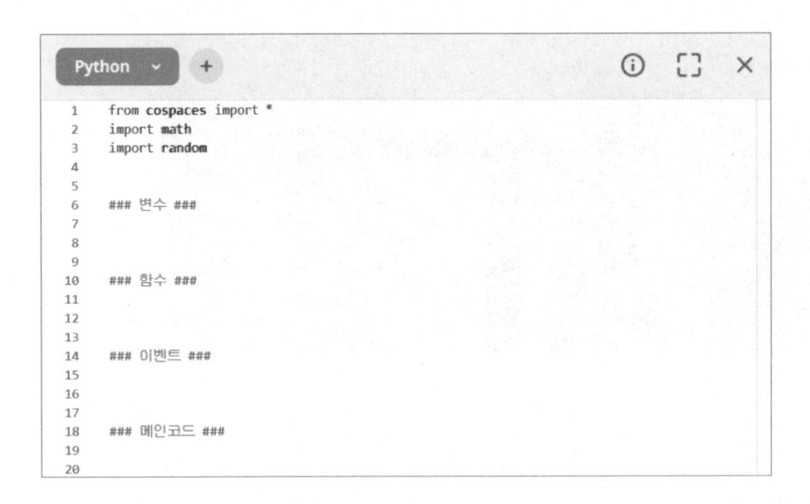


```
from cospaces import *
import math
import random


### 변수 ###



### 함수 ###



### 이벤트 ###



### 메인코드 ###

```

우선 상기 오브젝트 중에서 우리가 제어할 오브젝트의 접근 변수를 만들겠습니다.

- camera: 플레이어의 시점을 나타내는 카메라 오브젝트
- timer_text: 경과 시간을 표시하는 텍스트 오브젝트

• endpoint: 도착지점을 나타내는 오브젝트
• pole1, pole2: 회전하는 기둥 오브젝트
• board1, board2: 상하, 좌우 왕복 이동하는 발판 오브젝트

```
6   ### 변수 ###
7
8   camera = scene.get_item("Camera")
9   timer_text = scene.get_item("TimerText")
10  endpoint = scene.get_item("Endpoint")
11
12  pole1 = scene.get_item("Pole1")
13  pole2 = scene.get_item("Pole2")
14  board1 = scene.get_item("Board1")
15  board2 = scene.get_item("Board2")
16
17
18  ### 함수 ###
```

게임을 시작하면 우선 게임 소개 팝업창을 보여 주겠습니다. 메인 코드 영역에서 start_message() 함수를 호출합니다.

```
26  ### 메인코드 ###
27
28  start_message()
```

함수 영역에서 start_message() 함수를 정의합니다. show_info_panel() 함수를 이용해서 정보(팝업)창을 보여 주고, 창을 닫으면 main() 함수를 호출합니다.

호출할 main() 함수를 정의해 줍니다. 코스페이시스에서는 함수를 만들 때 내부에 아무런 코드를 넣지 않으면 경고 표시가 나옵니다. 호출할 콜백 함수는 만들어야 하지만 안에 내용이 정해지지 않았을 때는 pass를 넣어주면 됩니다.

파이썬에서 함수를 만들 때 아직 구현할 코드가 없거나, 임시로 함수를 정의해두고 싶을 때 함수 내부에 pass 문을 사용할 수 있습니다. pass는 파이썬의 null 연산으로, 아무것도 수행하지 않고 해당 행을 넘어갑니다. 이를 사용하면 함수가 아무 동작도 하지 않는 상태로 유지되면서도, 파이썬

인터프리터나 코드 에디터에서 오류나 경고를 표시하지 않습니다.

```
18  ### 함수 ###
19
20  def start_message():
21      gui.hud.show_info_panel(
22          title = "장애물 경주",
23          text = "가장 빠르게 도착지점까지 질주하세요!",
24          on_hide=main
25      )
26
27  def main():
28      pass
29
30
31  ### 이벤트 ###
```

여기까지 작성한 코드는 다음과 같습니다.

```
1   from cospaces import *
2   import math
3   import random
4
5
6   ### 변수 ###
7
8   camera = scene.get_item("Camera")
9   timer_text = scene.get_item("TimerText")
10  endpoint = scene.get_item("Endpoint")
11
12  pole1 = scene.get_item("Pole1")
13  pole2 = scene.get_item("Pole2")
14  board1 = scene.get_item("Board1")
15  board2 = scene.get_item("Board2")
16
```

```
17
18 ### 함수 ###
19
20 def start_message():
21     gui.hud.show_info_panel(
22         title = "장애물 경주",
23         text = "가장 빠르게 도착지점까지 질주하세요!",
24         on_hide=main
25     )
26
27 def main():
28     pass
29
30
31 ### 이벤트 ###
32
33
34
35 ### 메인코드 ###
36
37 start_message()
```

게임을 플레이하면, 게임 소개 팝업창이 나타납니다. 타이머 텍스트에서 미리 'Ready' 텍스트가 입력되어 있기 때문에 코드 없이 문구가 출력됩니다.

2단계 자가 호출로 타이머 만들기

이제 main() 함수에서 시간을 관리하는 타이머 함수를 호출하겠습니다. 함수를 정의하기 전에 우선 함수를 통해 경과 시간을 저장할 글로벌 변수를 선언해야 합니다. 변수 영역에 current_time 변수를 선언하고 초기값으로 0을 입력해 줍니다.

```
15  board2 = scene.get_item("Board2")
16
17  current_time = 0
18
19
20  ### 함수 ###
```

다음으로 main() 함수에서 update_time() 함수를 호출합니다. 그리고 update_time() 함수를 정의합니다. update_time() 함수는 글로벌 변수 current_time을 불러온 후에 값을 1 증가시킵니다. 그리고 1을 10으로 나눈 후에 경과 시간을 나타내는 문자열을 만들고, 타이머 텍스트 오브젝트의 텍스트로 지정합니다. 마지막으로 time.schedule() 함수를 이용해서 0.1초 후에 자기 자신을 다시 호출합니다.

결국 이 함수는 0.1초마다 자기 자신을 반복해서 호출하면서 화면에 경과 시간을 표시하게 됩니다. 타이머를 구현하는 기본적인 방법은 time.schedule_repeating() 함수를 사용해서 타이머 스케줄러를 만드는 것이지만, 이렇게 time.schedule() 함수를 사용해서 자가 호출 함수로 만들 수 있습니다.

```
29  def main():
30      update_time()
31
32  def update_time():
33      global current_time
34      current_time += 1
35      timer_text.text = str(round(current_time/10,1)) + " 초"
36      time.schedule(update_time, 0.1)
37
38
39  ### 이벤트 ###
```

마지막으로 타이머 텍스트를 카메라의 자식 아이템으로 추가해서 항상 화면에 나타나도록 만듭니다. 메인 코드 영역에 add() 함수를 추가합니다.

```
43  ### 메인코드 ###
44
45  start_message()
46  camera.add(timer_text)
```

여기까지 완성한 코드는 다음과 같습니다.

```
1   from cospaces import *
2   import math
3   import random
4
5
6   ### 변수 ###
7
8   camera = scene.get_item("Camera")
9   timer_text = scene.get_item("TimerText")
10  endpoint = scene.get_item("Endpoint")
11
12  pole1 = scene.get_item("Pole1")
13  pole2 = scene.get_item("Pole2")
14  board1 = scene.get_item("Board1")
15  board2 = scene.get_item("Board2")
16
17  current_time = 0
18
19
20  ### 함수 ###
21
22  def start_message():
23      gui.hud.show_info_panel(
24          title = "장애물 경주",
25          text = "가장 빠르게 도착지점까지 질주하세요!",
```

```
26            on_hide=main
27        )
28
29    def main():
30        update_time()
31
32    def update_time():
33        global current_time
34        current_time += 1
35        timer_text.text = str(round(current_time/10,1)) + " 초"
36        time.schedule(update_time, 0.1)
37
38
39    ### 이벤트 ###
40
41
42
43    ### 메인코드 ###
44
45    start_message()
46    camera.add(timer_text)
```

게임을 플레이하면 경과 시간이 0.1초 단위로 표시됩니다.

3단계 회전 장애물 만들기

다음으로 빨간색 기둥을 회전시켜서 플레이어가 앞으로 나가는 것을 방해하겠습니다. 1초마다 자가 반복할 함수 이름은 rotate_pole입니다. 우선 main() 함수에서 rotate_pole() 함수를 호출합니다.

```
22  def start_message():
23      gui.hud.show_info_panel(
24          title = "장애물 경주",
25          text = "가장 빠르게 도착지점까지 질주하세요!",
26          on_hide=main
27      )
28
29  def main():
30      update_time()
31      rotate_pole()
32
33  def update_time():
34      global current_time
```

함수 영역에서 rotate_pole() 함수를 정의합니다. rotate_local() 함수를 이용합니다. 제자리에서 팽이처럼 회전하기 때문에 회전축은 Vector3(0,0,1)로 설정합니다. 첫 번째 기둥(pole1)은 1초 동안 시계방향으로 90도씩 회전시키고, 두 번째 기둥은 반대 방향으로 회전시키기 위해서 −90도씩 회전시킵니다. 마지막으로 1초마다 자기 자신을 호출합니다. 결과적으로 1초마다 90도씩 반복해서 회전하게 됩니다.

```
33  def update_time():
34      global current_time
35      current_time += 1
36      timer_text.text = str(round(current_time/10,1)) + " 초"
37      time.schedule(update_time, 0.1)
38
39  def rotate_pole():
40      pole1.transition.rotate_local(Vector3(0,0,1), math.radians(90), 1)
41      pole2.transition.rotate_local(Vector3(0,0,1), math.radians(-90), 1)
42      time.schedule(rotate_pole, 1)
43
```

```
44
45  ### 이벤트 ###
46
```

게임을 플레이하면 빨간 기둥이 회전합니다.

4단계 왕복 장애물 만들기

이제 파란색 발판을 이동시키겠습니다. 발판은 5초마다 5미터씩 한쪽 방향으로 이동하고, 다시 반대 방향으로 이동해서 원래 위치로 돌아오도록 합니다. 우선 main() 함수에서 move_board() 함수를 호출합니다.

```
20  ### 함수 ###
21
22  def start_message():
23      gui.hud.show_info_panel(
24          title = "장애물 경주",
25          text = "가장 빠르게 도착지점까지 질주하세요!",
26          on_hide=main
27      )
28
29  def main():
30      update_time()
31      rotate_pole()
32      move_board()
33
34  def update_time():
35      global current_time
```

move_board() 함수를 정의합니다. board1 오브젝트를 move_by() 함수를 이용해서 앞쪽(y축) 방향으로 5초 동안 2미터 이동합니다. 그리고 위쪽(z축) 방향을 기준으로 1초 동안 시계방향으로 180도 회전합니다. 앞으로 이동한 후에 180도 회전하고 뒤로 이동하기 때문에 반복하면 전후 왕복 운동이 됩니다.

board2 오브젝트는 상하로 움직이게 하겠습니다. 위쪽(z축) 방향으로 5초 동안 2미터 이동합니다. 그리고 앞쪽(y축) 방향을 기준으로 1초 동안 시계방향으로 180도 회전합니다. 위로 이동한 후에 180도 뒤집어서 아래로 내려가기 때문에 반복하면 상하 왕복 운동이 됩니다.

여기서 rotate_local() 함수의 소요 시간을 1초가 아닌 0초로 설정해서 회전이 순식간에 이루어지도록 만들 수도 있습니다. 방향 축, 각도, 시간 등을 조금씩 바꾸면서 독특한 움직임을 만들 수 있습니다.

마지막으로 5초마다 자기 자신을 다시 호출해서 자가 호출 함수로 만들어 줍니다.

```
40  def rotate_pole():
41      pole1.transition.rotate_local(Vector3(0,0,1), math.radians(90), 1)
42      pole2.transition.rotate_local(Vector3(0,0,1), math.radians(-90), 1)
43      time.schedule(rotate_pole, 1)
44
45  def move_board():
46      board1.transition.move_by(Vector3(0,2,0),5)
47      board1.transition.rotate_local(Vector3(0,0,1), math.radians(180), 1)
48      board2.transition.move_by(Vector3(0,0,2),5)
49      board2.transition.rotate_local(Vector3(0,1,0), math.radians(180), 1)
50      time.schedule(move_board, 5)
51
52
53  ### 이벤트 ###
```

게임을 플레이하면 첫 번째 발판은 좌우로 이동하고, 두 번째 발판은 상하로 이동합니다.

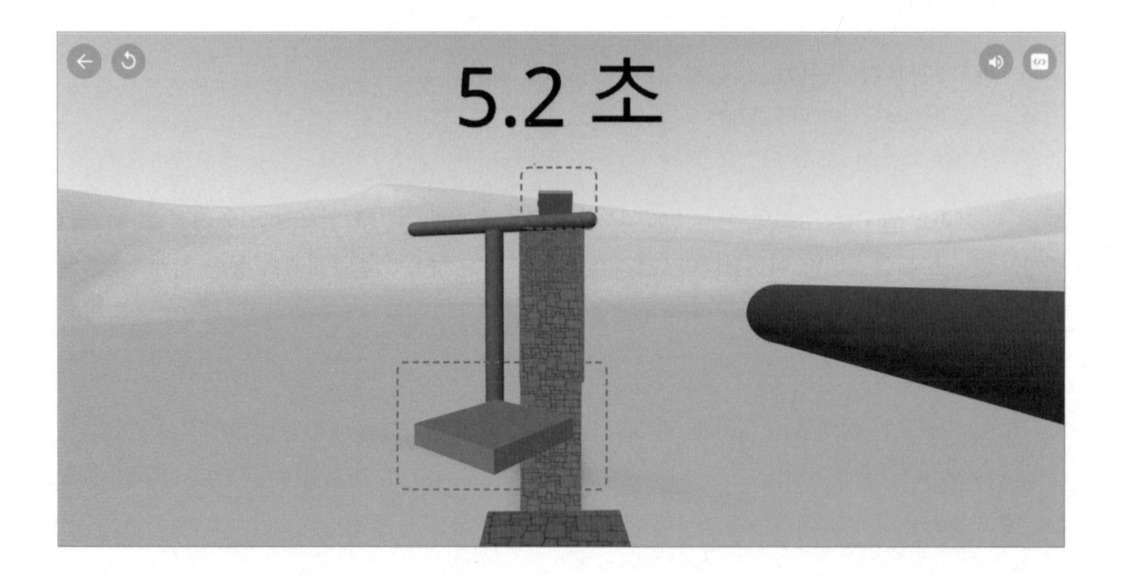

5단계 게임 클리어 팝업창 보이기

마지막으로 플레이어(camera)가 도착지점(endpoint)에 닿으면 타이머를 멈추어 최종 기록을 남기겠습니다. 우선 update_time() 함수에서 0.1초마다 시간을 증가시키고 있는데 이것을 정지시켜야 합니다. 이런 작업에는 글로벌 변수가 필요합니다. 타이머 작동 여부를 저장할 수 있는 is_playing이라는 불리언 변수를 만들고 초기에는 True로 설정합니다.

```
6   ### 변수 ###
7
8   camera = scene.get_item("Camera")
9   timer_text = scene.get_item("TimerText")
10  endpoint = scene.get_item("Endpoint")
11
12  pole1 = scene.get_item("Pole1")
13  pole2 = scene.get_item("Pole2")
14  board1 = scene.get_item("Board1")
15  board2 = scene.get_item("Board2")
16
17  current_time = 0
18  is_playing = True
19
20
21  ### 함수 ###
```

시간을 증가시키는 update_time() 함수에 조건문을 추가합니다. 글로벌 변수 is_playing의 값이 True일 때만 반복을 하고, False라면 "도착!"이라는 문구를 출력하고 더 이상 반복하지 않습니다.

```
30  def main():
31      update_time()
32      rotate_pole()
33      move_board()
34
```

```
35 def update_time():
36     global current_time
37     global is_playing
38     if is_playing:
39         current_time += 1
40         timer_text.text = str(round(current_time/10,1)) + " 초"
41         time.schedule(update_time, 0.1)
42     else:
43         timer_text.text = "도착!  " + str(round(current_time/10,1)) + " 초"
44
45 def rotate_pole():
```

카메라가 다른 오브젝트에 충돌하면 호출하는 콜백 함수인 on_camera_collision() 함수를 정의합니다. 매개변수로 충돌한 다른 오브젝트를 other라는 이름으로 넘겨 받습니다. 이 other 오브젝트는 기본 오브젝트(BaseItem)라는 타입 힌트를 갖습니다. BaseItem 타입 힌트는 적지 않아도 프로그램은 실행됩니다. 하지만 코드에 경고 표시가 나오므로 되도록 적는 것을 추천합니다.

만약 충돌한 다른 오브젝트가 도착지점(endpoint)이라면 is_playing 글로벌 변수의 값을 False로 바꿉니다.

```
50 def move_board():
51     board1.transition.move_by(Vector3(0,2,0),5)
52     board1.transition.rotate_local(Vector3(0,0,1), math.radians(180), 1)
53     board2.transition.move_by(Vector3(0,0,2),5)
54     board2.transition.rotate_local(Vector3(0,1,0), math.radians(180), 1)
55     time.schedule(move_board, 5)
56
57 def on_camera_collision(other: BaseItem):
58     global is_playing
59     if other == endpoint:
60         is_playing = False
61
62
63 ### 이벤트 ###
```

마지막으로 이벤트 영역에서 카메라의 충돌 이벤트 리스너를 등록합니다. on_collision_enter() 함수를 이용해서 카메라가 다른 오브젝트에 충돌하면 on_camera_collision() 함수를 실행합니다.

```
63  ### 이벤트 ###
64
65  camera.on_collision_enter(on_camera_collision)
66
67
68  ### 메인코드 ###
```

게임이 모두 완성되었습니다. 게임을 플레이해서 모든 기능이 정상적으로 작동하는지 확인해 보세요. 시간이 남는다면 레이스 경로를 더 늘리고, 장애물도 더 추가해서 나만의 게임을 만들어도 좋습니다.

최종 완성 코드

예제 파일 | 예제04_장애물_레이스.txt

```
1   from cospaces import *
2   import math
3   import random
4
5
6   ### 변수 ###
7
8   camera = scene.get_item("Camera")
9   timer_text = scene.get_item("TimerText")
```

```
10 endpoint = scene.get_item("Endpoint")
11
12 pole1 = scene.get_item("Pole1")
13 pole2 = scene.get_item("Pole2")
14 board1 = scene.get_item("Board1")
15 board2 = scene.get_item("Board2")
16
17 current_time = 0
18 is_playing = True
19
20
21 ### 함수 ###
22
23 def start_message():
24     gui.hud.show_info_panel(
25         title = "장애물 경주",
26         text = "가장 빠르게 도착지점까지 질주하세요!",
27         on_hide=main
28     )
29
30 def main():
31     update_time()
32     rotate_pole()
33     move_board()
34
35 def update_time():
36     global current_time
37     global is_playing
38     if is_playing:
39         current_time += 1
40         timer_text.text = str(round(current_time/10,1)) + " 초"
41         time.schedule(update_time, 0.1)
42     else:
43         timer_text.text = "도착!  " + str(round(current_time/10,1)) + " 초"
44
```

```
45 def rotate_pole():
46     pole1.transition.rotate_local(Vector3(0,0,1), math.radians(90), 1)
47     pole2.transition.rotate_local(Vector3(0,0,1), math.radians(-90), 1)
48     time.schedule(rotate_pole, 1)
49
50 def move_board():
51     board1.transition.move_by(Vector3(0,2,0),5)
52     board1.transition.rotate_local(Vector3(0,0,1), math.radians(180), 1)
53     board2.transition.move_by(Vector3(0,0,2),5)
54     board2.transition.rotate_local(Vector3(0,1,0), math.radians(180), 1)
55     time.schedule(move_board, 5)
56
57 def on_camera_collision(other: BaseItem):
58     global is_playing
59     if other == endpoint:
60         is_playing = False
61
62
63 ### 이벤트 ###
64
65 camera.on_collision_enter(on_camera_collision)
66
67
68 ### 메인코드 ###
69
70 start_message()
71 camera.add(timer_text)
```

예제

05 스톤 챌린지

공유 링크

완성작: https://edu.cospaces.io/FBA-RQT
템플릿: https://edu.cospaces.io/DYP-CGK

목표

이 게임에서 플레이어는 왼쪽과 오른쪽 방향키를 이용하여 캐릭터를 움직일 수 있습니다. 화면 상단에서 무작위 위치로 암석이 떨어집니다. 플레이어는 좌우로 움직이며 이 암석을 피해야 하며, 암석에 맞으면 게임이 종료됩니다. 점수는 시간이 지날수록 증가하며, 최종 점수는 게임 오버 시 표시됩니다. 특히 이 게임에서 떨어지는 암석을 만들기 위해서 '복제' 기능이 사용됩니다.

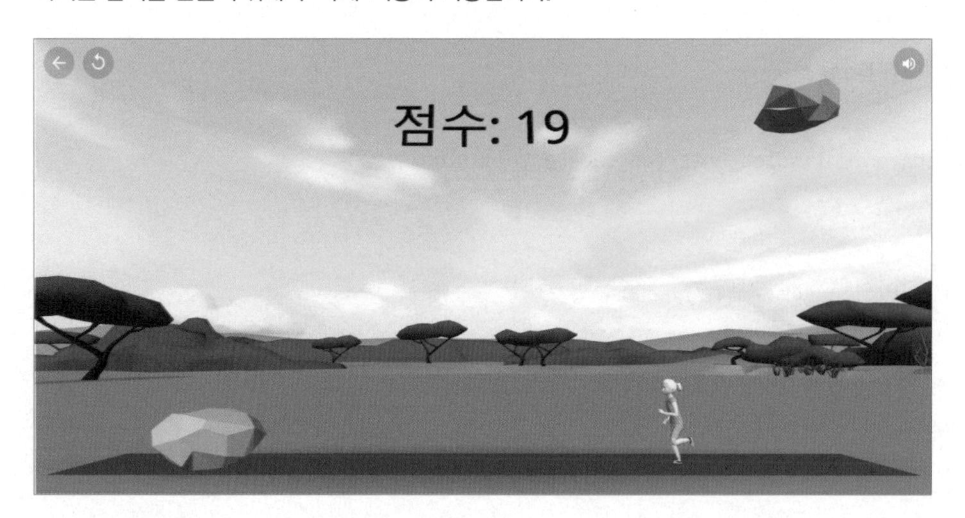

순서

1단계 오브젝트 구성과 초기화하기

2단계 키보드로 캐릭터 움직이기

3단계 암석 복제하고 떨어뜨리기

4단계 점수 표시하기

5단계 암석에 닿으면 게임 오버

1단계 오브젝트 구성과 초기화하기

템플릿 예제 작품을 열면 다음과 같이 오브젝트를 확인할 수 있습니다. 키보드의 왼쪽 방향키 또는 A키를 누르면 여자 아이(Casual girl)가 왼쪽으로 이동합니다. 오른쪽 방향키 또는 D키를 누르면 여자 아이가 오른쪽으로 이동합니다. 돌덩이(Stone)가 복제되어 바닥(Floor) 위 랜덤한 위치에서 아래로 떨어지고 점수가 텍스트 오브젝트(Score Text)에 표시됩니다.

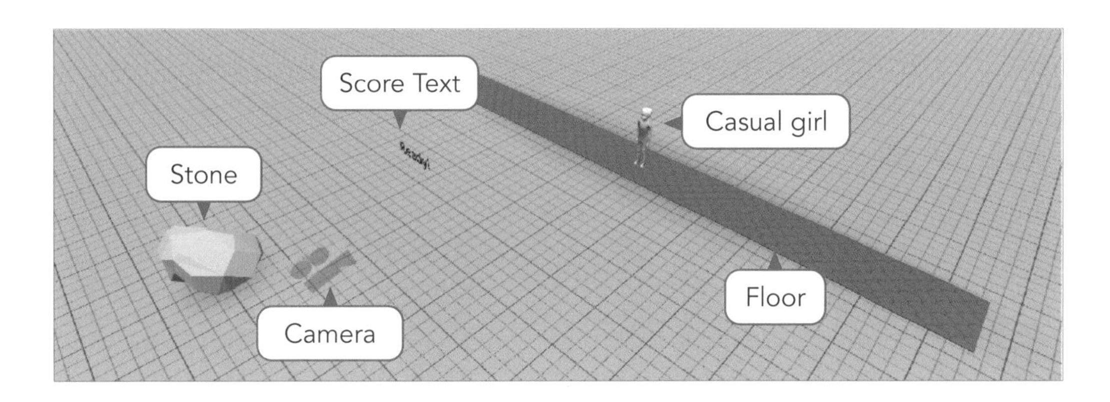

우선 게임에 필요한 오브젝트에 접근할 수 있는 변수를 선언하겠습니다. 변수 영역에 다음 코드를 입력합니다.

- player: 게임의 주인공인 여자 아이(Casual girl) 오브젝트
- stone: 떨어지는 암석(Stone) 오브젝트
- score_text: 점수를 표시하는 텍스트(Score Text) 오브젝트

```
6   ### 변수 ###
7
8   player = scene.get_item("Casual girl")
9   stone = scene.get_item("Stone")
10  score_text = scene.get_item("Score Text")
11
12
13  ### 함수 ###
```

게임을 시작하면 게임 소개 정보(팝업)창을 표시하겠습니다. 함수 영역에 정보창을 표시하는 intro_message() 함수를 정의합니다. 창을 닫으면 timer_start() 함수를 호출합니다.

timer_start() 함수 내부는 아직 구현하지 않았기 때문에 pass 구문만 넣어 주고 함수를 정의해

줍니다. 메인 코드 영역에서 intro_message() 함수를 호출해 줍니다.

```
13  ### 함수 ###
14
15  def intro_message():
16      gui.hud.show_info_panel(
17      title="스톤 챌린지",
18      text="키보드의 방향키 또는 A,D키로 캐릭터를 움직여서\
19              \n떨어지는 암석을 최대한 오랫동안 피하세요!",
20      on_hide=timer_start
21      )
22
23  def timer_start():
24      pass
25
26
27  ### 이벤트 ###
28
29
30
31  ### 메인코드 ###
32
33  intro_message()
```

게임을 플레이하면, 게임 소개 팝업창이 나타납니다.

2단계 키보드로 캐릭터 움직이기

떨어지는 암석을 피하려면 캐릭터가 좌우로 이동해야 합니다. 키보드의 방향키와 A, D키로 이동시키겠습니다. 먼저 이벤트 영역에 키보드 입력을 받는 on_key_pressed 이벤트 리스너를 등록하겠습니다.

왼쪽 방향키 또는 A키를 누르고 있으면 on_left_key_pressed() 함수를 호출합니다. 마찬가지로 오른쪽 방향키 또는 D키를 누르고 있으면 on_right_key_pressed() 함수를 호출합니다.

```
27 ### 이벤트 ###
28
29 input.on_key_pressed(on_left_key_pressed, input.KeyCode.LEFT)
30 input.on_key_pressed(on_left_key_pressed, input.KeyCode.A)
31
32 input.on_key_pressed(on_right_key_pressed, input.KeyCode.RIGHT)
33 input.on_key_pressed(on_right_key_pressed, input.KeyCode.D)
34
35
36 ### 메인코드 ###
```

캐릭터가 좌우로 이동할 때 제한 없이 이동하게 되면, 암석이 떨어지는 영역 바깥으로 나갈 수 있습니다. 그러면 절대 암석에 충돌하지 않기 때문에 가만히 있어도 죽지 않습니다. 그래서 플레이어의 이동 가능 범위에 제한을 걸어 주어야 합니다. 제한을 거는 방법은 캐릭터의 x좌표가 −5보다 클 때(이동 가능 범위 안에 있을 때)만 왼쪽으로 이동할 수 있게 하는 것입니다. 또 캐릭터의 x좌표가 5보다 작을 때만 오른쪽으로 이동할 수 있게 합니다. 결과적으로 플레이어는 이동 가능 범위 안에서만 움직일 수 있습니다.

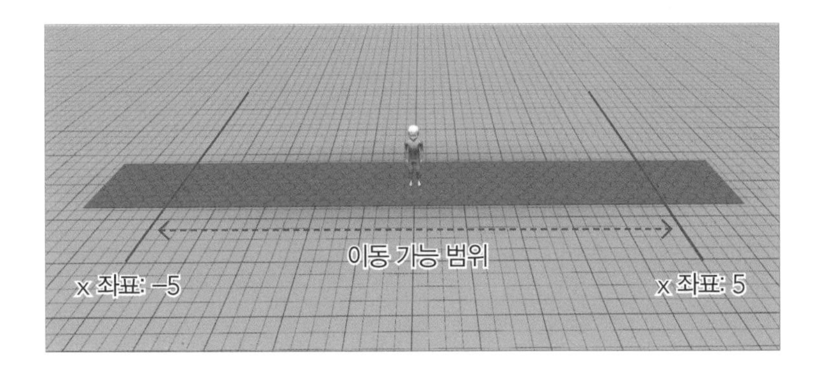

함수 영역에 해당 콜백 함수를 정의해 줍니다. 왼쪽 방향키를 눌렀을 때 플레이어가 이동 가능 범위 안에 있다면, set_direction() 함수를 이용해서 왼쪽 혹은 오른쪽 방향을 바라봅니다. 그리고 y축(앞쪽) 방향으로 0.1초 동안 5센티미터 이동합니다.

```
23  def timer_start():
24      pass
25
26  def on_left_key_pressed():
27      if player.transform.position.x > -5:
28          player.transform.set_direction(Vector3(-1,0,0))
29          player.transition.move_by(Vector3(0,0.05,0),0.1)
30
31  def on_right_key_pressed():
32      if player.transform.position.x < 5:
33          player.transform.set_direction(Vector3(1,0,0))
34          player.transition.move_by(Vector3(0,0.05,0),0.1)
35
36
37  ### 이벤트 ###
```

플레이어가 달려가는 자연스러운 동작을 위해서 메인 코드에서 플레이어의 애니메이션을 "Run"으로 반복 설정해 줍니다.

```
46  ### 메인코드 ###
47
48  intro_message()
49  player.animation.play_looping("Run")
```

여기까지 완성된 코드는 다음과 같습니다.

```
1   from cospaces import *
2   import math
3   import random
4
```

```
5
6   ### 변수 ###
7
8   player = scene.get_item("Casual girl")
9   stone = scene.get_item("Stone")
10  score_text = scene.get_item("Score Text")
11
12
13  ### 함수 ###
14
15  def intro_message():
16      gui.hud.show_info_panel(
17      title="스톤 챌린지",
18      text="키보드의 방향키 또는 A,D키로 캐릭터를 움직여서\
19            \n떨어지는 암석을 최대한 오랫동안 피하세요!",
20      on_hide=timer_start
21      )
22
23  def timer_start():
24      pass
25
26  def on_left_key_pressed():
27      if player.transform.position.x > -5:
28          player.transform.set_direction(Vector3(-1,0,0))
29          player.transition.move_by(Vector3(0,0.05,0),0.1)
30
31  def on_right_key_pressed():
32      if player.transform.position.x < 5:
33          player.transform.set_direction(Vector3(1,0,0))
34          player.transition.move_by(Vector3(0,0.05,0),0.1)
35
36
37  ### 이벤트 ###
38
39  input.on_key_pressed(on_left_key_pressed, input.KeyCode.LEFT)
```

```
40  input.on_key_pressed(on_left_key_pressed, input.KeyCode.A)
41
42  input.on_key_pressed(on_right_key_pressed, input.KeyCode.RIGHT)
43  input.on_key_pressed(on_right_key_pressed, input.KeyCode.D)
44
45
46  ### 메인코드 ###
47
48  intro_message()
49  player.animation.play_looping("Run")
```

게임을 플레이한 후 좌우 방향키를 누르면 캐릭터가 제한된 범위 안에서 좌우로 움직이는 것을 볼 수 있습니다.

3단계 암석 복제하고 떨어뜨리기

이제 암석(Stone) 오브젝트를 반복해서 복제하고 하늘에서 떨어지게 만듭니다. 타이머 스케줄러를 사용하기 위해서 변수 영역에 제거 가능한 timer 변수를 만들어 줍니다.

```
6   ### 변수 ###
7
8   player = scene.get_item("Casual girl")
9   stone = scene.get_item("Stone")
10  score_text = scene.get_item("Score Text")
11
12  timer = Disposable
13
14
15  ### 함수 ###
```

팝업창을 닫으면 호출되는 timer_start() 함수 내부에는 원래 아무것도 없었습니다. 여기에 schedule_repeating() 함수를 이용해서 0.5초마다 on_timer() 함수를 호출하는 타이머 스케줄러를 만들어 줍니다. 이 스케줄러는 timer 변수를 통해 나중에 정지시킬 수 있습니다.

on_timer() 함수는 0.5초마다 호출(콜백)되는데, copy() 함수로 암석 오브젝트(stone)를 복제한 후에 on_stone_copied() 함수로 전달합니다.

on_stone_copied() 함수는 복제된 암석(copied_stone) 오브젝트를 매개변수로 받고 활용할 수 있습니다. 우선 move_to() 함수를 이용해서 x좌표는 -7.0~7.0 사이의 랜덤한 값, y좌표는 0, z좌표는 10인 위치로 순간 이동합니다. 여기서 randint() 함수의 값을 -7부터 7사이로 입력하면 1미터 간격으로 암석이 생성되기 때문에 -70~70 사이 값을 만들고 10으로 나누어 주었습니다.

그러고 나서 복제된 암석(copied_stone)에 물리 기능을 켜 줍니다. 공중에 떠 있는 오브젝트에 물리 기능이 켜지면 중력 때문에 자동으로 땅으로 떨어지게 됩니다. 땅에 떨어진 암석이 게임을 방해할 수 있기 때문에 time.schedule() 함수를 이용해서 1.5초 후에 삭제합니다.

```
25  def timer_start():
26      global timer
27      timer = time.schedule_repeating(on_timer, 0.5)
28
29  def on_timer(dt):
30      on_stone_copied(stone.copy())
31
32  def on_stone_copied(copied_stone):
33      copied_stone.transition.move_to(Vector3(random.randint(-70,70)/10,0,10),0)
34      copied_stone.physics.enabled = True
35      time.schedule(copied_stone.delete,1.5)
```

물리 속도가 1인 경우 10미터 위에서 떨어지는 암석의 속도가 너무 빨라서 플레이어가 피할 수 없게 됩니다. 그래서 메인 코드에서 물리 속도를 0.3초로 낮추어 주겠습니다. 물리 속도가 낮아질수록 암석이 떨어지는 속도가 느려지게 됩니다.

```
57  ### 메인코드 ###
58
59  intro_message()
60  player.animation.play_looping("Run")
61  physics.physics_speed = 0.3
```

게임을 플레이하면, 0.5초마다 하늘에서 암석이 생성되고 랜덤한 위치에 떨어지는 것을 볼 수 있습니다.

4단계 점수 표시하기

게임의 성과를 비교하기 위해서 점수를 만들겠습니다. 우선 변수 영역에서 score 글로벌 변수를 생성합니다.

```
6   ### 변수 ###
7
8   player = scene.get_item("Casual girl")
9   stone = scene.get_item("Stone")
10  score_text = scene.get_item("Score Text")
11
12  timer = Disposable
13  score = 0
```

0.5초마다 호출되는 on_timer() 함수 내부에 코드를 추가합니다. score 글로벌 변수를 불러온 후에 1을 더해 줍니다. 그리고 해당 값을 문자열로 만들어 점수 텍스트 오브젝트의 텍스트 값으로 넣어 줍니다. 즉, 암석이 하나씩 생성될 때마다 점수가 1점씩 증가합니다.

```
26  def timer_start():
27      global timer
28      timer = time.schedule_repeating(on_timer, 0.5)
29
30  def on_timer(dt):
31      on_stone_copied(stone.copy())
32      global score
33      score += 1
34      score_text.text = "점수: " + str(score)
35
36  def on_stone_copied(copied_stone):
37      copied_stone.transition.move_to(Vector3(random.randint(-70,70)/10,0,10),0)
38      copied_stone.physics.enabled = True
39      time.schedule(copied_stone.delete,1.5)
```

여기까지 완성한 코드는 다음과 같습니다.

```
1   from cospaces import *
2   import math
3   import random
4
5
6   ### 변수 ###
7
8   player = scene.get_item("Casual girl")
9   stone = scene.get_item("Stone")
10  score_text = scene.get_item("Score Text")
11
12  timer = Disposable
13  score = 0
14
15
16  ### 함수 ###
17
18  def intro_message():
19      gui.hud.show_info_panel(
20      title="스톤 챌린지",
21      text="키보드의 방향키 또는 A,D키로 캐릭터를 움직여서\
22            \n떨어지는 암석을 최대한 오랫동안 피하세요!",
23      on_hide=timer_start
24      )
25
26  def timer_start():
27      global timer
28      timer = time.schedule_repeating(on_timer, 0.5)
29
30  def on_timer(dt):
31      on_stone_copied(stone.copy())
32      global score
33      score += 1
```

```
34      score_text.text = "점수: " + str(score)
35
36  def on_stone_copied(copied_stone):
37      copied_stone.transition.move_to(Vector3(random.randint(-70,70)/10,0,10),0)
38      copied_stone.physics.enabled = True
39      time.schedule(copied_stone.delete,1.5)
40
41  def on_left_key_pressed():
42      if player.transform.position.x > -5:
43          player.transform.set_direction(Vector3(-1,0,0))
44          player.transition.move_by(Vector3(0,0.05,0),0.1)
45
46  def on_right_key_pressed():
47      if player.transform.position.x < 5:
48          player.transform.set_direction(Vector3(1,0,0))
49          player.transition.move_by(Vector3(0,0.05,0),0.1)
50
51
52  ### 이벤트 ###
53
54  input.on_key_pressed(on_left_key_pressed, input.KeyCode.LEFT)
55  input.on_key_pressed(on_left_key_pressed, input.KeyCode.A)
56
57  input.on_key_pressed(on_right_key_pressed, input.KeyCode.RIGHT)
58  input.on_key_pressed(on_right_key_pressed, input.KeyCode.D)
59
60
61  ### 메인코드 ###
62
63  intro_message()
64  player.animation.play_looping("Run")
65  physics.physics_speed = 0.3
```

게임을 플레이하면 텍스트 오브젝트에 점수가 표시되고 암석이 생성될 때마다 1씩 증가하는 것을 볼 수 있습니다.

5단계 암석에 닿으면 게임 오버

마지막으로 플레이어가 암석에 충돌하면 게임을 끝내겠습니다. 게임이 끝나면 점수가 더 이상 증가하지 않고 암석도 더 이상 복제되지 않도록 합니다.

이벤트 영역에서 on_collision_enter 충돌 이벤트 리스너를 생성합니다. 플레이어가 다른 오브젝트에 충돌하면 on_player_collision() 함수를 호출합니다.

```
52  ### 이벤트 ###
53
54  input.on_key_pressed(on_left_key_pressed, input.KeyCode.LEFT)
55  input.on_key_pressed(on_left_key_pressed, input.KeyCode.A)
56
57  input.on_key_pressed(on_right_key_pressed, input.KeyCode.RIGHT)
58  input.on_key_pressed(on_right_key_pressed, input.KeyCode.D)
59
60  player.on_collision_enter(on_player_collision)
61
62
63  ### 메인코드 ###
```

함수 영역에 on_player_collision() 함수를 정의합니다. 플레이어는 바닥판(floor) 오브젝트에 항상 충돌하고 있습니다. 플레이어가 충돌한 오브젝트가 암석(stone)인지 이름으로 판단합니다.

타이머 스케줄러를 정지시키기 위해서 timer 글로벌 변수를 가지고 온 후 정지(dispose)시킵니다. 이제 점수 증가나 암석 복제가 일어나지 않습니다. 그리고 텍스트 오브젝트에 '게임 오버' 문구와 현재 점수를 실행합니다. 플레이어의 애니메이션과 말풍선을 이용해서 게임 오버 느낌을 만들어 줍니다.

```
36  def on_stone_copied(copied_stone):
37      copied_stone.transition.move_to(Vector3(random.randint(-70,70)/10,0,10),0)
38      copied_stone.physics.enabled = True
39      time.schedule(copied_stone.delete,1.5)
40
```

```
51  def on_player_collision(other: BaseItem):
52      if other.name == "Stone":
53          global timer
54          timer.dispose()
55          score_text.text = "게임오버!\n 점수: " + str(score)
56          player.animation.play("Lie down")
57          player.speech = "아야"
58
59
60  ### 이벤트 ###
```

게임이 완성되었습니다. 게임을 플레이해서 제대로 작동하는지 확인해 보세요. 코드의 시간 값이나 속도를 조절해서 더 재미있는 게임으로 응용해 보세요!

최종 완성 코드

예제 파일 | 예제05_스톤_챌린지.txt

```
1  from cospaces import *
2  import math
3  import random
4
5
6  ### 변수 ###
7
8  player = scene.get_item("Casual girl")
```

```
9   stone = scene.get_item("Stone")
10  score_text = scene.get_item("Score Text")
11
12  timer = Disposable
13  score = 0
14
15
16  ### 함수 ###
17
18  def intro_message():
19      gui.hud.show_info_panel(
20      title="스톤 챌린지",
21      text="키보드의 방향키 또는 A,D키로 캐릭터를 움직여서\
22              \n떨어지는 암석을 최대한 오랫동안 피하세요!",
23      on_hide=timer_start
24      )
25
26  def timer_start():
27      global timer
28      timer = time.schedule_repeating(on_timer, 0.5)
29
30  def on_timer(dt):
31      on_stone_copied(stone.copy())
32      global score
33      score += 1
34      score_text.text = "점수: " + str(score)
35
36  def on_stone_copied(copied_stone):
37      copied_stone.transition.move_to(Vector3(random.randint(-70,70)/10,0,10),0)
38      copied_stone.physics.enabled = True
39      time.schedule(copied_stone.delete,1.5)
40
41  def on_left_key_pressed():
42      if player.transform.position.x > -5:
43          player.transform.set_direction(Vector3(-1,0,0))
```

```
44            player.transition.move_by(Vector3(0,0.05,0),0.1)
45
46    def on_right_key_pressed():
47        if player.transform.position.x < 5:
48            player.transform.set_direction(Vector3(1,0,0))
49            player.transition.move_by(Vector3(0,0.05,0),0.1)
50
51    def on_player_collision(other: BaseItem):
52        if other.name == "Stone":
53            global timer
54            timer.dispose()
55            score_text.text = "게임오버!\n 점수: " + str(score)
56            player.animation.play("Lie down")
57            player.speech = "아야"
58
59
60    ### 이벤트 ###
61
62    input.on_key_pressed(on_left_key_pressed, input.KeyCode.LEFT)
63    input.on_key_pressed(on_left_key_pressed, input.KeyCode.A)
64
65    input.on_key_pressed(on_right_key_pressed, input.KeyCode.RIGHT)
66    input.on_key_pressed(on_right_key_pressed, input.KeyCode.D)
67
68    player.on_collision_enter(on_player_collision)
69
70
71    ### 메인코드 ###
72
73    intro_message()
74    player.animation.play_looping("Run")
75    physics.physics_speed = 0.3
```

공유 링크
완성작: https://edu.cospaces.io/TPL-QFZ
템플릿: https://edu.cospaces.io/ZTX-GAR

목표

이 게임에서 플레이어는 버튼을 클릭하여 회전하는 나무 원판에 칼을 던집니다. 칼은 나무 원판에 충돌하면 그 위치에 고정됩니다. 플레이어는 칼이 서로 충돌하지 않도록 주의하며 던져야 합니다.
칼이 서로 충돌하면 게임은 종료되고 최종 점수가 표시됩니다. 이 게임으로 오브젝트의 복제 및 충돌 감지, 이벤트 처리 방법을 학습할 수 있습니다.

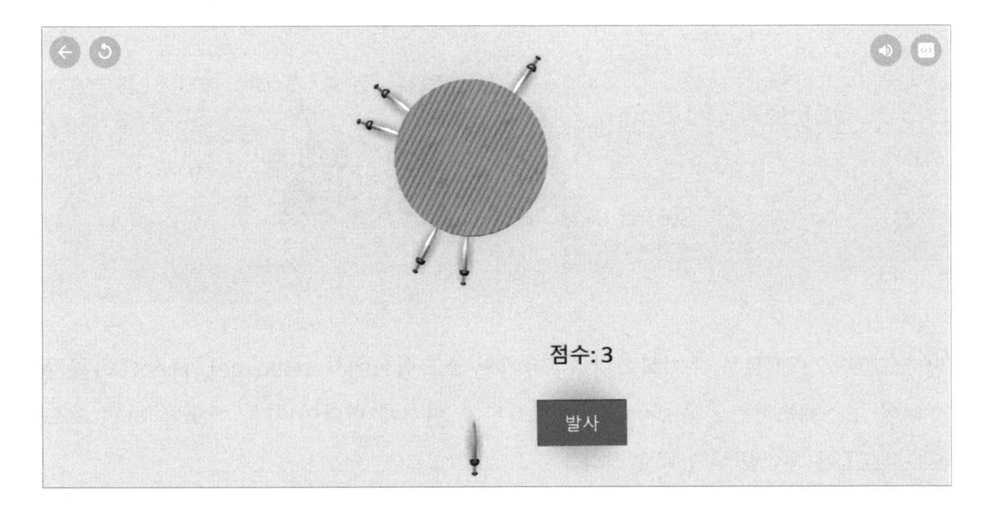

순서

1단계 오브젝트 구성과 초기화하기

2단계 나무 원판 돌리기

3단계 버튼 클릭하면 칼 던지기

4단계 원판에 칼 고정하기

5단계 칼이 서로 닿으면 게임 오버

1단계 오브젝트 구성과 초기화하기

첫 번째 단계에서는 스핀 어택 게임을 위한 기본 오브젝트를 구성하고 초기화합니다. 여기서 오브젝트란 게임에서 사용되는 모든 아이템(나무 원판, 칼, 점수판, 버튼 등)을 의미합니다. 이 게임에 필요한 오브젝트는 다음과 같습니다.

- wood: 계속해서 회전하는 나무 원판 오브젝트
- sword: 플레이어가 나무 원판에 던질 칼
- score Text: 플레이어의 현재 점수를 표시하는 텍스트 오브젝트
- button: 플레이어가 클릭하여 칼을 던지는 데 사용하는 버튼

코스페이시스를 사용하여 위의 오브젝트들을 생성합니다. 각 오브젝트에 적절한 이름을 부여하여 파이썬 코드에서 쉽게 참조할 수 있게 합니다. 예를 들어, 나무 원판을 `Wood`, 칼을 `Sword` 등으로 명명합니다. 이 작업은 템플릿 예제에 미리 작업되어 있습니다.

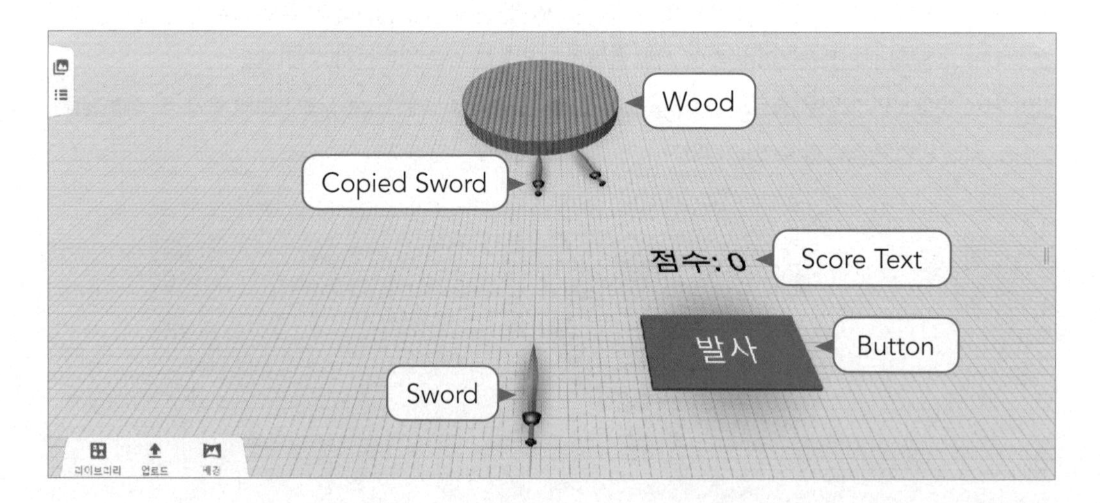

이제 파이썬 코드로 오브젝트를 초기화합니다. 파이썬 스크립트에서 `scene.get_item("이름")` 함수를 사용하여 코스페이시스에서 만든 각 오브젝트를 변수에 할당합니다. 이렇게 하면 코드 내에서 이 오브젝트들을 제어할 수 있게 됩니다.

```
6   ### 변수 ###
7
8   wood = scene.get_item("Wood")
9   sword = scene.get_item("Sword")
10  score_text = scene.get_item("Score Text")
11  button = scene.get_item("Button")
```

```
12
13
14  ### 함수 ###
```

이제 게임의 상태(예: 점수, 게임 진행 여부)를 관리하기 위해 변수를 설정합니다.

```
6   ### 변수 ###
7
8   wood = scene.get_item("Wood")
9   sword = scene.get_item("Sword")
10  score_text = scene.get_item("Score Text")
11  button = scene.get_item("Button")
12
13  score = 0
14  is_playing = True
15
16  ### 함수 ###
```

2단계 나무 원판 돌리기

이번 단계에서는 스핀 어택 게임의 핵심 요소 중 하나인 나무 원판을 회전시키는 방법을 배웁니다. 오브젝트의 동적인 움직임을 구현하는 기본적인 코딩 개념을 학습해 봅시다. 우리의 목표는 나무 원판을 지속적으로 회전시켜 게임에 동적인 요소를 추가하는 것입니다. 원리는 rotate_local() 함수를 사용하여 나무 원판을 로컬(지역) 좌표계에 따라 회전시키는 것입니다.

함수 영역에 rotate_wood() 함수를 생성합니다. 이 함수는 나무 원판을 조금씩 회전시키는 역할을 합니다. Vector3(0,0,1)은 z축을 중심으로 회전을 의미합니다. math.radians(10)은 10도만큼 회전하는 것을 나타냅니다. 0.1은 회전하는 데 걸리는 시간(초)입니다.

time.schedule() 함수를 사용하여 rotate_wood() 함수를 지속적으로 호출합니다. 이는 나무 원판이 계속해서 회전하게 만듭니다. 그리고 if is_playing 조건을 통해 게임이 진행 중일 때만 원판이 회전하도록 합니다.

```
17  ### 함수 ###
18
19  def rotate_wood():
20      wood.transition.rotate_local(Vector3(0,0,1), math.radians(10), 0.1)
21      if is_playing:
22          time.schedule(rotate_wood,0.1)
23
24
25  ### 이벤트 ###
26
27
28
29  ### 메인코드 ###
```

메인 코드 영역에서 rotate_wood() 함수를 호출해서 실행합니다.

```
29  ### 메인코드 ###
30
31  rotate_wood()
```

여기까지 만들어진 코드는 다음과 같습니다.

```
1  from cospaces import *
2  import math
3  import random
4
5
6  ### 변수 ###
7
8  wood = scene.get_item("Wood")
9  sword = scene.get_item("Sword")
10 score_text = scene.get_item("Score Text")
11 button = scene.get_item("Button")
12
13 score = 0
14 is_playing = True
15
16
17 ### 함수 ###
18
19 def rotate_wood():
20     wood.transition.rotate_local(Vector3(0,0,1), math.radians(10), 0.1)
21     if is_playing:
22         time.schedule(rotate_wood,0.1)
23
24
25 ### 이벤트 ###
26
27
28
29 ### 메인코드 ###
30
31 rotate_wood()
```

게임을 플레이하면 나무 원판이 시계 반대 방향으로 회전합니다.

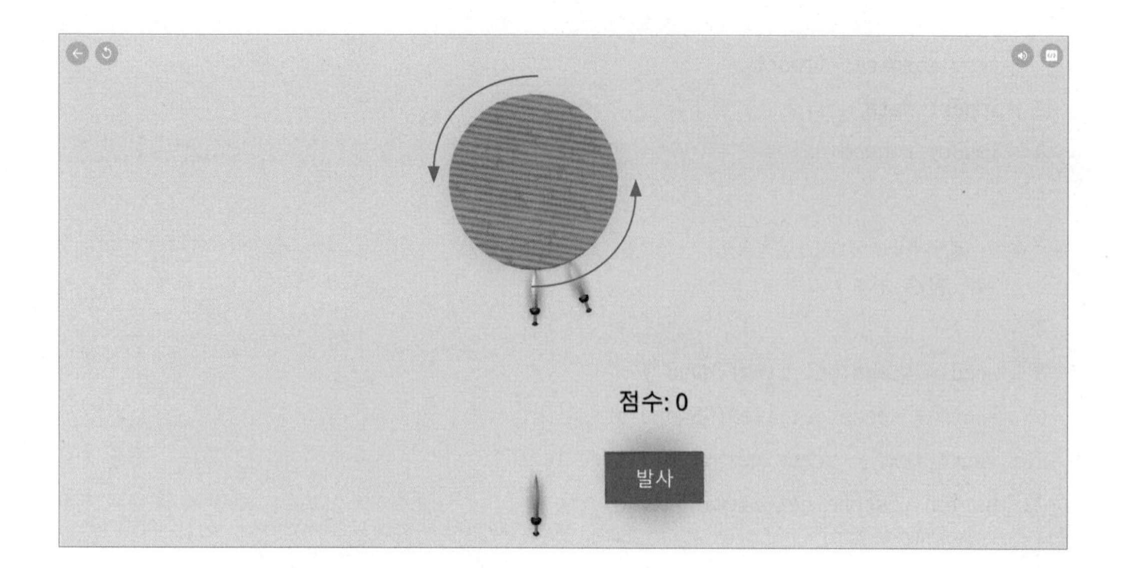

3단계 버튼 클릭하면 칼 던지기

이번 단계에서는 플레이어가 버튼을 클릭할 때마다 칼을 나무 원판에 던지는 기능을 구현합니다. 이벤트 핸들링과 오브젝트의 복제 및 이동에 대한 개념이 필요합니다.

버튼을 클릭하면 칼을 던지는 동작을 구현합니다. 사용자의 입력(버튼 클릭)을 감지하고 그에 따른 동작(칼 던지기)을 실행합니다. on_button_click() 함수를 작성하여 버튼을 클릭했을 때 실행될 동작을 정의합니다. sword.copy()를 사용하여 칼의 복제본을 생성한 후 점수를 1점 증가시키고, 점수 표시를 업데이트합니다.

```
17  ### 함수 ###
18
19  def rotate_wood():
20      wood.transition.rotate_local(Vector3(0,0,1), math.radians(10), 0.1)
21      if is_playing:
22          time.schedule(rotate_wood,0.1)
23
24  def on_button_click():
25      global is_playing
26      if is_playing:
27          on_sword_copied(sword.copy())
28          global score
29          score += 1
30          score_text.text = "점수: " + str(score)
```

on_sword_copied() 함수를 정의하여 복제된 칼의 동작을 설정합니다. 우선 원본 오브젝트와 구분하기 위해서 복제본의 이름을 Copied Sword로 변경합니다. 그리고 z축(원판) 방향으로 0.1초 동안 10미터 속도로 빠르게 이동시킵니다.

```
24  def on_button_click():
25      global is_playing
26      if is_playing:
27          on_sword_copied(sword.copy())
28          global score
29          score += 1
```

```
30          score_text.text = "점수: " + str(score)
31
32  def on_sword_copied(copied_sword: BaseItem):
33      copied_sword.name = "Copied Sword"
34      copied_sword.transition.move_by(Vector3(0,0,10),0.1)
35
36
37  ### 이벤트 ###
```

게임을 플레이한 후 [발사] 버튼을 클릭하면 칼이 발사되는 걸 볼 수 있습니다.

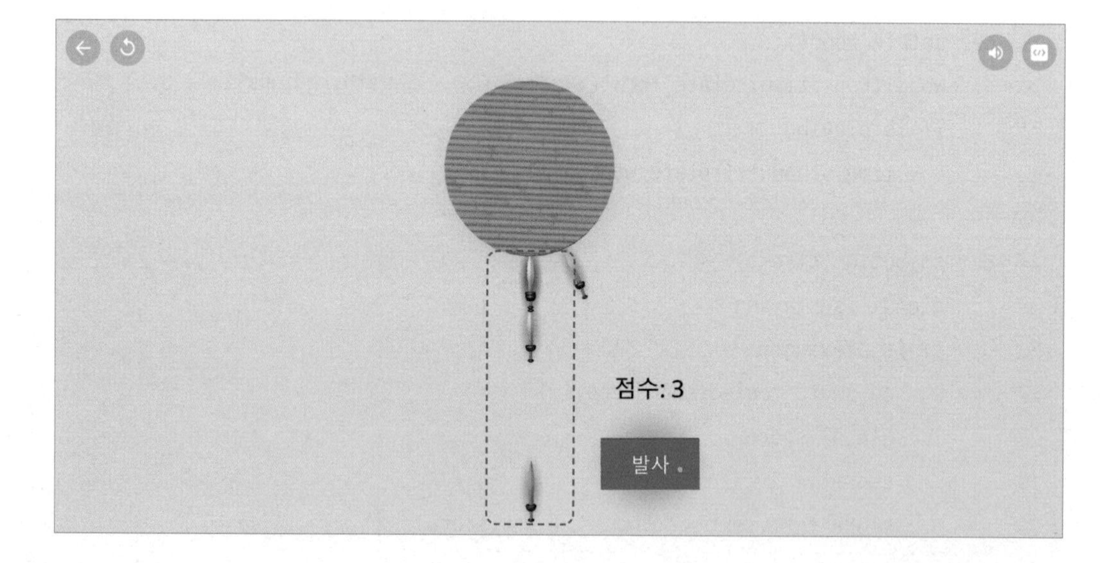

4단계 원판에 칼 고정하기

이번 단계에서는 게임의 중요한 부분인 칼을 나무 원판에 고정하는 기능을 구현합니다. 이 과정에서는 오브젝트 간의 상호작용과 충돌 감지에 대해 배우게 됩니다. 던져진 칼이 나무 원판과 충돌할 때, 칼이 원판에 고정되도록 만듭니다.

함수 영역에 on_wood_collision() 함수를 추가합니다. 이 함수는 나무 원판이 다른 오브젝트와 충돌했을 때 이를 처리합니다. 나무 원판(wood)과 충돌한 오브젝트(other)를 인자로 받아, 충돌한 오브젝트를 원판에 추가합니다. 즉, 칼이 원판과 충돌하면, 칼은 원판의 자식 오브젝트가 되어 원판과 함께 회전하게 됩니다.

이벤트 영역에 on_collision_enter() 함수를 이용해서 나무 원판에 다른 오브젝트가 충돌하면 on_wood_collision() 함수가 실행되도록 합니다.

```
32  def on_sword_copied(copied_sword: BaseItem):
33      copied_sword.name = "Copied Sword"
34      copied_sword.transition.move_by(Vector3(0,0,10),0.1)
35
36  def on_wood_collision(other: BaseItem):
37      wood.add(other)
38
39
40  ### 이벤트 ###
41
42  button.input.on_click(on_button_click)
43  wood.on_collision_enter(on_wood_collision)
44
45
46  ### 메인코드 ###
```

여기까지 만들어진 코드는 다음과 같습니다.

```
1   from cospaces import *
2   import math
3   import random
4
```

```
5
6  ### 변수 ###
7
8  wood = scene.get_item("Wood")
9  sword = scene.get_item("Sword")
10 score_text = scene.get_item("Score Text")
11 button = scene.get_item("Button")
12
13 score = 0
14 is_playing = True
15
16
17 ### 함수 ###
18
19 def rotate_wood():
20     wood.transition.rotate_local(Vector3(0,0,1), math.radians(10), 0.1)
21     if is_playing:
22         time.schedule(rotate_wood,0.1)
23
24 def on_button_click():
25     global is_playing
26     if is_playing:
27         on_sword_copied(sword.copy())
28         global score
29         score += 1
30         score_text.text = "점수: " + str(score)
31
32 def on_sword_copied(copied_sword: BaseItem):
33     copied_sword.name = "Copied Sword"
34     copied_sword.transition.move_by(Vector3(0,0,10),0.1)
35
36 def on_wood_collision(other: BaseItem):
37     wood.add(other)
38
39
```

```
40  ### 이벤트 ###
41
42  button.input.on_click(on_button_click)
43  wood.on_collision_enter(on_wood_collision)
44
45
46  ### 메인코드 ###
47
48  rotate_wood()
```

게임을 플레이하면 날아간 칼이 나무 원판에 닿으면 그 자리에 고정되어 나무 원판과 함께 돌아가는 걸 볼 수 있습니다.

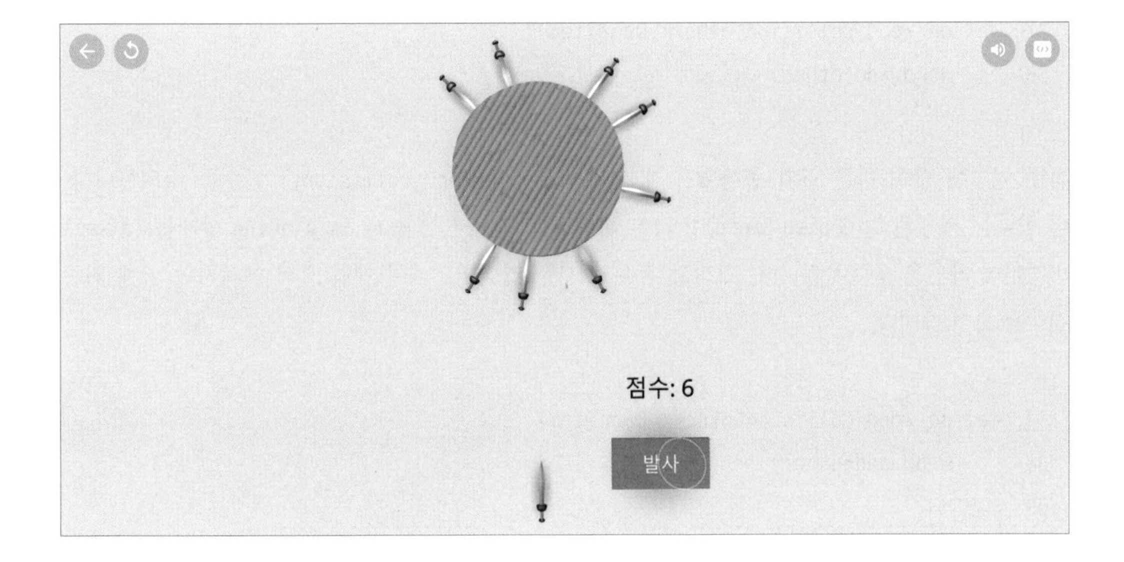

5단계 칼이 서로 닿으면 게임 오버

마지막 단계에서는 칼이 서로 닿았을 때 게임이 종료되는 기능을 구현합니다. 충돌 감지 메커니즘을 이용하여 게임의 종료 조건을 설정하는 방법을 배웁니다. 던져진 칼이 다른 칼과 충돌하면 게임이 종료되도록 만듭니다.

우선 복제된 칼이 다른 오브젝트에 충돌하는 걸 감지하는 이벤트 리스너를 생성합니다. on_collision_enter() 함수를 이용해서 충돌했을 때 on_sword_collision() 함수를 호출합니다.

```
32  def on_sword_copied(copied_sword: BaseItem):
33      copied_sword.name = "Copied Sword"
34      copied_sword.transition.move_by(Vector3(0,0,10),0.1)
35      copied_sword.on_collision_enter(on_sword_collision)
36
37  def on_wood_collision(other: BaseItem):
38      wood.add(other)
```

함수 영역에 칼이 다른 칼과 충돌했을 때 호출되는 on_sword_collision() 함수를 정의합니다. 이 함수는 복제된 칼(Copied Sword)이 다른 복제된 칼과 충돌했을 때 is_playing 상태를 False로 변경하여 게임을 종료시킵니다. 그리고 점수 표시를 업데이트하여 게임 오버 메시지와 함께 최종 점수를 보여 줍니다.

```
37  def on_wood_collision(other: BaseItem):
38      wood.add(other)
39
40  def on_sword_collision(other: BaseItem):
41      global is_playing
42      if other.name == "Copied Sword":
43          is_playing = False
44          score_text.text = "게임 오버! 점수: " + str(score)
45
46
47  ### 이벤트 ###
```

게임이 완성되었습니다. 게임을 플레이해서 가장 높은 점수를 받아 보세요.

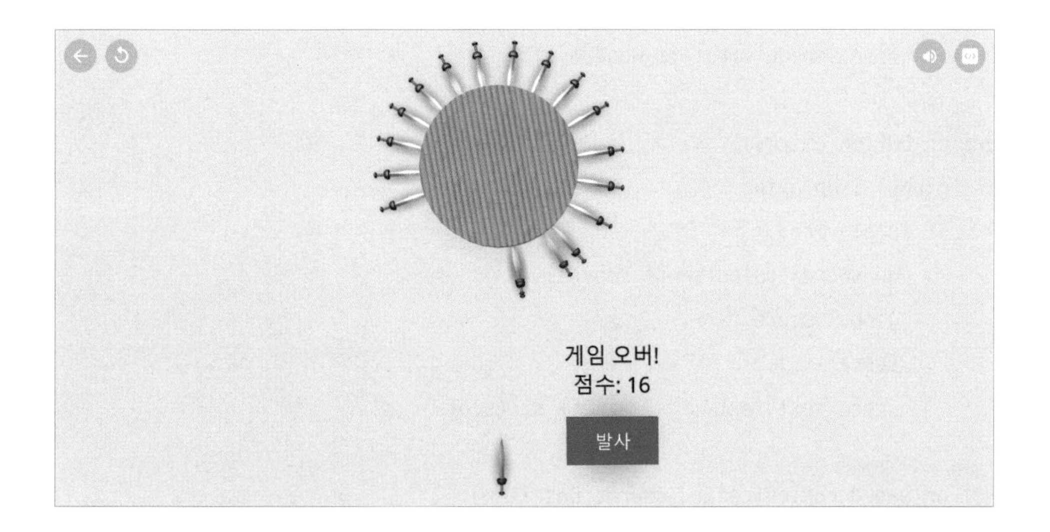

최종 완성 코드

예제 파일 | 예제06_스핀_어택.txt

```
1   from cospaces import *
2   import math
3   import random
4
5
6   ### 변수 ###
7
8   wood = scene.get_item("Wood")
9   sword = scene.get_item("Sword")
10  score_text = scene.get_item("Score Text")
11  button = scene.get_item("Button")
12
13  score = 0
14  is_playing = True
15
16
17  ### 함수 ###
18
19  def rotate_wood():
20      wood.transition.rotate_local(Vector3(0,0,1), math.radians(10), 0.1)
21      if is_playing:
```

```
22          time.schedule(rotate_wood,0.1)
23
24  def on_button_click():
25      global is_playing
26      if is_playing:
27          on_sword_copied(sword.copy())
28          global score
29          score += 1
30          score_text.text = "점수: " + str(score)
31
32  def on_sword_copied(copied_sword: BaseItem):
33      copied_sword.name = "Copied Sword"
34      copied_sword.transition.move_by(Vector3(0,0,10),0.1)
35      copied_sword.on_collision_enter(on_sword_collision)
36
37  def on_wood_collision(other: BaseItem):
38      wood.add(other)
39
40  def on_sword_collision(other: BaseItem):
41      global is_playing
42      if other.name == "Copied Sword":
43          is_playing = False
44          score_text.text = "게임 오버! 점수: " + str(score)
45
46
47  ### 이벤트 ###
48
49  button.input.on_click(on_button_click)
50  wood.on_collision_enter(on_wood_collision)
51
52
53  ### 메인코드 ###
54
55  rotate_wood()
```

예제

07 코드 브레이커

공유 링크

완성작: https://edu.cospaces.io/ZXE-BJK
템플릿: https://edu.cospaces.io/GYC-NCB

목표

이 게임은 방 탈출 게임으로, 플레이어는 숨겨진 4자리 비밀번호를 찾아 방을 탈출해야 합니다. 랜덤하게 생성된 4자리 비밀번호는 네 개의 종이 중 하나에 무작위로 표시되며, 플레이어는 가구를 조사하여 종이를 찾고, 비밀번호를 키패드에 입력해 문을 열어야 합니다. 특히 종이에 비밀번호를 표시하거나 가구를 움직이는 코드를 모듈화해서 다른 가구를 추가할 때도 코드를 재작성할 필요 없이 그대로 재사용할 수 있습니다.

순서

1단계 오브젝트 구성과 초기화하기

2단계 버튼을 눌러 비밀번호 입력하기

3단계 지움 버튼과 확인 버튼

4단계 종이 중 하나에 비밀번호 표시하기

5단계 가구로 종이 숨기기

1단계 오브젝트 구성과 초기화하기

게임의 기본적인 구성 요소를 설정하고 초기화합니다. 게임에 필요한 오브젝트를 준비하고, 게임을 시작할 때 필요한 초기 설정을 진행합니다. 템플릿 예제를 살펴보면 다음과 같은 오브젝트를 볼 수 있습니다.

- door1: 방 탈출에 사용되는 문입니다.
- cabinet1, cabinet2: 문을 열 수 있는 가구입니다.
- bed, sofa: 위치를 이동시킬 수 있는 가구입니다.
- paper1, paper2, paper3, paper4: 비밀번호가 표시될 텍스트 오브젝트입니다.

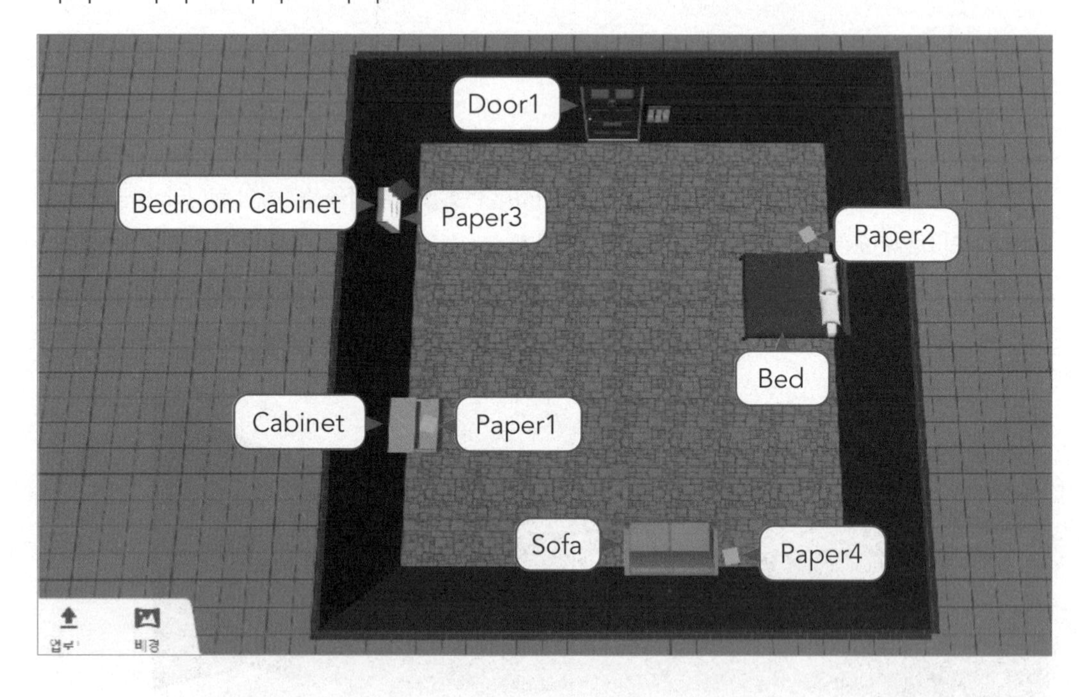

비밀번호를 입력하는 키패드는 다음의 오브젝트로 구성됩니다.

- keypad text: 플레이어가 입력한 숫자가 표시되는 텍스트 오브젝트입니다.
- button1~button0: 플레이어가 클릭해서 숫자를 입력하는 버튼입니다.
- button clear: 플레이어가 입력한 숫자를 0000으로 초기화하는 버튼입니다.
- button enter: 플레이어가 입력한 숫자를 비밀번호와 비교하는 버튼입니다.

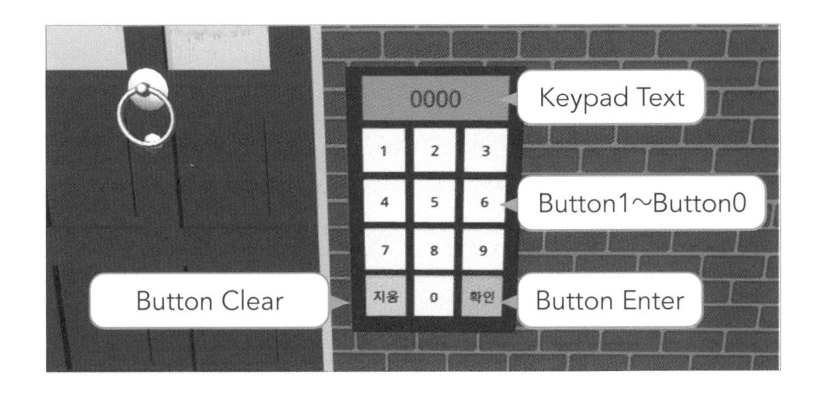

이제 장면에 있는 모든 오브젝트를 접근 변수로 선언하겠습니다. 우선 키패드에 있는 오브젝트입니다. 10개의 숫자 버튼과 [지움], [확인] 버튼을 변수로 만들어 줍니다. 그리고 사용자가 입력한 숫자가 표시될 키패드 텍스트 오브젝트도 변수로 만듭니다.

```
6   ### 변수 ###
7
8   button1 = scene.get_item("Button1")
9   button2 = scene.get_item("Button2")
10  button3 = scene.get_item("Button3")
11  button4 = scene.get_item("Button4")
12  button5 = scene.get_item("Button5")
13  button6 = scene.get_item("Button6")
14  button7 = scene.get_item("Button7")
15  button8 = scene.get_item("Button8")
16  button9 = scene.get_item("Button9")
17  button0 = scene.get_item("Button0")
18
19  button_clear = scene.get_item("Button Clear")
20  button_enter = scene.get_item("Button Enter")
21  keypad_text = scene.get_item("Keypad Text")
22
23
24  ### 함수 ###
```

다음으로 방 안에 있는 문, 종이, 가구를 변수로 선언합니다.

```
19 button_clear = scene.get_item("Button Clear")
20 button_enter = scene.get_item("Button Enter")
21 keypad_text = scene.get_item("Keypad Text")
22
23 door1 = scene.get_item("door1")
24
25 paper1 = scene.get_item("Paper1")
26 paper2 = scene.get_item("Paper2")
27 paper3 = scene.get_item("Paper3")
28 paper4 = scene.get_item("Paper4")
29
30 sofa = scene.get_item("Sofa")
31 bed = scene.get_item("Bed")
32 cabinet1 = scene.get_item("Cabinet")
33 cabinet2 = scene.get_item("Bedroom Cabinet")
34
35
36 ### 함수 ###
```

2단계 버튼을 눌러 비밀번호 입력하기

사용자가 키패드 버튼을 누를 때마다 비밀번호를 입력하고 화면에 표시하는 기능을 구현합니다. 이 과정에서 사용자가 버튼을 클릭했을 때 코드를 실행하는 방법과 문자열을 추가, 변경하는 방법을 배웁니다.

먼저 이벤트 영역에 각각의 숫자 버튼(button1~button0)을 클릭했을 때 함수를 실행하는 이벤트 리스너를 등록합니다. 람다(lambda) 표현식을 이용해서 on_button_click() 함수를 호출하면서 각각의 버튼에 해당하는 숫자 문자열을 매개변수로 넘겨줍니다. 이렇게 공통 함수를 만들고 매개변수로 값을 전달하는 방법은 버튼마다 함수를 만드는 방법보다 체계적이고 관리하기 쉽습니다.

```
40  ### 이벤트 ###
41
42  button1.input.on_click(lambda: on_button_click("1"))
43  button2.input.on_click(lambda: on_button_click("2"))
44  button3.input.on_click(lambda: on_button_click("3"))
45  button4.input.on_click(lambda: on_button_click("4"))
46  button5.input.on_click(lambda: on_button_click("5"))
47  button6.input.on_click(lambda: on_button_click("6"))
48  button7.input.on_click(lambda: on_button_click("7"))
49  button8.input.on_click(lambda: on_button_click("8"))
50  button9.input.on_click(lambda: on_button_click("9"))
51  button0.input.on_click(lambda: on_button_click("0"))
52
53
54  ### 메인코드 ###
```

키패드에 버튼을 누를 때마다 기존의 4자리 숫자에서 맨 왼쪽 숫자는 빠지고 오른쪽에 새로운 숫자가 추가됩니다. 우선 사용자가 입력한 숫자를 저장하는 변수가 필요합니다. 변수 영역에 user_input 변수를 만들고 초기값은 문자열 "0000"을 입력합니다. 숫자보다 문자열을 다루는 것이 쉬워서 문자열로 저장합니다.

```
30  sofa = scene.get_item("Sofa")
31  bed = scene.get_item("Bed")
```

```
32  cabinet1 = scene.get_item("Cabinet")
33  cabinet2 = scene.get_item("Bedroom Cabinet")
34
35  user_input = "0000"
36
37
38  ### 함수 ###
```

다음으로 함수 영역에 on_button_click() 함수를 정의합니다. 매개변수 num은 1~0까지 숫자 문자열을 가지게 됩니다. 글로벌 변수 user_input을 가지고 온 후에 이 중에서 오른쪽 글자 3개만 추출한 후에 그 뒤에 새로운 숫자를 합칩니다. 그리고 변수 값을 키패드 텍스트에 표시합니다.

예를 들어, 기존의 user_input 값이 "1234"인데 on_button_click("5") 함수가 실행된다면, "1234" 문자열에서 "234"만 추출한 후에 뒤에 "5"를 합쳐서 결과적으로 "2345" 문자열이 저장됩니다.

```
38  ### 함수 ###
39
40  def on_button_click(num):
41      global user_input
42      user_input = user_input[1:4] + num
43      keypad_text.text = user_input
44
45
46  ### 이벤트 ###
```

지금까지 만들어진 코드는 다음과 같습니다.

```
1   from cospaces import *
2   import math
3   import random
4
5
6   ### 변수 ###
```

```
7
8   button1 = scene.get_item("Button1")
9   button2 = scene.get_item("Button2")
10  button3 = scene.get_item("Button3")
11  button4 = scene.get_item("Button4")
12  button5 = scene.get_item("Button5")
13  button6 = scene.get_item("Button6")
14  button7 = scene.get_item("Button7")
15  button8 = scene.get_item("Button8")
16  button9 = scene.get_item("Button9")
17  button0 = scene.get_item("Button0")
18
19  button_clear = scene.get_item("Button Clear")
20  button_enter = scene.get_item("Button Enter")
21  keypad_text = scene.get_item("Keypad Text")
22
23  door1 = scene.get_item("door1")
24
25  paper1 = scene.get_item("Paper1")
26  paper2 = scene.get_item("Paper2")
27  paper3 = scene.get_item("Paper3")
28  paper4 = scene.get_item("Paper4")
29
30  sofa = scene.get_item("Sofa")
31  bed = scene.get_item("Bed")
32  cabinet1 = scene.get_item("Cabinet")
33  cabinet2 = scene.get_item("Bedroom Cabinet")
34
35  user_input = "0000"
36
37
38  ### 함수 ###
39
40  def on_button_click(num):
41      global user_input
```

```
42        user_input = user_input[1:4] + num
43        keypad_text.text = user_input
44
45
46    ### 이벤트 ###
47
48    button1.input.on_click(lambda: on_button_click("1"))
49    button2.input.on_click(lambda: on_button_click("2"))
50    button3.input.on_click(lambda: on_button_click("3"))
51    button4.input.on_click(lambda: on_button_click("4"))
52    button5.input.on_click(lambda: on_button_click("5"))
53    button6.input.on_click(lambda: on_button_click("6"))
54    button7.input.on_click(lambda: on_button_click("7"))
55    button8.input.on_click(lambda: on_button_click("8"))
56    button9.input.on_click(lambda: on_button_click("9"))
57    button0.input.on_click(lambda: on_button_click("0"))
58
59
60    ### 메인코드 ###
```

게임을 플레이하고 키패드에 숫자 버튼을 클릭하면, 4자리 숫자가 만들어지는 것을 볼 수 있습니다.

3단계 지움 버튼과 확인 버튼

이 단계에서는 사용자가 입력한 비밀번호를 초기화할 수 있는 [지움] 버튼과 확인할 수 있는 [확인] 버튼의 기능을 구현합니다. 사용자의 입력이 임시 비밀번호 "1234"와 일치하면 문을 열게 합니다.

우선 [지움] 버튼과 [확인] 버튼을 클릭하면 관련된 함수를 호출하도록 이벤트 리스너를 작성합니다. [지움] 버튼을 클릭하면 on_button_clear_click() 함수를 호출하고, [확인] 버튼을 클릭하면 on_button_enter_click() 함수를 호출합니다.

```
56  ### 이벤트 ###
57
58  button1.input.on_click(lambda: on_button_click("1"))
59  button2.input.on_click(lambda: on_button_click("2"))
60  button3.input.on_click(lambda: on_button_click("3"))
61  button4.input.on_click(lambda: on_button_click("4"))
62  button5.input.on_click(lambda: on_button_click("5"))
63  button6.input.on_click(lambda: on_button_click("6"))
64  button7.input.on_click(lambda: on_button_click("7"))
65  button8.input.on_click(lambda: on_button_click("8"))
66  button9.input.on_click(lambda: on_button_click("9"))
67  button0.input.on_click(lambda: on_button_click("0"))
68
69  button_clear.input.on_click(on_button_clear_click)
70  button_enter.input.on_click(on_button_enter_click)
71
72
73  ### 메인코드 ###
```

함수 영역에 on_button_clear() 함수를 정의합니다. on_button_clear() 함수를 실행하면 글로벌 변수 user_input을 불러온 후에 값을 "0000"으로 초기화합니다. 그리고 화면에 표시합니다.

```
39  ### 함수 ###
40
41  def on_button_click(num):
42      global user_input
```

```
43        user_input = user_input[1:4] + num
44        keypad_text.text = user_input
45
46    def on_button_clear_click():
47        global user_input
48        user_input = "0000"
49        keypad_text.text = user_input
50
51
52    ### 이벤트 ###
```

다음으로 [확인] 버튼을 누르면 사용자가 입력한 번호와 비밀번호를 확인하게 됩니다. 함수가 제대로 작동하는지 테스트하기 위해서 임시 비밀번호를 만들어 주겠습니다. 변수 영역에 password 변수를 만들고 초기값은 "1234"를 지정합니다.

```
30    sofa = scene.get_item("Sofa")
31    bed = scene.get_item("Bed")
32    cabinet1 = scene.get_item("Cabinet")
33    cabinet2 = scene.get_item("Bedroom Cabinet")
34
35    user_input = "0000"
36    password = "1234"
37
38
39    ### 함수 ###
```

이제 함수 영역에 on_button_enter_click() 함수를 정의합니다. 만약 사용자가 입력한 숫자(user_input)와 미리 정해진 비밀번호(password)의 문자열이 동일하다면 애니메이션으로 방문을 열게 됩니다.

```
46    def on_button_clear_click():
47        global user_input
48        user_input = "0000"
49        keypad_text.text = user_input
```

```
50
51  def on_button_enter_click():
52      if user_input == password:
53          door1.animation.play("Open")
54
55
56  ### 이벤트 ###
```

게임을 플레이하고 임시 비밀번호 "1234"를 입력하고 문이 열리는지 확인해 보세요.

4단계 종이 중 하나에 비밀번호 표시하기

이 단계에서는 랜덤하게 생성된 비밀번호를 게임 속 종이 중 하나에 표시합니다. 이 과정에서 랜덤한 정수를 생성하고, 리스트에서 랜덤한 항목을 하나 뽑아내는 기능을 배우게 됩니다.

우선 랜덤한 종이에 비밀번호를 표시하겠습니다. 종이 텍스트 오브젝트는 이미 paper1부터 paper4까지 접근 변수를 미리 선언했기 때문에 이 중에서 하나를 선택하면 됩니다. 네 개의 변수를 paper_list 변수에 집어넣습니다. 그리고 random.choice() 함수를 이용해서 리스트에서 하나의 오브젝트를 뽑은 후에 텍스트 속성에 비밀번호를 입력합니다.

```
35  user_input = "0000"
36  password = "1234"
37
38  paper_list = [paper1, paper2, paper3, paper4]
39  random.choice(paper_list).text = password
40
41
42  ### 함수 ###
```

게임을 플레이해서 비밀번호 "1234"가 랜덤한 종이에 표시되는지 확인해 보세요.

다음으로 비밀번호를 게임할 때마다 랜덤하게 생성하겠습니다. 변수 영역에 password 변수 초기값을 random.randint() 함수를 이용해서 1000부터 9999 사이의 랜덤한 정수로 설정합니다. 문자열로 만들기 위해서 str() 함수로 감싸 줍니다.

```
35  user_input = "0000"
36  password = str(random.randint(1000,9999))
37
38  paper_list = [paper1, paper2, paper3, paper4]
39  random.choice(paper_list).text = password
40
41
42  ### 함수 ###
```

여기까지 완성된 코드는 다음과 같습니다.

```
1   from cospaces import *
2   import math
3   import random
4
5
6   ### 변수 ###
7
8   button1 = scene.get_item("Button1")
9   button2 = scene.get_item("Button2")
10  button3 = scene.get_item("Button3")
11  button4 = scene.get_item("Button4")
12  button5 = scene.get_item("Button5")
13  button6 = scene.get_item("Button6")
14  button7 = scene.get_item("Button7")
15  button8 = scene.get_item("Button8")
16  button9 = scene.get_item("Button9")
17  button0 = scene.get_item("Button0")
18
19  button_clear = scene.get_item("Button Clear")
20  button_enter = scene.get_item("Button Enter")
21  keypad_text = scene.get_item("Keypad Text")
22
23  door1 = scene.get_item("door1")
```

```
24
25  paper1 = scene.get_item("Paper1")
26  paper2 = scene.get_item("Paper2")
27  paper3 = scene.get_item("Paper3")
28  paper4 = scene.get_item("Paper4")
29
30  sofa = scene.get_item("Sofa")
31  bed = scene.get_item("Bed")
32  cabinet1 = scene.get_item("Cabinet")
33  cabinet2 = scene.get_item("Bedroom Cabinet")
34
35  user_input = "0000"
36  password = str(random.randint(1000,9999))
37
38  paper_list = [paper1, paper2, paper3, paper4]
39  random.choice(paper_list).text = password
40
41
42  ### 함수 ###
43
44  def on_button_click(num):
45      global user_input
46      user_input = user_input[1:4] + num
47      keypad_text.text = user_input
48
49  def on_button_clear_click():
50      global user_input
51      user_input = "0000"
52      keypad_text.text = user_input
53
54  def on_button_enter_click():
55      if user_input == password:
56          door1.animation.play("Open")
57
58
```

```
59  ### 이벤트 ###
60
61  button1.input.on_click(lambda: on_button_click("1"))
62  button2.input.on_click(lambda: on_button_click("2"))
63  button3.input.on_click(lambda: on_button_click("3"))
64  button4.input.on_click(lambda: on_button_click("4"))
65  button5.input.on_click(lambda: on_button_click("5"))
66  button6.input.on_click(lambda: on_button_click("6"))
67  button7.input.on_click(lambda: on_button_click("7"))
68  button8.input.on_click(lambda: on_button_click("8"))
69  button9.input.on_click(lambda: on_button_click("9"))
70  button0.input.on_click(lambda: on_button_click("0"))
71
72  button_clear.input.on_click(on_button_clear_click)
73  button_enter.input.on_click(on_button_enter_click)
74
75
76  ### 메인코드 ###
```

게임을 플레이하면 랜덤하게 생성된 비밀번호가 랜덤한 종이에 표시되는 것을 볼 수 있습니다.

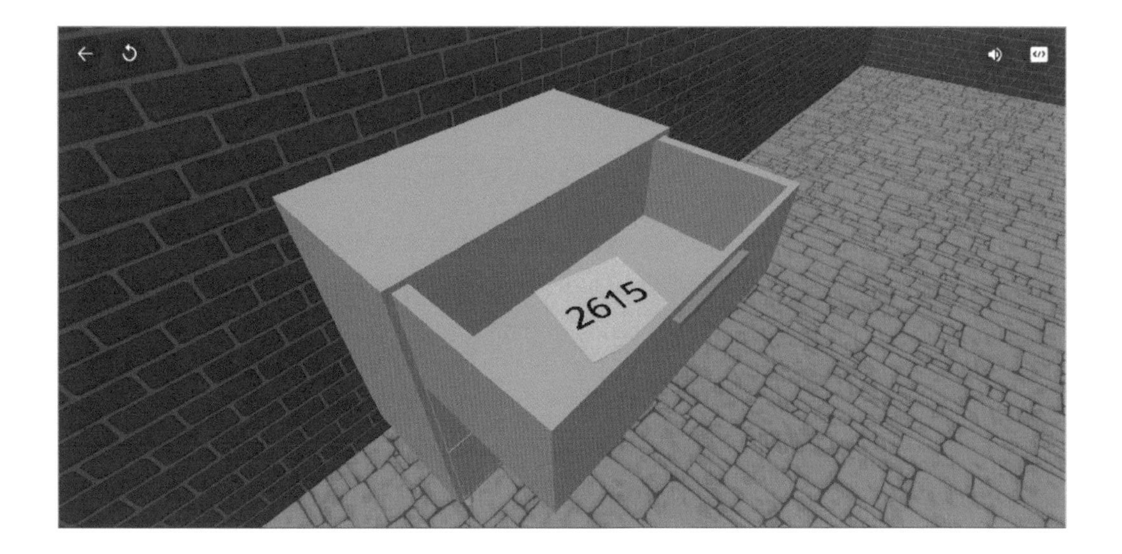

5단계 가구로 종이 숨기기

마지막으로 가구를 사용하여 비밀번호가 적힌 종이를 숨기는 기능을 구현합니다. 플레이어가 가구를 클릭하면 문이 열리거나 가구가 이동하여 숨겨진 종이를 찾을 수 있도록 합니다.

먼저 이벤트 영역에 오브젝트 클릭 이벤트 리스너를 작성합니다. 가구에는 2가지 종류가 있습니다. 문이 있어서 애니메이션 "Open"으로 내부를 볼 수 있는 가구와 그렇지 않은 가구입니다. 문이 없는 가구는 옆으로 살짝 이동시켜서 바닥에 숨겨진 종이를 볼 수 있도록 만들겠습니다.

소파(sofa)와 침대(bed)를 클릭하면 on_move_item_click() 함수를 호출합니다. 캐비넷(cabinet1, cabinet2)을 클릭하면 on_open_item_click() 함수를 호출합니다. 두 함수 모두 호출할 때 클릭한 오브젝트를 매개변수로 전달합니다.

```
73  button_clear.input.on_click(on_button_clear_click)
74  button_enter.input.on_click(on_button_enter_click)
75
76  sofa.input.on_click(lambda: on_move_item_click(sofa))
77  bed.input.on_click(lambda: on_move_item_click(bed))
78
79  cabinet1.input.on_click(lambda: on_open_item_click(cabinet1))
80  cabinet2.input.on_click(lambda: on_open_item_click(cabinet2))
81
82
83  ### 메인코드 ###
```

on_move_item_click()과 on_open_item_click() 함수 영역에 해당 변수를 정의하겠습니다.

오브젝트의 위치를 이동시키는 on_move_item_click() 함수는 오브젝트를 item이라는 매개변수로 받습니다. 우선 오브젝트를 왼쪽 방향으로 1미터 즉, Vector(-1,0,0)만큼 2초 동안 이동합니다. 오브젝트를 원래 위치로 되돌리기 위해서 오른쪽 방향으로 1미터를 이동시키는데, 이것은 time_schedule() 함수를 이용해서 3초 지연 시간을 준 후에 실행합니다.

오브젝트의 애니메이션을 바꾸는 on_open_item_click() 함수도 오브젝트를 item이라는 매개변수로 받습니다. 아이템의 애니메이션을 "Open"으로 변경합니다. 그리고 같은 방식으로 3초 후에 애니메이션을 "Closed"로 변경합니다.

```
54 def on_button_enter_click():
55     if user_input == password:
56         door1.animation.play("Open")
57
58 def on_move_item_click(item):
59     item.transition.move_by(Vector3(-1,0,0),2)
60     time.schedule(lambda:
61         item.transition.move_by(Vector3(1,0,0),2)
62         ,3)
63
64 def on_open_item_click(item):
65     item.animation.play("Open")
66     time.schedule(lambda:
67         item.animation.play("Closed")
68         ,3)
69
70
71 ### 이벤트 ###
```

이러한 코딩 방식을 모듈화(Modularization) 또는 함수의 재사용성(Function Reusability)라고 합니다. 모듈화는 복잡한 프로그램을 작고 관리하기 쉬운 부분으로 나누는 프로그래밍 기법입니다. 이 방법은 코드를 더욱 체계적이고 관리하기 쉽게 만들며, 재사용 가능한 코드 조각을 만들어 개발 시간과 노력을 절약할 수 있게 해줍니다.

함수의 재사용성은 특정 작업을 수행하는 코드를 함수로 캡슐화하고, 이를 다양한 상황에서 다시 사용할 수 있도록 하는 것입니다. 예를 들어, on_move_item_click()이나 on_open_item_click() 같은 함수는 다른 가구나 오브젝트에 적용될 때 코드를 재작성할 필요 없이 그대로 재사용할 수 있습니다. 이는 효율적이고 유지보수가 쉬운 코드 작성을 가능하게 합니다.

다음으로 메인 코드 영역에서 가구를 미리 옮겨 놓고, 문도 닫아 놓겠습니다. 화면 편집에서 가구를 이동시켜 놓지 않고 코드에서 초기에 이동시켜 놓으면 장점이 있습니다. 예를 들어, 가구 안에 종이를 숨겨 놓았을 때 종이의 색상을 바꾸려면 가구의 애니메이션을 "Open"으로 바꾸어 종이가 보이면 색상을 바꾼 후 다시 가구 애니메이션을 "Closed"로 바꾸어 놓아야 합니다. 하지만 코드를 이용하면 항상 가구의 문이 열려 있기 때문에 화면을 디자인할 때 매우 편리합니다.

```
94 ### 메인코드 ###
95
96 sofa.transition.move_by(Vector3(1,0,0),0)
97 bed.transition.move_by(Vector3(1,0,0),0)
98 cabinet1.animation.play("Closed")
99 cabinet2.animation.play("Closed")
```

게임이 완성되었습니다. 플레이 버튼을 클릭해서 게임을 진행해 보세요. 할 때마다 바뀌는 랜덤한 비밀번호와 종이 위치 때문에 게임이 지루하지 않습니다.

최종 완성 코드

예제 파일 | 예제07_코드_브레이커.txt

```
1 from cospaces import *
2 import math
3 import random
4
5
6 ### 변수 ###
7
8 button1 = scene.get_item("Button1")
9 button2 = scene.get_item("Button2")
```

```
10  button3 = scene.get_item("Button3")
11  button4 = scene.get_item("Button4")
12  button5 = scene.get_item("Button5")
13  button6 = scene.get_item("Button6")
14  button7 = scene.get_item("Button7")
15  button8 = scene.get_item("Button8")
16  button9 = scene.get_item("Button9")
17  button0 = scene.get_item("Button0")
18
19  button_clear = scene.get_item("Button Clear")
20  button_enter = scene.get_item("Button Enter")
21  keypad_text = scene.get_item("Keypad Text")
22
23  door1 = scene.get_item("door1")
24
25  paper1 = scene.get_item("Paper1")
26  paper2 = scene.get_item("Paper2")
27  paper3 = scene.get_item("Paper3")
28  paper4 = scene.get_item("Paper4")
29
30  sofa = scene.get_item("Sofa")
31  bed = scene.get_item("Bed")
32  cabinet1 = scene.get_item("Cabinet")
33  cabinet2 = scene.get_item("Bedroom Cabinet")
34
35  user_input = "0000"
36  password = str(random.randint(1000,9999))
37
38  paper_list = [paper1, paper2, paper3, paper4]
39  random.choice(paper_list).text = password
40
41
42  ### 함수 ###
43
44  def on_button_click(num):
```

```
45      global user_input
46      user_input = user_input[1:4] + num
47      keypad_text.text = user_input
48
49  def on_button_clear_click():
50      global user_input
51      user_input = "0000"
52      keypad_text.text = user_input
53
54  def on_button_enter_click():
55      if user_input == password:
56          door1.animation.play("Open")
57
58  def on_move_item_click(item):
59      item.transition.move_by(Vector3(-1,0,0),2)
60      time.schedule(lambda:
61          item.transition.move_by(Vector3(1,0,0),2)
62          ,3)
63
64  def on_open_item_click(item):
65      item.animation.play("Open")
66      time.schedule(lambda:
67          item.animation.play("Closed")
68          ,3)
69
70
71  ### 이벤트 ###
72
73  button1.input.on_click(lambda: on_button_click("1"))
74  button2.input.on_click(lambda: on_button_click("2"))
75  button3.input.on_click(lambda: on_button_click("3"))
76  button4.input.on_click(lambda: on_button_click("4"))
77  button5.input.on_click(lambda: on_button_click("5"))
78  button6.input.on_click(lambda: on_button_click("6"))
79  button7.input.on_click(lambda: on_button_click("7"))
```

```
80 button8.input.on_click(lambda: on_button_click("8"))
81 button9.input.on_click(lambda: on_button_click("9"))
82 button0.input.on_click(lambda: on_button_click("0"))
83
84 button_clear.input.on_click(on_button_clear_click)
85 button_enter.input.on_click(on_button_enter_click)
86
87 sofa.input.on_click(lambda: on_move_item_click(sofa))
88 bed.input.on_click(lambda: on_move_item_click(bed))
89
90 cabinet1.input.on_click(lambda: on_open_item_click(cabinet1))
91 cabinet2.input.on_click(lambda: on_open_item_click(cabinet2))
92
93
94 ### 메인코드 ###
95
96 sofa.transition.move_by(Vector3(1,0,0),0)
97 bed.transition.move_by(Vector3(1,0,0),0)
98 cabinet1.animation.play("Closed")
99 cabinet2.animation.play("Closed")
```

예제

08 바스켓볼 슈터

공유 링크

완성작: https://edu.cospaces.io/ACE-NWW

템플릿: https://edu.cospaces.io/RZJ-VZR

목표

바스켓볼 슈터는 코스페이시스 환경에서 구현된 인터랙티브한 농구 게임입니다. 이 게임의 주요 목표는 조준과 파워 조절을 통해 농구공을 골대에 성공적으로 던지는 것입니다. 플레이어는 농구공을 골대에 던져 득점해야 합니다. 공이 골대에 들어갈 때마다 점수를 얻고 환호하는 소리가 나와 긍정적인 피드백을 제공합니다. 게임에는 파워를 나타내는 게이지가 있으며 플레이어가 공을 던지는 힘의 강도를 나타냅니다. 점수를 얻은 후 카메라가 랜덤하게 움직여서 게임에 재미를 추가합니다.

순서

1단계 오브젝트 구성과 초기화하기

2단계 E키와 클릭으로 공 던지기

3단계 골 들어가면 점수 올리기

4단계 소리내고 플레이어 위치 바꾸기

5단계 파워 게이지 적용하기

1단계 오브젝트 구성과 초기화하기

템플릿 예제를 열어 게임 제작에 필요한 오브젝트 및 구성 요소를 살펴보겠습니다. 우선 농구공을 앞으로 던져서 골대에 넣기 위해서 다음의 오브젝트가 필요합니다.

- Camera: 플레이어처럼 움직이며 게임의 시점을 결정합니다.
- Ball: 플레이어가 던지는 농구공의 원본입니다.
- Aim: 던지는 방향을 결정하는 데 도움을 주는 조준점입니다.
- Goal Sensor: 공이 골대에 들어갔는지 감지하는 투명한 영역입니다.
- Score Text: 현재 점수를 표시하는 텍스트 오브젝트입니다.

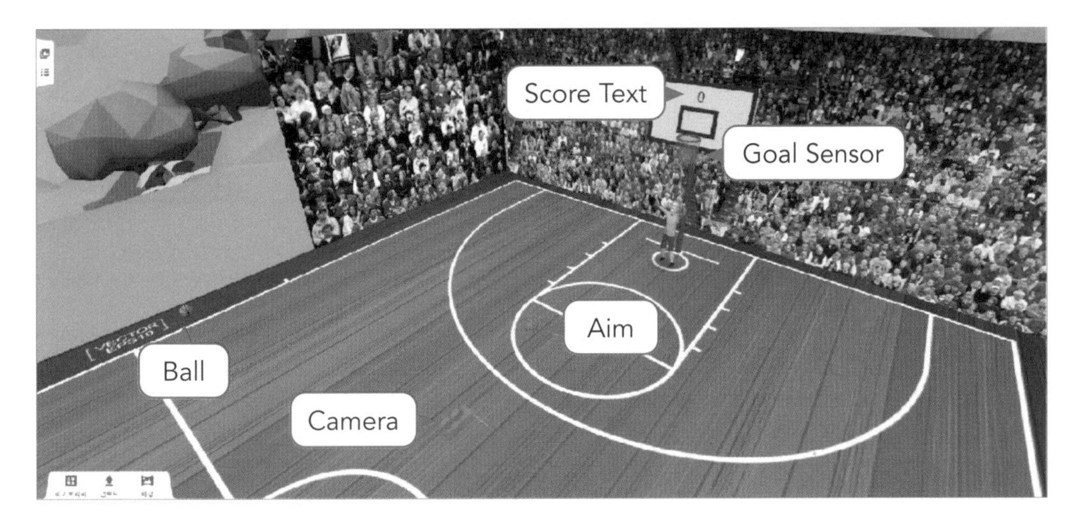

특히 파워 게이지를 구현하기 위해서 카메라 앞에 다음과 같은 오브젝트가 필요합니다.

- Power Bar: 플레이어가 공을 얼마나 세게 던질지 나타내는 파워 게이지입니다.
- Background: 파워 게이지의 뒤 배경입니다.

또한 이 게임에는 다양한 외부 파일이 사용됩니다.

이제 게임에 필요한 모든 오브젝트 및 미디어 파일을 접근 변수로 선언하겠습니다. 그리고 업로드된 소리 파일 cheer_sound의 ID를 복사해서 미리 사운드를 로드해 줍니다.

```
6   ### 변수 ###
7
8   camera = scene.get_item("Camera")
9   ball = scene.get_item("Ball")
10  aim = scene.get_item("Aim")
11  goal_sensor = scene.get_item("Goal Sensor")
12  score_text = scene.get_item("Score Text")
13
14  power_bar = scene.get_item("Power Bar")
15  background = scene.get_item("Background")
16
17  cheer_sound = Sound.load("r3/rDgNsEmZ0kplqXH7y2X0v9oRlVBUoSKmFcl3R9OFvUE")
18
19
20  ### 함수 ###
```

2단계 E키와 클릭으로 공 던지기

플레이어가 E키 또는 조준점을 클릭하여 공을 던질 수 있는 기능을 구현하겠습니다. 우선 메인 코드 영역에서 조준점(aim)을 카메라(camera)의 자식 아이템으로 추가해서 항상 같은 자리에 보이도록 합니다. 그리고 공을 천천히 던지기 위해서 물리 속도를 0.5로 낮추어 줍니다.

```
28  ### 메인코드 ###
29
30  camera.add(aim)
31  physics.physics_speed = 0.5
```

다음으로 키보드 입력 및 클릭 이벤트 리스너를 등록합니다. 이벤트 영역에 on_key_down() 함수로 E키를 누르면 on_key_down() 함수를 호출합니다. 마찬가지로 on_click() 함수를 이용해서 조준점(aim)을 클릭하면 on_key_down() 함수를 호출합니다. 조준점 클릭 이벤트를 추가로 넣은 것은 스마트폰에서 실행해도 게임을 플레이할 수 있게 하기 위함입니다.

```
24  ### 이벤트 ###
25
26  input.on_key_down(on_e_key_down, Input.KeyCode.E)
27  aim.input.on_click(on_e_key_down)
28
29
30  ### 메인코드 ###
```

이제 함수 영역에서 공을 던지는 모든 기능을 추가합니다. 설명할 내용이 많기 때문에 줄번호 순서대로 설명하겠습니다.

22 on_e_key_down( ) 함수를 정의합니다. 현재는 바로 throw_ball( ) 함수를 호출합니다. throw_ball() 함수를 한 번 더 거치는 이유는 5단계에서 파워 게이지를 작동시키는 작업을 나중에 추가하기 위해서입니다.

25 throw_ball( ) 함수는 농구공(ball)의 복제본을 만든 후에 on_ball_copy( ) 함수를 호출합니다.

28 복제된 농구공 오브젝트는 copied_ball이라는 매개변수가 됩니다.

29 복제된 농구공을 카메라 위치로 순간 이동합니다.

30 복제된 농구공의 방향을 카메라의 방향과 동일하게 설정합니다.

31 복제된 농구공을 앞쪽(y축) 방향으로 2미터 이동시킵니다. 만약 카메라에 겹쳐진 상태에서 공을 던지게 되면 카메라가 뒤로 밀리는 현상이 발생하기 때문에 던지기 전에 미리 이동시킵니다.

32 복제된 농구공의 물리 기능을 켭니다. 그래야 중력의 영향을 받고, 농구 골대에 들어갈 수 있습니다.

33 농구공을 조준점(aim) 방향으로 던지기 위해서 우선 방향을 계산합니다. 조준점의 좌표에서 공의 좌표를 빼면 공에서 조준점으로 향하는 새로운 벡터를 얻을 수 있습니다. 여기에 .normalized 속성을 붙이면 방향만 남게 됩니다.

34 apply_impulse() 함수를 이용해서 공에 순간적인 물리적 충격을 가하게 됩니다. 공의 중심(Vector3(0,0,0))에서 조준점을 향하는 방향(direction 벡터)으로 14만큼의 힘으로 충격을 가합니다.

```
20 ### 함수 ###
21
22 def on_e_key_down():
23     throw_ball()
24
25 def throw_ball():
26     on_ball_copy(ball.copy())
27
28 def on_ball_copy(copied_ball:BaseItem):
29     copied_ball.transform.position = camera.transform.position
30     copied_ball.transform.set_direction(camera.transform.forward)
31     copied_ball.transition.move_by(Vector3(0,2,0),0)
32     copied_ball.physics.enabled = True
33     direction = (aim.transform.position - copied_ball.transform.
   position).normalized
34     copied_ball.physics.apply_impulse(Vector3(0,0,0), direction*14)
35
36
37 ### 이벤트 ###
```

여기서 14만큼의 힘으로 충격을 가하는 것은 농구공의 질량이 1kg으로 설정되어 있는 것을 가정한 것입니다. 만약 농구공의 질량이 더 크다면 충격량도 더 커져야 같은 거리를 날아갈 수 있습니다.

여기까지 완성된 코드는 다음과 같습니다.

```
1   from cospaces import *
2   import math
3   import random
4
5
6   ### 변수 ###
7
8   camera = scene.get_item("Camera")
9   ball = scene.get_item("Ball")
10  aim = scene.get_item("Aim")
11  goal_sensor = scene.get_item("Goal Sensor")
12  score_text = scene.get_item("Score Text")
13
14  power_bar = scene.get_item("Power Bar")
15  background = scene.get_item("Background")
16
17  cheer_sound = Sound.load("r3/rDgNsEmZ0kplqXH7y2X0v9oRlVBUoSKmFcl3R9OFvUE")
18
19
20  ### 함수 ###
21
22  def on_e_key_down():
```

```
23        throw_ball()
24
25    def throw_ball():
26        on_ball_copy(ball.copy())
27
28    def on_ball_copy(copied_ball:BaseItem):
29        copied_ball.transform.position = camera.transform.position
30        copied_ball.transform.set_direction(camera.transform.forward)
31        copied_ball.transition.move_by(Vector3(0,2,0),0)
32        copied_ball.physics.enabled = True
33        direction = (aim.transform.position - copied_ball.transform.
      position).normalized
34        copied_ball.physics.apply_impulse(Vector3(0,0,0), direction*14)
35
36
37    ### 이벤트 ###
38
39    input.on_key_down(on_e_key_down, Input.KeyCode.E)
40    aim.input.on_click(on_e_key_down)
41
42
43    ### 메인코드 ###
44
45    camera.add(aim)
46    physics.physics_speed = 0.5
```

게임을 플레이하고 E키를 누르거나 조준점을 클릭해서 농구공이 날아가는지 확인해 보세요.

3단계 골 들어가면 점수 올리기

이 단계에서는 공이 골대에 들어갔을 때 점수를 증가시키고, 점수를 화면에 표시하는 기능을 구현합니다. 공이 골대에 들어간 것을 감지하기 위해서 골대 안에는 Goal Sensor라는 투명한 오브젝트가 들어 있습니다. 이 센서 아래에는 수비하는 사람이 있어서 공을 아래에서 위로 던질 수는 없습니다. 이 센서에 공이 충돌하기 위해서는 무조건 공이 골대를 통과해야만 합니다.

우선 골 센서에 다른 오브젝트가 충돌하면 이벤트 핸들러를 호출하겠습니다. 이벤트 영역에 on_collision_enter() 함수를 이용해서 오브젝트가 충돌하면 on_goal_sensor_collision() 함수를 호출합니다.

```
37  ### 이벤트 ###
38
39  input.on_key_down(on_e_key_down, Input.KeyCode.E)
40  aim.input.on_click(on_e_key_down)
41
42  goal_sensor.on_collision_enter(on_goal_sensor_collision)
```

농구공이 골대에 들어가면 점수를 올려 줘야 합니다. 변수 영역에 score 글로벌 변수를 선언해 주고, 초기값으로 0을 넣습니다.

```
17  cheer_sound = Sound.load("r3/rDgNsEmZ0kplqXH7y2X0v9oRlVBUoSKmFcl3R9OFvUE")
18
19  score = 0
20
21
22  ### 함수 ###
```

다음으로 함수 영역에서 on_goal_sensor_collision() 함수를 정의합니다. Goal Sensor 오브젝트는 골대 안에 고정되어 있기 때문에 오브젝트와 충돌이 일어난다면, 무조건 복제된 공일 수밖에 없습니다. 그래서 별도로 충돌한 다른 오브젝트(other)가 무엇인지 판단하지 않아도 됩니다. 글로벌 변수 score를 불러온 후 1을 증가시킵니다. 그리고 문자열로 변환한 후 농구대 백보드에 있는 score_text에 표시합니다.

```
30  def on_ball_copy(copied_ball:BaseItem):
31      copied_ball.transform.position = camera.transform.position
32      copied_ball.transform.set_direction(camera.transform.forward)
33      copied_ball.transition.move_by(Vector3(0,2,0),0)
34      copied_ball.physics.enabled = True
35      direction = (aim.transform.position - copied_ball.transform.
    position).normalized
36      copied_ball.physics.apply_impulse(Vector3(0,0,0), direction*14)
37
38  def on_goal_sensor_collision(other):
39      global score
40      score += 1
41      score_text.text = str(score)
42
43
44  ### 이벤트 ###
```

게임을 플레이해서 농구공을 골대에 넣어 봅시다. 공이 들어가면 백보드에 점수가 올라갑니다. 그런데 한 번 들어가는 위치와 방향을 찾으면 그다음부터는 계속해서 공을 넣을 수 있습니다.

4단계 소리내고 플레이어 위치 바꾸기

공이 한 번 들어가면 계속해서 골을 넣을 수 있다는 점을 개선하겠습니다. 이 단계에서는 골이 들어갈 때마다 환호성 소리를 재생하고, 카메라(플레이어)의 위치를 무작위로 이동시키는 기능을 구현합니다.

환호성 소리는 cheer_sound라는 이름으로 변수 영역에 정의되어 있습니다. 골이 들어갔을 때 호출되는 on_goal_sensor_collision() 함수에 play() 함수로 소리를 1회 재생합니다.

그리고 카메라(플레이어)를 랜덤한 방향과 거리로 이동시킵니다. 한 번 골이 들어갔다면 그 자리에서 또 골을 넣을 가능성이 커집니다. 게임에 어려움을 주기 위해서 위치를 이동합니다. transition.move_by() 함수를 이용해서 좌우(x축) 방향으로 −5~5미터만큼, 앞뒤(y축) 방향으로 −5~5미터만큼 1초 동안 이동시킵니다.

```
38 def on_goal_sensor_collision(other):
39     global score
40     score += 1
41     score_text.text = str(score)
42     cheer_sound.play()
43     camera.transition.move_by(Vector3(random.randint(-5,5),random.
   randint(-5,5),0),1)
44
45
46 ### 이벤트 ###
```

여기까지 만들어진 코드는 다음과 같습니다.

```
1  from cospaces import *
2  import math
3  import random
4
5
6  ### 변수 ###
7
8  camera = scene.get_item("Camera")
9  ball = scene.get_item("Ball")
```

```
10  aim = scene.get_item("Aim")
11  goal_sensor = scene.get_item("Goal Sensor")
12  score_text = scene.get_item("Score Text")
13
14  power_bar = scene.get_item("Power Bar")
15  background = scene.get_item("Background")
16
17  cheer_sound = Sound.load("r3/rDgNsEmZ0kplqXH7y2X0v9oRlVBUoSKmFcl3R9OFvUE")
18
19  score = 0
20
21
22  ### 함수 ###
23
24  def on_e_key_down():
25      throw_ball()
26
27  def throw_ball():
28      on_ball_copy(ball.copy())
29
30  def on_ball_copy(copied_ball:BaseItem):
31      copied_ball.transform.position = camera.transform.position
32      copied_ball.transform.set_direction(camera.transform.forward)
33      copied_ball.transition.move_by(Vector3(0,2,0),0)
34      copied_ball.physics.enabled = True
35      direction = (aim.transform.position - copied_ball.transform.
    position).normalized
36      copied_ball.physics.apply_impulse(Vector3(0,0,0), direction*14)
37
38  def on_goal_sensor_collision(other):
39      global score
40      score += 1
41      score_text.text = str(score)
42      cheer_sound.play()
43      camera.transition.move_by(Vector3(random.randint(-5,5),random.
    randint(-5,5),0),1)
```

```
44
45
46 ### 이벤트 ###
47
48 input.on_key_down(on_e_key_down, Input.KeyCode.E)
49 aim.input.on_click(on_e_key_down)
50
51 goal_sensor.on_collision_enter(on_goal_sensor_collision)
52
53
54 ### 메인코드 ###
55
56 camera.add(aim)
57 physics.physics_speed = 0.5
```

플레이 버튼을 클릭한 후 골대에 공을 넣어 보세요. W, A, S, D키를 이용해서 카메라를 코드 위에서 움직일 수 있습니다. 골을 넣었을 때 환호성 소리와 점수 증가가 잘 나오는지 확인해 보세요. 골을 넣으면 플레이어 위치가 바뀌기 때문에 계속해서 위치와 방향을 찾아야 합니다.

5단계 파워 게이지 적용하기

지금은 플레이어가 공을 던지는 속도를 바꿀 수 없습니다. 이 단계에서는 공을 던질 때 파워 게이지를 적용하여 파워의 강도를 조절할 수 있도록 합니다.

파워 게이지를 시각적으로 표현하기 위해서 오브젝트의 width 속성을 사용하겠습니다. 코블록스 블록에는 오브젝트의 높이, 너비를 수정하는 블록이 없지만 파이썬에서는 제공합니다. 여기서는 가운데 빨간색 power_bar 오브젝트를 이용해서 게이지를 화면에 표시합니다.

플레이어가 E키를 한 번 누르면 빨간색 파워 게이지가 중간에서 나타나서 양쪽으로 늘어났다가 다시 줄어드는 모습을 반복합니다. 다시 E키를 한 번 더 누르면 빨간색 파워 게이지의 크기만큼 파워(power)가 결정되고 공을 던지게 됩니다. 즉, E키를 두 번 눌렀을 때 공이 발사됩니다.

우선 메인 코드 영역에서 파워 게이지를 카메라에 붙여서 항상 따라다니게 만듭니다. 파워 게이지는 배경인 background 오브젝트에 빨간색 power_bar 오브젝트가 붙어 있습니다. background 오브젝트만 카메라에 붙여도 모두 따라옵니다. 빨간색 power_bar 오브젝트의 너비는 일단 0으로 초기화합니다.

```
54  ### 메인코드 ###
55
56  camera.add(aim)
57  physics.physics_speed = 0.5
58  camera.add(background)
59  power_bar.width = 0
```

변수 영역에 몇 가지 변수를 추가합니다.

- is_power_stop: 사용자가 E키를 첫 번째로 누른 건지, 두 번째로 누른 건지 판단하는 변수입니다.
- is_increasing: 파워 게이지가 늘어나는 상태인지, 줄어드는 상태인지 저장하는 변수입니다.
- power: 현재 게이지의 파워 값을 나타내는 숫자로 공을 던질 때의 강도를 결정합니다.

• timer: 파워 게이지를 반복적으로 늘리고 줄일 때 사용하는 반복 스케줄러입니다.

```
19  score = 0
20
21  is_power_stop = True
22  is_increasing = True
23  power = 0
24  timer = Disposable
25
26
27  ### 함수 ###
```

함수 영역에서 E키를 눌렀을 때 호출되는 on_e_key_down() 함수를 수정하겠습니다.

35 현재 파워 게이지가 멈추어 있는지 확인합니다. 처음 E키를 눌렀을 때는 파워 게이지가 멈추어 있으므로 내부 코드가 실행됩니다.

36 파워 게이지가 움직이고 있으므로 False로 설정합니다.

37 파워 게이지가 0에서 증가하는 방향이므로 True로 설정합니다.

38 파워는 0부터 시작합니다.

39 0.01초마다 move_power() 함수를 호출하는 타이머 스케줄러를 생성합니다.

41 E키를 두 번째로 눌렀을 때 실행됩니다.

42 파워 게이지가 멈추게 되므로 True로 설정합니다.

43 공을 던지는 throw_ball() 함수를 호출합니다.

```
27  ### 함수 ###
28
29  def on_e_key_down():
30      global is_power_stop
31      global is_increasing
32      global power
33      global timer
34
35      if is_power_stop:
36          is_power_stop = False
```

```
37            is_increasing = True
38            power = 0
39            timer = time.schedule_repeating(move_power, 0.01)
40
41        else:
42            is_power_stop = True
43            throw_ball()
```

이제 0.01초마다 실행되어 파워 게이지를 증감시키는 move_power() 함수를 정의합니다. 이 함수는 반복해서 파워 게이지를 작동시킬 뿐 공을 던지거나 하는 기능은 없습니다.

함수를 작성하기 전에 power_bar.width, power, 임펄스 세기 등 주요 수치에 관한 공식을 만들겠습니다.

빨간색 오브젝트의 너비를 나타내는 power_bar.width는 최소 0미터에서 최대 1미터가 됩니다. 파워를 나타내는 power 변수 값은 최소 0에서 최대 5가 됩니다. 공에 물리적인 힘을 가하는 임펄스 세기는 기본 10에 power 값을 더해서 만들어집니다. 그래서 가장 약하게 던지면 10, 가장 강하게 던지면 15의 세기로 던지게 됩니다.

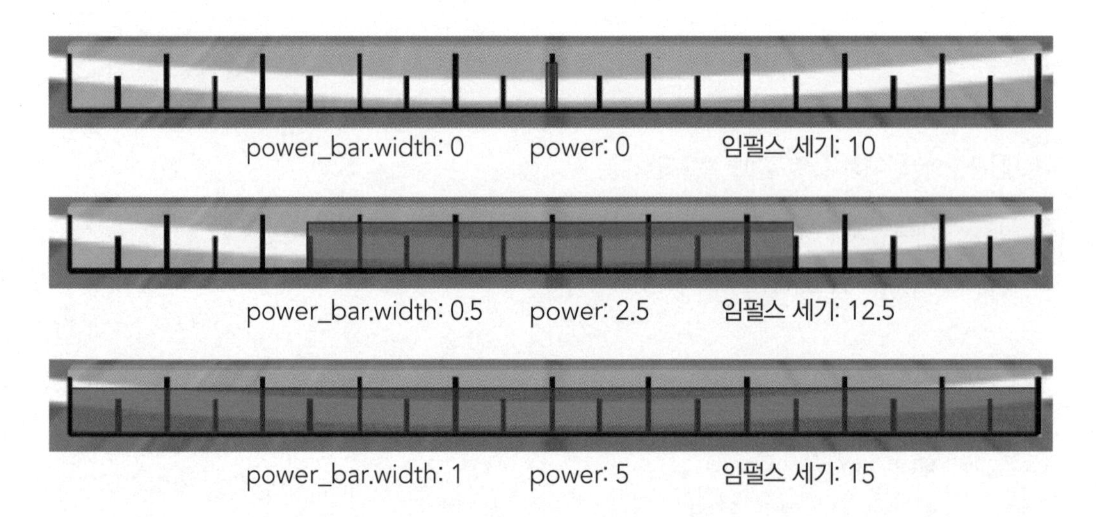

이런 내용을 참고하여 move_power() 함수 코드를 작성합니다. 내용이 많아 줄 번호로 설명하겠습니다.

51 파워 게이지가 증가하는 방향인지 확인합니다. 처음 E키를 누르면 파워가 0부터 시작해서 증가하기 때문에 내부 코드가 실행됩니다.

52 power 변수 값을 0.1 증가시킵니다.

53 빨간색 파워 게이지의 너비는 power에 0.2를 곱하면 얻을 수 있습니다.

54 만약 power 값이 최대값인 5 이상이 된다면,

55 is_increasing 값을 False로 변경해서 다음 반복부터는 게이지가 줄어들게 만듭니다.

56 is_increasing 값이 False라면 power 값을 감소시킵니다.

57 power 값은 증가할 때와 반대로 0.1씩 감소시키고, 최소값이 0 이하가 되면 다시 is_increasing 값을 True로 변경합니다. 결국 is_increasing 값에 따라서 파워값이 0부터 5까지 서서히 증가했다가 서서히 감소하게 됩니다.

62 앞서 on_e_key_down() 함수에서 플레이어가 두 번째 E키를 누르면 is_power_stop 값이 True가 됩니다. 그러면 지금까지 power 값을 증감시켰던 timer 스케줄러를 dispose() 함수를 이용해서 중지시킵니다. 더 이상 파워 게이지가 작동하지 않습니다.

```
41      else:
42          is_power_stop = True
43          throw_ball()
44
45  def move_power(dt):
46      global is_power_stop
47      global is_increasing
48      global power
49      global timer
50
51      if is_increasing:
52          power += 0.1
53          power_bar.width = power * 0.2
54          if power >= 5:
55              is_increasing = False
56      else:
57          power -= 0.1
58          power_bar.width = power * 0.2
59          if power <= 0:
60              is_increasing = True
61
62      if is_power_stop:
63          timer.dispose()
```

```
64
65  def throw_ball():
66      on_ball_copy(ball.copy())
```

마지막으로 함수 영역에 on_ball_copy() 함수를 수정하겠습니다. 74번 줄에서 공에 충격을 가하는 벡터의 크기를 변경합니다. 기존에는 14로 일정했다면, 이제는 기본 10에 power 값(0~5 사이)을 더해서 최종적으로 10~15 사이의 크기로 공에 충격을 가하게 됩니다.

```
68  def on_ball_copy(copied_ball:BaseItem):
69      copied_ball.transform.position = camera.transform.position
70      copied_ball.transform.set_direction(camera.transform.forward)
71      copied_ball.transition.move_by(Vector3(0,2,0),0)
72      copied_ball.physics.enabled = True
73      direction = (aim.transform.position - copied_ball.transform.
    position).normalized
74     copied_ball.physics.apply_impulse(Vector3(0,0,0), direction*(10 + power))
```

게임이 완성되었습니다. 플레이를 클릭해 완성된 게임을 진행해 보세요. 정해진 시간 안에 얼마나 점수를 얻는지 친구들과 대결해 봐도 좋습니다.

최종 완성 코드

예제 파일 | 예제08_바스켓볼_슈터.txt

```
1   from cospaces import *
2   import math
3   import random
4
5
6   ### 변수 ###
7
8   camera = scene.get_item("Camera")
9   ball = scene.get_item("Ball")
10  aim = scene.get_item("Aim")
11  goal_sensor = scene.get_item("Goal Sensor")
12  score_text = scene.get_item("Score Text")
13
14  power_bar = scene.get_item("Power Bar")
15  background = scene.get_item("Background")
16
17  cheer_sound = Sound.load("r3/rDgNsEmZ0kplqXH7y2X0v9oRlVBUoSKmFcl3R9OFvUE")
18
19  score = 0
20
21  is_power_stop = True
22  is_increasing = True
23  power = 0
24  timer = Disposable
25
26
27  ### 함수 ###
28
29  def on_e_key_down():
30      global is_power_stop
31      global is_increasing
32      global power
33      global timer
```

```
34
35     if is_power_stop:
36         is_power_stop = False
37         is_increasing = True
38         power = 0
39         timer = time.schedule_repeating(move_power, 0.01)
40
41     else:
42         is_power_stop = True
43         throw_ball()
44
45 def move_power(dt):
46     global is_power_stop
47     global is_increasing
48     global power
49     global timer
50
51     if is_increasing:
52         power += 0.1
53         power_bar.width = power * 0.2
54         if power >= 5:
55             is_increasing = False
56     else:
57         power -= 0.1
58         power_bar.width = power * 0.2
59         if power <= 0:
60             is_increasing = True
61
62     if is_power_stop:
63         timer.dispose()
64
65 def throw_ball():
66     on_ball_copy(ball.copy())
67
68 def on_ball_copy(copied_ball:BaseItem):
```

```
69      copied_ball.transform.position = camera.transform.position
70      copied_ball.transform.set_direction(camera.transform.forward)
71      copied_ball.transition.move_by(Vector3(0,2,0),0)
72      copied_ball.physics.enabled = True
73      direction = (aim.transform.position - copied_ball.transform.
    position).normalized
74      copied_ball.physics.apply_impulse(Vector3(0,0,0), direction*(10
    + power))
75
76  def on_goal_sensor_collision(other):
77      global score
78      score += 1
79      score_text.text = str(score)
80      cheer_sound.play()
81      camera.transition.move_by(Vector3(random.randint(-5,5),random.
    randint(-5,5),0),1)
82
83
84  ### 이벤트 ###
85
86  input.on_key_down(on_e_key_down, Input.KeyCode.E)
87  aim.input.on_click(on_e_key_down)
88
89  goal_sensor.on_collision_enter(on_goal_sensor_collision)
90
91
92  ### 메인코드 ###
93
94  camera.add(aim)
95  physics.physics_speed = 0.5
96  camera.add(background)
97  power_bar.width = 0
```

예제

09 트레저 헌터

공유 링크
완성작: https://edu.cospaces.io/EPG-ZQL
템플릿: https://edu.cospaces.io/ZQT-SRS

목표

트레저 헌터 게임은 플레이어가 25개의 방이 있는 건물 내에서 숨겨진 5개의 보석을 찾는 것을 목표로 합니다. 각 방에 있는 문을 클릭하면 애니메이션을 통해 열리게 됩니다. 보석은 게임 시작 시 랜덤한 위치에 배치되어 각 게임 플레이마다 찾는 경험이 달라집니다. 모든 보석을 찾으면 게임은 종료되며, 플레이어에게 성공 메시지가 표시됩니다. 이번 게임은 특히 37개의 방문 오브젝트를 반복문을 이용해 효율적으로 관리하는 방법을 보여 줍니다. 덕분에 오브젝트가 많지만 코드의 전체 길이는 다른 게임보다 짧습니다.

순서

1단계 오브젝트 구성과 초기화하기

2단계 방문 37개 클릭하면 열고 닫기

3단계 보석 랜덤하게 배치하기

4단계 남은 보석 개수 표시하기

5단계 소개 팝업창과 엔딩 팝업창

1단계 오브젝트 구성과 초기화하기

우선 템플릿 예제를 열어 장면 디자인 및 오브젝트 구성을 살펴보겠습니다. 통으로 된 건물이 보이고 건물은 가로 5칸, 세로 5칸의 총 25개의 방으로 나누어져 있습니다. 그리고 각각의 방은 총 37개의 방문으로 서로 연결되어 있습니다. 카메라 앞에는 다이아몬드 보석이 5개 놓여 있습니다.

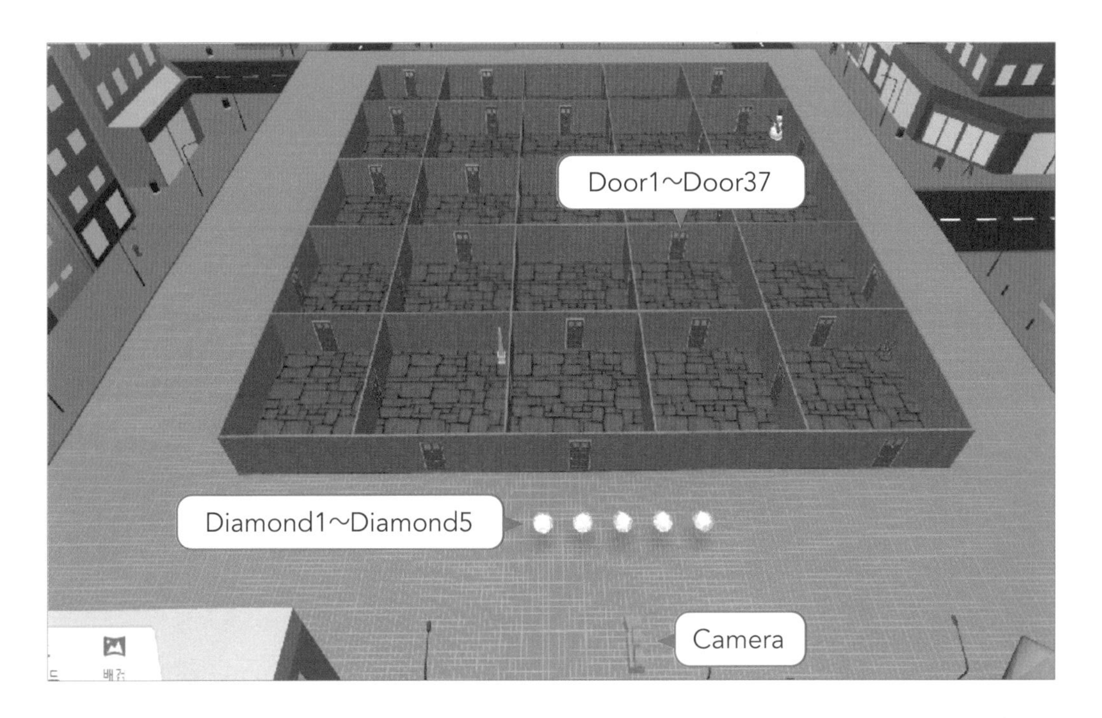

그리고 카메라 앞에는 남은 보석의 개수를 나타내는 텍스트 오브젝트가 있습니다.

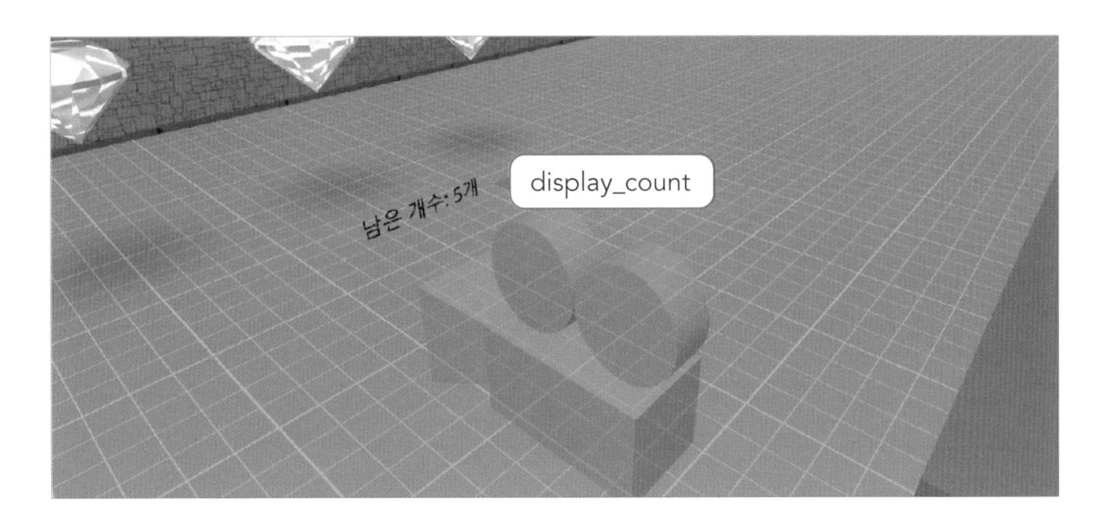

여기서 방문(door1~door37) 오브젝트와 보석(diamond1~diamond5) 오브젝트는 반복문을 통해서 접근 변수를 선언하겠습니다. 개별적인 오브젝트는 변수 영역에 직접 변수를 선언해 줍니다.

```
6  ### 변수 ###
7
8  camera = scene.get_item("Camera")
9  display_count = scene.get_item("display_count")
10
11
12 ### 함수 ###
```

그리고 메인 코드 영역에서 남은 개수 텍스트 오브젝트를 카메라에 붙여 항상 따라다니도록 만듭니다.

```
12 ### 함수 ###
13
14
15
16 ### 이벤트 ###
17
18
19
20 ### 메인코드 ###
21
22 camera.add(display_count)
```

2단계 방문 37개 클릭하면 열고 닫기

게임 내에 있는 37개의 방문을 클릭하면 열리는 기능과 일정 시간 후에 자동으로 닫히는 기능을 구현하겠습니다. for 반복문을 사용하여 37개의 방문 각각에 접근하고, 각각의 방문에 대해 클릭 이벤트 리스너를 할당할 수 있습니다. 이벤트 리스너는 문을 클릭했을 때 실행될 함수를 정의합니다. 줄 번호를 이용해서 설명하겠습니다.

11 for 반복문을 이용해서 i를 1부터 37까지 증가시키면서 내부 코드를 반복합니다.

12 door1부터 door37까지 이름을 가진 오브젝트를 찾아서 door 변수에 할당합니다. 특히 f"door{i}"는 파이썬 3.6 이상에서 지원하는 f-string 기능을 사용합니다. 이것은 문자열 내에 중괄호 {}를 사용하여 변수나 표현식의 값을 문자열로 직접 삽입할 수 있게 해 주는 기능입니다. 여기서 i는 반복문에서의 현재 인덱스를 나타내며, 각 반복에서 door1, door2, …, door37 등과 같은 문자열을 생성합니다.

13 각각의 방문에 on_click() 함수를 이용해서 클릭 이벤트 리스너를 생성합니다. lambda는 익명 함수를 생성하는 키워드입니다. 여기서 door는 현재 반복 중인 방문의 오브젝트 참조입니다. 이렇게 하면 lambda 함수가 호출될 때 door 오브젝트의 현재 참조를 clicked_door 매개변수로 캡처해서 on_door_click() 함수에 전달합니다.

14 클릭 이벤트가 발생할 때 on_door_click() 함수를 호출합니다. 이때 clicked_door를 매개변수로 넘깁니다.

이 방식을 사용하면 반복문 내에서 여러 방문 오브젝트에 각각 다른 클릭 이벤트 핸들러를 할당할 수 있습니다. 이 코드 패턴은 특히 여러 개의 유사한 오브젝트에 대해 개별적인 이벤트 핸들링을 설정할 때 유용합니다. 각 오브젝트(여기서는 방문)가 클릭될 때 그 오브젝트에만 적용되는 동작을 정의할 수 있습니다.

```
6   ### 변수 ###
7
8   camera = scene.get_item("Camera")
9   display_count = scene.get_item("display_count")
10
11  for i in range(1, 38):
12      door = scene.get_item(f"door{i}")
13      door.input.on_click(lambda clicked_door=door:
14          on_door_click(clicked_door)
15          )
```

```
16
17
18 ### 함수 ###
```

함수 영역에 on_door_click() 함수를 정의합니다. 이 함수는 플레이어가 방문을 클릭했을 때 호출되며, 클릭한 방문 오브젝트를 clicked_door 이름의 매개변수로 받습니다. 애니메이션을 이용해서 방문을 열고, time.schedule() 함수를 이용해서 3초 후에 다시 방문을 닫습니다.

```
18 ### 함수 ###
19
20 def on_door_click(clicked_door):
21     clicked_door.animation.play("Open")
22     time.schedule(lambda:
23         clicked_door.animation.play("Closed")
24         , 3)
25
26
27 ### 이벤트 ###
```

여기까지 완성된 코드는 다음과 같습니다.

```
1  from cospaces import *
2  import math
3  import random
4
5
6  ### 변수 ###
7
8  camera = scene.get_item("Camera")
9  display_count = scene.get_item("display_count")
10
11 for i in range(1, 38):
12     door = scene.get_item(f"door{i}")
13     door.input.on_click(lambda clicked_door=door:
```

```
14            on_door_click(clicked_door)
15            )
16
17
18  ### 함수 ###
19
20  def on_door_click(clicked_door):
21      clicked_door.animation.play("Open")
22      time.schedule(lambda:
23          clicked_door.animation.play("Closed")
24          , 3)
25
26
27  ### 이벤트 ###
28
29
30
31  ### 메인코드 ###
32
33  camera.add(display_count)
```

게임을 플레이한 후 방문을 클릭해 보세요. 각각의 방문이 모두 열리는지 확인해 보세요.

3단계 보석 랜덤하게 배치하기

이 단계에서는 보석 다섯 개를 랜덤하게 배치하는 코드를 작성합니다. 장면에는 총 25개의 방이 있으며 각각의 방은 8미터 간격으로 만들어졌습니다. 따라서 보석이 배치되는 위치를 살펴보면 x좌표는 −16, −8, 0, 8, 16의 5가지 경우가 있고, y좌표도 −16, −8, 0, 8, 16의 5가지 경우가 있습니다. z좌표는 바닥에서 1미터 떠 있도록 1로 설정하겠습니다.

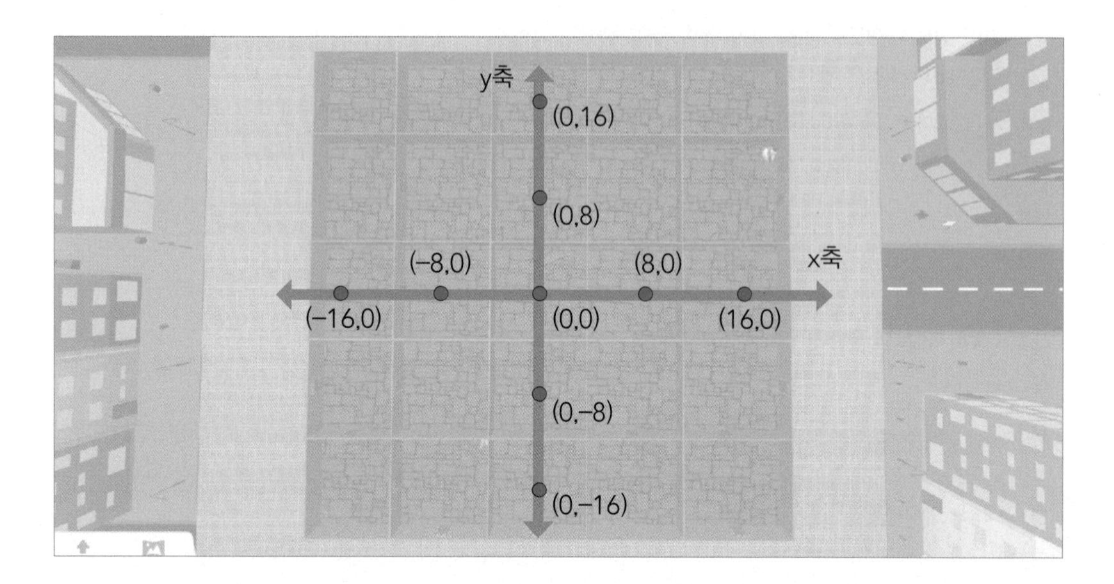

이번에도 변수 영역에서 for 반복문을 이용해서 오브젝트를 선언하고 동시에 랜덤한 위치에 배치하겠습니다. 코드를 살펴보면 오브젝트에서 diamond1~diamond5 이름을 가진 오브젝트를 찾아서 diamond 변수에 할당합니다. 해당 오브젝트는 나중에 카메라 충돌 이벤트에 사용하기 위해서 이름을 모두 '보석'으로 동일하게 설정해 줍니다.

랜덤한 x좌표와 y좌표 값을 생성해 줍니다. random.randrange() 함수는 지정된 범위 안에서 랜덤한 정수를 생성합니다. 범위의 시작 값은 −16이고, 범위의 종료 값은 17인데 여기서 17은 범위에 포함되지 않습니다. 8은 단위 값으로 숫자 사이의 간격을 지정합니다. 이 경우 8씩 증가하는 숫자를 의미합니다. 다음으로 생성된 x, y 좌표를 이용해서 보석의 위치를 설정합니다.

```
11 for i in range(1, 38):
12     door = scene.get_item(f"door{i}")
13     door.input.on_click(lambda clicked_door=door:
14         on_door_click(clicked_door)
15     )
```

```
16
17  for i in range(1, 6):
18      diamond = scene.get_item(f"diamond{i}")
19      diamond.name = "보석"
20      random_x = random.randrange(-16, 17, 8)
21      random_y = random.randrange(-16, 17, 8)
22      diamond.transform.position = Vector3(random_x, random_y, 1)
23
24
25  ### 함수 ###
```

게임을 플레이하면 건물 앞에 있던 보석이 사라지고, 랜덤한 방 안에 들어가 있는 것을 볼 수 있습니다.

4단계 남은 보석 개수 표시하기

플레이어(카메라)가 보석에 충돌하면 남은 개수를 5에서 하나씩 줄이고 화면에 남은 개수를 표시하겠습니다. 우선 이벤트 영역에 on_collision_enter() 함수를 이용해서 카메라에 어떤 오브젝트가 충돌하면 on_camera_collision() 함수를 호출합니다.

```
34 ### 이벤트 ###
35
36 camera.on_collision_enter(on_camera_collision)
37
38
39 ### 메인코드 ###
```

이벤트 핸들러를 만들기 전에, 남은 개수를 저장할 변수를 미리 선언해야 합니다. 변수 영역에 count 변수를 선언하고 초기값으로 5를 입력해 줍니다.

```
17 for i in range(1, 6):
18     diamond = scene.get_item(f"diamond{i}")
19     diamond.name = "보석"
20     random_x = random.randrange(-16, 17, 8)
21     random_y = random.randrange(-16, 17, 8)
22     diamond.transform.position = Vector3(random_x, random_y, 1)
23
24 count = 5
25
26
27 ### 함수 ###
```

함수 영역에서 카메라 충돌 이벤트 핸들러 on_camera_collision() 함수를 정의합니다. 충돌한 다른 오브젝트는 other 매개변수로 받습니다. 만약 카메라가 충돌한 오브젝트의 이름이 "**보석**"이라면 count를 1 감소시키고 display_count 텍스트 오브젝트에 표시합니다.

```
27 ### 함수 ###
28
```

```
29  def on_door_click(clicked_door):
30      clicked_door.animation.play("Open")
31      time.schedule(lambda:
32          clicked_door.animation.play("Closed")
33          , 3)
34
35  def on_camera_collision(other:BaseItem):
36      global count
37      if other.name == "보석":
38          count -= 1
39          display_count.text = "남은 개수: " + str(count) + "개"
40          other.delete()
41
42
43  ### 이벤트 ###
```

여기까지 만들어진 코드는 다음과 같습니다.

```
1   from cospaces import *
2   import math
3   import random
4
5
6   ### 변수 ###
7
8   camera = scene.get_item("Camera")
9   display_count = scene.get_item("display_count")
10
11  for i in range(1, 38):
12      door = scene.get_item(f"door{i}")
13      door.input.on_click(lambda clicked_door=door:
14          on_door_click(clicked_door)
15          )
16
17  for i in range(1, 6):
```

```
18      diamond = scene.get_item(f"diamond{i}")
19      diamond.name = "보석"
20      random_x = random.randrange(-16, 17, 8)
21      random_y = random.randrange(-16, 17, 8)
22      diamond.transform.position = Vector3(random_x, random_y, 1)
23
24  count = 5
25
26
27  ### 함수 ###
28
29  def on_door_click(clicked_door):
30      clicked_door.animation.play("Open")
31      time.schedule(lambda:
32          clicked_door.animation.play("Closed")
33          , 3)
34
35  def on_camera_collision(other:BaseItem):
36      global count
37      if other.name == "보석":
38          count -= 1
39          display_count.text = "남은 개수: " + str(count) + "개"
40          other.delete()
41
42
43  ### 이벤트 ###
44
45  camera.on_collision_enter(on_camera_collision)
46
47
48  ### 메인코드 ###
49
50  camera.add(display_count)
```

게임을 플레이하고 보석을 찾아 충돌하면 남은 개수가 줄어드는지 확인해 보세요.

5단계 소개 팝업창과 엔딩 팝업창

마지막으로 게임 시작 시 소개 팝업창을 보여 주고, 게임 클리어 시 엔딩 메시지를 표시하겠습니다.

우선 소개 팝업창을 보여 주기 위해서 메인 코드 영역에서 intro_message() 함수를 호출합니다.

```
71  ### 메인코드 ###
72
73  camera.add(display_count)
74  intro_message()
```

함수 영역에 intro_message() 함수를 정의합니다. gui.hud.show_info_panel() 함수를 이용해서 정보창을 표시합니다. 문자열을 활용할 때 """(쌍따옴표 3개)는 멀티라인 문자열을 정의할 때 사용합니다. 멀티라인 문자열은 여러 줄에 걸쳐 텍스트를 포함할 수 있으며, 그 안에 개행 문자(줄바꿈)가 자동으로 포함됩니다.

```
45  def intro_message():
46      gui.hud.show_info_panel(
47          title = "트레저 헌터",
48          text = """
49              25개의 방이 있는 건물 안에서
50              5개의 다이아몬드를 찾아 주세요.
51              다이아몬드의 위치는 랜덤하게 생성됩니다.
52              """
53      )
```

다음으로 남은 개수가 0이 되면 엔딩 메시지를 출력하겠습니다. 카메라가 보석에 충돌하면 실행되는 on_camera_collision() 함수에서 만약 count가 0 이하가 되면 ending_message() 함수를 호출합니다.

```
35  def on_camera_collision(other:BaseItem):
36      global count
37      if other.name == "보석":
38          count -= 1
39          display_count.text = "남은 개수: " + str(count) + "개"
```

```
40          other.delete()
41
42          if count <= 0:
43              ending_message()
```

함수 영역에 ending_message() 함수를 정의합니다.

```
55  def ending_message():
56      gui.hud.show_info_panel(
57          title = "미션 완료",
58          text = """
59              축하합니다!
60              5개의 보석을 모두 찾았습니다.
61              """,
62          on_hide=application.quit
63          )
```

게임을 플레이하면 처음에 소개 팝업창이, 게임을 클리어하면 엔딩 팝업창이 나타납니다.

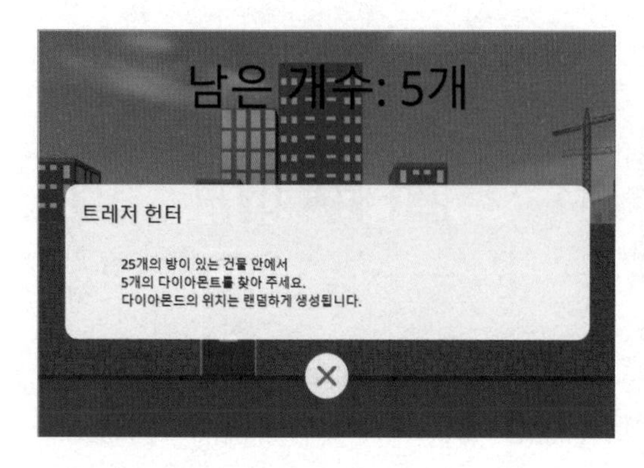

최종 완성 코드

예제 파일 | 예제09_트레저_헌터.txt

```
1   from cospaces import *
2   import math
3   import random
4
```

```
5
6   ### 변수 ###
7
8   camera = scene.get_item("Camera")
9   display_count = scene.get_item("display_count")
10
11  for i in range(1, 38):
12      door = scene.get_item(f"door{i}")
13      door.input.on_click(lambda clicked_door=door:
14          on_door_click(clicked_door)
15          )
16
17  for i in range(1, 6):
18      diamond = scene.get_item(f"diamond{i}")
19      diamond.name = "보석"
20      random_x = random.randrange(-16, 17, 8)
21      random_y = random.randrange(-16, 17, 8)
22      diamond.transform.position = Vector3(random_x, random_y, 1)
23
24  count = 5
25
26
27  ### 함수 ###
28
29  def on_door_click(clicked_door):
30      clicked_door.animation.play("Open")
31      time.schedule(lambda:
32          clicked_door.animation.play("Closed")
33          , 3)
34
35  def on_camera_collision(other:BaseItem):
36      global count
37      if other.name == "보석":
38          count -= 1
39          display_count.text = "남은 개수: " + str(count) + "개"
```

```
40          other.delete()
41
42          if count <= 0:
43              ending_message()
44
45  def intro_message():
46      gui.hud.show_info_panel(
47          title = "트레저 헌터",
48          text = """
49              25개의 방이 있는 건물 안에서
50              5개의 다이아몬드를 찾아 주세요.
51              다이아몬드의 위치는 랜덤하게 생성됩니다.
52              """
53          )
54
55  def ending_message():
56      gui.hud.show_info_panel(
57          title = "미션 완료",
58          text = """
59              축하합니다!
60              5개의 보석을 모두 찾았습니다.
61              """,
62          on_hide=application.quit
63          )
64
65
66  ### 이벤트 ###
67
68  camera.on_collision_enter(on_camera_collision)
69
70
71  ### 메인코드 ###
72
73  camera.add(display_count)
74  intro_message()
```

예제

10 드래곤 슬레이어

공유 링크

완성작: https://edu.cospaces.io/USZ-XPU
템플릿: https://edu.cospaces.io/MHU-DGV

목표

드래곤 슬레이어 게임에서 플레이어는 드래곤을 처치하여 가축을 보호해야 합니다. 스페이스바를 눌러 도끼를 던져 날아오는 드래곤을 막아내며, 총 100마리의 드래곤을 모두 막아내면 게임이 성공적으로 종료됩니다. 드래곤이 가축이 있는 건물에 닿으면 게임은 실패로 끝납니다. 드래곤은 랜덤한 경로로 날아오게 되고 시간이 지날수록 생성되는 주기가 빨라집니다. 특히 이 게임은 복제되는 드래곤과 복제되는 투척 무기(도끼)가 서로 충돌하는 이벤트를 활용합니다.

순서

1단계 오브젝트 구성과 초기화하기

2단계 드래곤 100마리 복제하고 랜덤하게 날아오기

3단계 도끼 복제하고 투척하기

4단계 맞은 드래곤 떨어뜨리기

5단계 미션 성공과 실패 판별하기

1단계 오브젝트 구성과 초기화하기

먼저 게임에 필요한 기본 오브젝트들을 설정하고, 게임 시작 시 소개 메시지를 표시하겠습니다.

템플릿 예제를 살펴보면 게임에는 다음과 같은 오브젝트가 필요합니다.

- Dragon: 집을 공격하는 복제 드래곤의 원본입니다.
- House: 가축이 있는 집입니다.
- Axe: 플레이어가 투척하는 무기입니다.
- Camera: 플레이어의 시점을 나타냅니다.
- Path1, Path2, Path3, Path4, Path5: 복제된 드래곤이 날아오는 경로 아이템입니다.

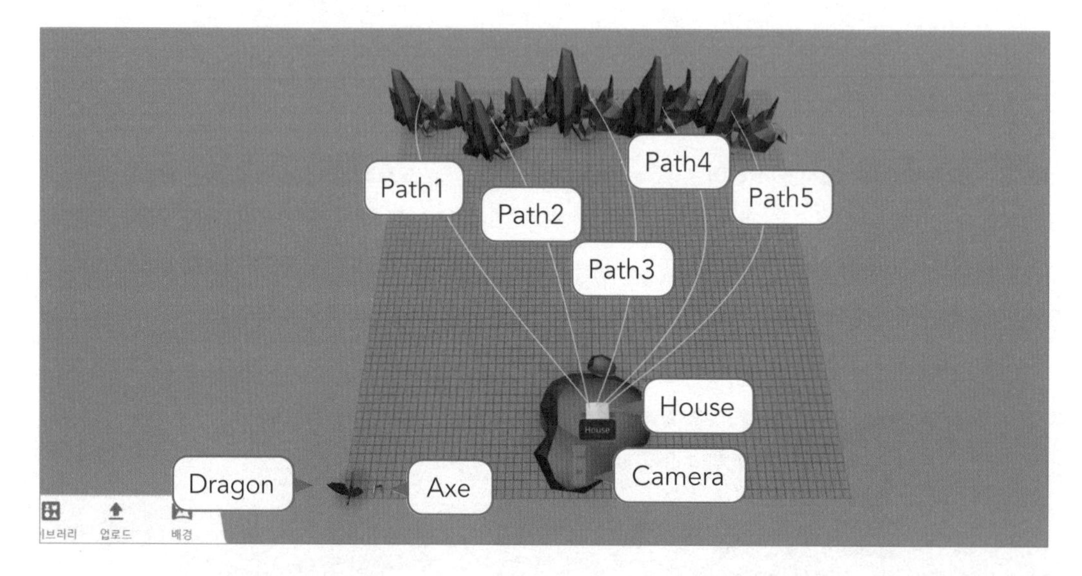

또한 카메라 앞에는 텍스트 오브젝트가 있습니다.

- Display_count: 남은 드래곤의 수를 실시간으로 표시하는 텍스트 오브젝트입니다.

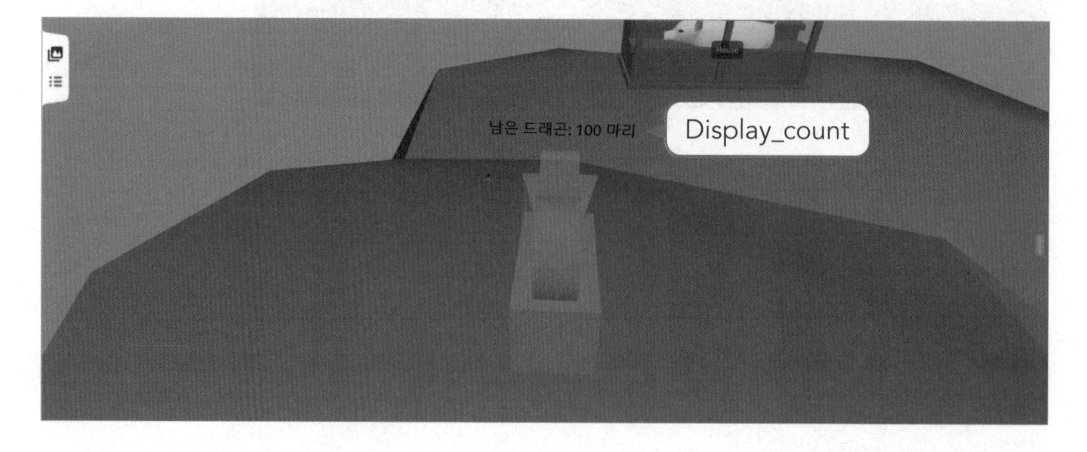

파이썬 스크립트의 변수 영역에 오브젝트 접근 변수를 선언합니다.

```
6   ### 변수 ###
7
8   dragon = scene.get_item("Dragon")
9   house = scene.get_item("House")
10  axe = scene.get_item("Axe")
11  display_count = scene.get_item("Display_count")
12  camera = scene.get_item("Camera")
13
14  path1 = scene.get_item("Path1")
15  path2 = scene.get_item("Path2")
16  path3 = scene.get_item("Path3")
17  path4 = scene.get_item("Path4")
18  path5 = scene.get_item("Path5")
19
20
21  ### 함수 ###
```

추가적으로 게임을 플레이하면 남은 드래곤 개수를 표시하는 텍스트 오브젝트를 카메라에 붙이고, 게임 소개 정보창을 표시하겠습니다.

우선 메인 코드 영역에 코드를 작성합니다.

```
40  ### 메인코드 ###
41
42  camera.add(display_count)
43  intro_message()
```

함수 영역에 intro_message() 함수와 정보창을 닫으면 호출되는 create_dragon() 함수를 정의합니다. create_dragon() 함수의 내부 코드는 아직 미정이므로 우선 pass만 넣어 줍니다.

```
21  ### 함수 ###
22
23  def intro_message():
24      gui.hud.show_info_panel(
```

```
25          title = "드래곤 디펜스",
26          text = """
27              가축을 노리고 산맥에서 날아오는
28              드래곤 100마리를 모두 막아 주세요!""",
29          on_hide=create_dragon
30      )
31
32  def create_dragon():
33      pass
34
35
36  ### 이벤트 ###
```

게임을 플레이하면 소개 팝업창이 나타납니다.

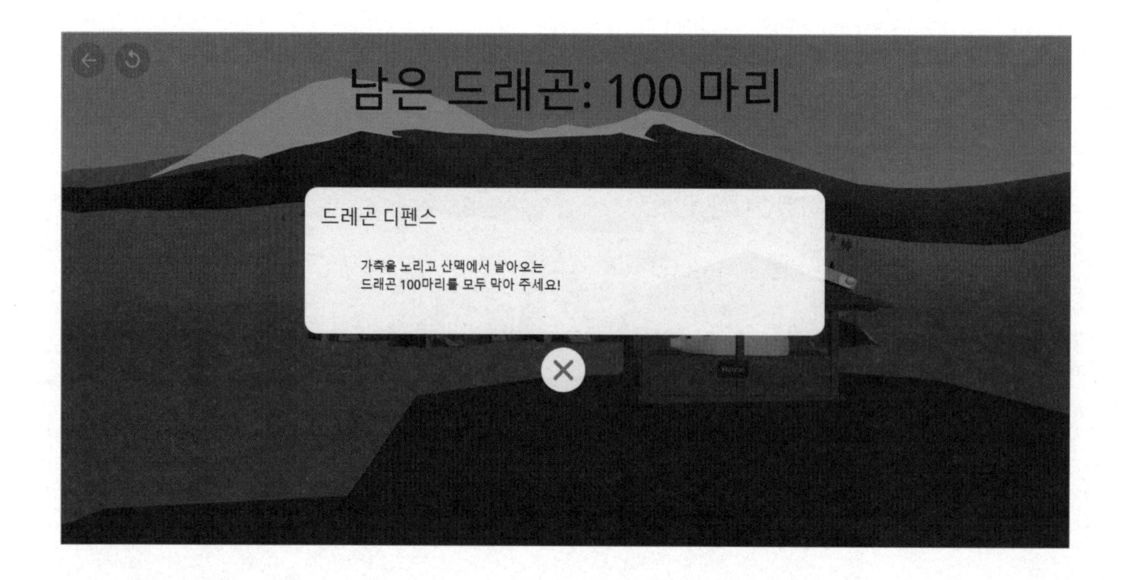

2단계 드래곤 100마리 복제하고 랜덤하게 날아오기

이번에는 드래곤을 2초마다 복제하고, 복제된 드래곤이 랜덤한 경로를 따라 20초 동안 날아오게 하겠습니다. 그리고 드래곤이 한 마리씩 생성될 때마다 생성되는 시간 주기를 2%씩 줄이고, 날아오는 데 걸리는 시간도 1%씩 줄입니다. 게임이 진행될수록 드래곤이 생성되고 날아오는 속도가 빨라져서 점점 게임이 어렵게 됩니다.

우선 변수 영역에 필요한 변수를 추가하겠습니다.

20 경로 아이템을 랜덤하게 선택하기 위해서 path_list 리스트에 넣습니다.

21 dragon_list는 처치한 드래곤의 수를 정확하게 계산하기 위해서 복제된 드래곤을 넣을 리스트입니다.

23 create_count는 드래곤이 현재까지 몇 마리 생성되었는지 저장하는 변수입니다.

24 create_interval은 드래곤이 생성되는 시간 주기입니다. 점점 줄이기 위해서 변수로 선언합니다.

25 fly_time은 드래곤이 집까지 날아오는 데 걸리는 시간입니다. 점점 줄이기 위해 변수로 선언합니다.

```
18  path5 = scene.get_item("Path5")
19
20  path_list = [path1, path2, path3, path4, path5]
21  dragon_list = []
22
23  create_count = 0
24  create_interval = 2.0
25  fly_time = 20
26
27
28  ### 함수 ###
```

함수 영역에서 create_dragon() 함수 내부에 코드를 넣겠습니다. create_dragon() 함수는 자가 호출 함수로, 일정 시간마다 드래곤을 복제하고 on_dragon_copied() 함수를 호출합니다.

40 생성 주기 create_interval 글로벌 변수를 불러옵니다.

41 생성 개수 create_count 글로벌 변수를 불러옵니다.

43 드래곤 원본 오브젝트를 복제한 후 on_dragon_copied() 함수를 호출합니다.

44 생성된 개수(create_count)를 1 증가시킵니다.

45 생성 주기(create_interval)를 2%씩 감소시킵니다. 예를 들면 1번째 드래곤 생성에는 2초가 걸리고, 2번째는 1.96초, 3번째는 1.921초, 100번째 드래곤은 0.265초가 걸립니다.

47 드래곤 생성 횟수가 100이 되지 않았다면, 생성 주기 시간 이후에 자기 자신(create_dragon)을 다시 호출합니다.

```
36             on_hide=create_dragon
37         )
38 
39     def create_dragon():
40         global create_interval
41         global create_count
42 
43         on_dragon_copied(dragon.copy())
44         create_count += 1
45         create_interval *= 0.98
46 
47         if create_count < 100:
48             time.schedule(create_dragon, create_interval)
```

바로 아래에 on_dragon_copied() 함수를 작성합니다. 이 함수는 create_dragon() 함수에서 호출되며, 복제된 드래곤 오브젝트를 copied_dragon 매개변수로 받습니다.

51 비행 시간 fly_time 글로벌 변수를 가져옵니다.

53 dragon_list의 항목으로 복제된 드래곤을 추가합니다. 나중에 도끼에 맞은 드래곤이 리스트에 있는지 여부로 점수를 계산하게 됩니다.

54 드래곤의 비행 시간을 1%씩 감소시킵니다. 예를 들면 1번째 드래곤이 집에 도착하는 데는 20초가 걸리고, 2번째 드래곤은 19.8초, 3번째 드래곤은 19.6초, 100번째 드래곤은 7.32초가 걸립니다.

55 랜덤한 경로를 선택하기 위한 난수를 만들어 num 변수에 할당합니다.

56 transition.move_on_path()는 경로를 따라 이동하는 함수입니다. 경로를 지속 시간 동안 이동하게 됩니다.

```
47      if create_count < 100:
48          time.schedule(create_dragon, create_interval)
49
50  def on_dragon_copied(copied_dragon):
51      global fly_time
52
53      dragon_list.append(copied_dragon)
54      fly_time *= 0.99
55      num = random.randint(0,4)
56      copied_dragon.transition.move_on_path(path = path_list[num], time
    = fly_time)
57
58
59  ### 이벤트 ###
```

여기까지 완성한 코드는 다음과 같습니다.

```
1   from cospaces import *
2   import math
3   import random
4
5
6   ### 변수 ###
7
8   dragon = scene.get_item("Dragon")
9   house = scene.get_item("House")
10  axe = scene.get_item("Axe")
11  display_count = scene.get_item("Display_count")
12  camera = scene.get_item("Camera")
13
14  path1 = scene.get_item("Path1")
15  path2 = scene.get_item("Path2")
16  path3 = scene.get_item("Path3")
17  path4 = scene.get_item("Path4")
```

```
18 path5 = scene.get_item("Path5")
19
20 path_list = [path1, path2, path3, path4, path5]
21 dragon_list = []
22
23 create_count = 0
24 create_interval = 2.0
25 fly_time = 20
26
27
28 ### 함수 ###
29
30 def intro_message():
31     gui.hud.show_info_panel(
32         title = "드래곤 디펜스",
33         text = """
34             가축을 노리고 산맥에서 날아오는
35             드래곤 100마리를 모두 막아 주세요!""",
36         on_hide=create_dragon
37     )
38
39 def create_dragon():
40     global create_interval
41     global create_count
42
43     on_dragon_copied(dragon.copy())
44     create_count += 1
45     create_interval *= 0.98
46
47     if create_count < 100:
48         time.schedule(create_dragon, create_interval)
49
50 def on_dragon_copied(copied_dragon):
51     global fly_time
52
```

```
53        dragon_list.append(copied_dragon)
54        fly_time *= 0.99
55        num = random.randint(0,4)
56        copied_dragon.transition.move_on_path(path = path_list[num], time
    = fly_time)
57
58
59    ### 이벤트 ###
60
61
62
63    ### 메인코드 ###
64
65    camera.add(display_count)
66    intro_message()
```

게임을 플레이하면 드래곤이 생성되어 집으로 날아오는 모습을 볼 수 있습니다.

3단계 도끼 복제하고 투척하기

플레이어가 스페이스바를 누를 때마다 도끼를 복제하여 투척하는 기능을 구현하겠습니다. 복제된 도끼는 물리 엔진을 이용해서 날아가고 3초 후에 삭제합니다.

우선 이벤트 영역에서 input.on_key_down() 함수를 이용해서 스페이스바를 눌렀을 때 on_space_down() 함수를 호출합니다.

```
71  ### 이벤트 ###
72
73  input.on_key_down(on_space_down, Input.KeyCode.SPACE)
74
75
76  ### 메인코드 ###
```

함수 영역에서 on_space_down() 함수를 작성합니다. on_space_down() 함수는 도끼 오브젝트(axe)를 복제한 후에 on_axe_copied() 함수를 호출합니다.

```
50  def on_dragon_copied(copied_dragon):
51      global fly_time
52
53      dragon_list.append(copied_dragon)
54      fly_time *= 0.99
55      num = random.randint(0,4)
56      copied_dragon.transition.move_on_path(path = path_list[num], time
    = fly_time)
57
58  def on_space_down():
59      on_axe_copied(axe.copy())
```

그 아래에 on_axe_copied() 함수를 작성합니다. on_axe_copied() 함수는 복제된 도끼를 copied_axe라는 매개변수로 넘겨 받습니다.

62 복제된 도끼를 카메라 위치로 이동시킵니다.

63 복제된 도끼의 방향을 카메라 방향과 동일하게 맞춥니다.

64 복제된 도끼를 앞쪽(y축)으로 0.5미터, 위쪽(z축)으로 -2미터 이동시킵니다. 즉, 카메라보다 약간 앞쪽 아래로 이동시킵니다. 먼저 이동시키는 이유는 오브젝트가 카메라와 겹친 상태에서 물리 엔진을 켜면 오브젝트와 카메라가 서로 튕겨나가기 때문입니다.

65 복제된 도끼의 물리 엔진을 켭니다. 이제 도끼는 중력, 마찰력, 탄성의 영향을 받습니다.

66 복제된 도끼를 physics.apply_impulse_local() 함수를 이용해서 튕겨 냅니다. 이때 힘을 가하는 중심점은 도끼의 약간 위쪽(z축)으로 하면 도끼가 앞쪽으로 회전하게 됩니다. 힘의 강도는 좌우(x축)는 한가운데, 앞뒤(y축)는 앞으로 200, 상하(z축)는 위로 50으로 설정합니다.

67 복제된 도끼가 날아가다가 다른 오브젝트에 충돌하면 on_axe_collision() 함수를 호출합니다.

68 복제된 도끼가 바닥에 수백 개가 쌓이면 게임이 느려질 수 있습니다. 3초 후에 삭제합니다.

```
58  def on_space_down():
59      on_axe_copied(axe.copy())
60
61  def on_axe_copied(copied_axe):
62      copied_axe.transform.position = camera.transform.position
63      copied_axe.transform.set_direction(camera.transform.forward,
    Vector3(0,0,1))
64      copied_axe.transition.move_by(Vector3(0,0.5,-2),0)
65      copied_axe.physics.enabled = True
66      copied_axe.physics.apply_impulse_local(Vector3(0,0,0.2), Vector3
    (0,200,50))
67      copied_axe.on_collision_enter(on_axe_collision)
68      time.schedule(copied_axe.delete, 3)
69
70
71  ### 이벤트 ###
72
73  input.on_key_down(on_space_down, Input.KeyCode.SPACE)
74
75
76  ### 메인 코드 ###
77
78  camera.add(display_count)
79  intro_message()
```

이때 복제된 도끼에 impulse로 가해지는 힘은 도끼의 질량이 5kg일 때를 가정한 것입니다. 만약 투척하는 오브젝트의 질량이 더 크다면 가하는 힘도 더 커져야 합니다.

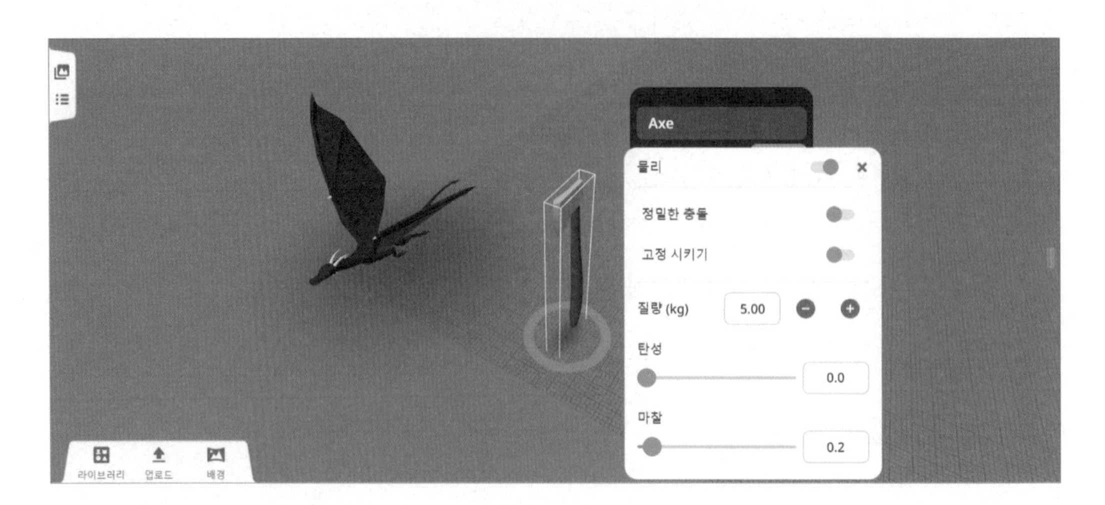

게임을 플레이해 보세요. 스페이스바를 누르면 도끼가 회전하며 날아갑니다.

4단계 맞은 드래곤 떨어뜨리기

복제된 도끼가 드래곤에 맞았을 때, 드래곤을 떨어뜨리고 삭제하는 기능과 점수를 올리는 기능을 제작하겠습니다.

앞서 on_axe_copied() 함수에서 복제된 도끼가 다른 오브젝트에 충돌하면 on_axe_collision() 함수를 호출하는 코드를 작성했습니다. 이제 on_axe_collision() 함수를 작성하겠습니다. on_axe_collision() 함수는 충돌한 다른 오브젝트를 hit_dragon이라는 매개변수로 받습니다.

71 충돌한 드래곤(hit_dragon)이 dragon_list에 있는지 검사합니다. 충돌한 드래곤을 리스트로 관리하는 것은 정확한 점수 계산을 위해서 매우 중요합니다. 만약 그냥 도끼와 드래곤이 충돌했을 때 점수를 올리면 점수가 잡은 드래곤 개수보다 더 많이 증가하는 문제가 생깁니다. 왜냐하면 도끼가 회전하면서 드래곤 한 마리에 여러 번 충돌할 수도 있고, 동시에 두 마리 이상의 드래곤과 충돌하는 경우도 있기 때문입니다.

이런 문제를 방지하기 위해서 복제된 드래곤을 dragon_list에 추가하고, 도끼에 한 번이라도 충돌한 드래곤은 리스트에서 바로 삭제합니다. 도끼가 충돌했을 때 드래곤이 리스트에 있을 때만 점수를 올리면, 점수가 실제보다 많이 증가하는 문제를 해결할 수 있습니다.

72 충돌한 드래곤을 dragon_list에서 삭제합니다.

73 충돌한 드래곤의 색상을 검은색으로 바꿉니다.

74 경로를 따라 이동 중이던 동작을 정지합니다.

75 물리 기능을 켭니다. 이제 중력의 영향을 받아 아래로 떨어집니다.

76 1.5초 후에 충돌한 드래곤을 삭제합니다.

77 점수를 올리기 위해 kill_count_up() 함수를 호출합니다.

```
61 def on_axe_copied(copied_axe):
62     copied_axe.transform.position = camera.transform.position
63     copied_axe.transform.set_direction(camera.transform.forward,
   Vector3(0,0,1))
64     copied_axe.transition.move_by(Vector3(0,0.5,-2),0)
65     copied_axe.physics.enabled = True
66     copied_axe.physics.apply_impulse_local(Vector3(0,0,0.2), Vector3
   (0,200,50))
67     copied_axe.on_collision_enter(on_axe_collision)
68     time.schedule(copied_axe.delete, 3)
```

```
69
70 def on_axe_collision(hit_dragon):
71     if hit_dragon in dragon_list:
72         dragon_list.remove(hit_dragon)
73         hit_dragon.color = Color.black
74         hit_dragon.transition.stop()
75         hit_dragon.physics.enabled = True
76         time.schedule(hit_dragon.delete, 1.5)
77         kill_count_up()
```

바로 아래에 점수를 올리는 kill_count_up() 함수를 작성할 텐데, 그전에 잡은 드래곤 개수를 저장하는 kill_count 글로벌 변수를 변수 영역에 선언합니다.

```
23 create_count = 0
24 create_interval = 2.0
25 fly_time = 20
26
27 kill_count = 0
28
29
30 ### 함수 ###
```

함수 영역에 kill_count_up() 함수를 작성합니다. kill_count 글로벌 변수를 불러온 후 1 증가시킵니다. 그리고 카메라 앞에 붙어 있는 display_count 텍스트 오브젝트에 표시합니다.

```
72 def on_axe_collision(hit_dragon):
73     if hit_dragon in dragon_list:
74         dragon_list.remove(hit_dragon)
75         hit_dragon.color = Color.black
76         hit_dragon.transition.stop()
77         hit_dragon.physics.enabled = True
78         time.schedule(hit_dragon.delete, 1.5)
79         kill_count_up()
80
```

```
81  def kill_count_up():
82      global kill_count
83      kill_count += 1
84      display_count.text = "잡은 드래곤: " + str(kill_count) + " 마리"
85
86
87  ### 이벤트 ###
```

지금까지 완성된 코드는 다음과 같습니다.

```
1   from cospaces import *
2   import math
3   import random
4
5
6   ### 변수 ###
7
8   dragon = scene.get_item("Dragon")
9   house = scene.get_item("House")
10  axe = scene.get_item("Axe")
11  display_count = scene.get_item("Display_count")
12  camera = scene.get_item("Camera")
13
14  path1 = scene.get_item("Path1")
15  path2 = scene.get_item("Path2")
16  path3 = scene.get_item("Path3")
17  path4 = scene.get_item("Path4")
18  path5 = scene.get_item("Path5")
19
20  path_list = [path1, path2, path3, path4, path5]
21  dragon_list = []
22
23  create_count = 0
24  create_interval = 2.0
25  fly_time = 20
```

```
26
27  kill_count = 0
28
29
30  ### 함수 ###
31
32  def intro_message():
33      gui.hud.show_info_panel(
34          title = "드래곤 디펜스",
35          text = """
36              가축을 노리고 산맥에서 날아오는
37              드래곤 100마리를 모두 막아 주세요!""",
38          on_hide=create_dragon
39      )
40
41  def create_dragon():
42      global create_interval
43      global create_count
44
45      on_dragon_copied(dragon.copy())
46      create_count += 1
47      create_interval *= 0.98
48
49      if create_count < 100:
50          time.schedule(create_dragon, create_interval)
51
52  def on_dragon_copied(copied_dragon):
53      global fly_time
54
55      dragon_list.append(copied_dragon)
56      fly_time *= 0.99
57      num = random.randint(0,4)
58      copied_dragon.transition.move_on_path(path = path_list[num], time
    = fly_time)
59
```

```
60 def on_space_down():
61     on_axe_copied(axe.copy())
62 
63 def on_axe_copied(copied_axe):
64     copied_axe.transform.position = camera.transform.position
65     copied_axe.transform.set_direction(camera.transform.forward,
   Vector3(0,0,1))
66     copied_axe.transition.move_by(Vector3(0,0.5,-2),0)
67     copied_axe.physics.enabled = True
68     copied_axe.physics.apply_impulse_local(Vector3(0,0,0.2), Vector3
   (0,200,50))
69     copied_axe.on_collision_enter(on_axe_collision)
70     time.schedule(copied_axe.delete, 3)
71 
72 def on_axe_collision(hit_dragon):
73     if hit_dragon in dragon_list:
74         dragon_list.remove(hit_dragon)
75         hit_dragon.color = Color.black
76         hit_dragon.transition.stop()
77         hit_dragon.physics.enabled = True
78         time.schedule(hit_dragon.delete, 1.5)
79         kill_count_up()
80 
81 def kill_count_up():
82     global kill_count
83     kill_count += 1
84     display_count.text = "잡은 드래곤: " + str(kill_count) + " 마리"
85 
86 
87 ### 이벤트 ###
88 
89 input.on_key_down(on_space_down, Input.KeyCode.SPACE)
90 
91 
92 ### 메인코드 ###
```

```
93
94 camera.add(display_count)
95 intro_message()
```

게임을 플레이하고, 도끼로 드래곤을 맞춰 보세요. 도끼에 맞은 드래곤이 하늘에서 떨어지고, 점수가 올라가는 걸 확인할 수 있습니다.

5단계 미션 성공과 실패 판별하기

마지막으로 드래곤 100마리를 모두 잡아서 미션을 성공하거나, 드래곤이 가축이 있는 집에 도달해서 미션에 실패하는 경우를 판별하고, 정보창을 통해 사용자에게 결과를 알려 주는 기능을 구현합니다.

함수 영역에서 kill_count_up() 함수는 드래곤을 잡은 점수를 올리는 함수입니다. 점수를 올렸는데 kill_count가 100이라면 success_message() 함수를 호출합니다.

```
81  def kill_count_up():
82      global kill_count
83      kill_count += 1
84      display_count.text = "잡은 드래곤: " + str(kill_count) + " 마리"
85
86      if kill_count >= 100:
87          success_message()
88
89
90  ### 이벤트 ###
```

success_message() 함수는 gui.hud.show_info_panel() 함수를 이용해서 정보창에 미션 완료 메시지를 표시합니다. 그리고 창을 닫으면 게임을 종료합니다.

```
86      if kill_count >= 100:
87          success_message()
88
89  def success_message():
90      gui.hud.show_info_panel(
91          title = "미션 완료",
92          text = """
93              마지막 드래곤을 처리했습니다!
94              당신의 활약으로 가축을 지킬 수 있었습니다.""",
95          on_hide=application.quit
96      )
97
```

```
98
99  ### 이벤트 ###
```

이제 미션이 실패하는 경우를 생각해 봅시다. 미션이 실패하는 건 살아 있는(dragon_list에 있는) 드래곤이 집(house)에 충돌하는지로 판별하면 되겠습니다.

이벤트 영역에서 on_collision_enter() 함수를 이용해서 집에 다른 오브젝트가 충돌하면 on_house_collision() 함수를 호출합니다.

```
99   ### 이벤트 ###
100
101  input.on_key_down(on_space_down, Input.KeyCode.SPACE)
102
103  house.on_collision_enter(on_house_collision)
104
105
106  ### 메인코드 ###
```

함수 영역에 on_house_collision() 함수를 정의합니다. 만약 충돌한 다른 오브젝트가 dragon_list에 있는 드래곤이라면 fail_message() 함수를 호출합니다.

```
89  def success_message():
90      gui.hud.show_info_panel(
91          title = "미션 완료",
92          text = """
93              마지막 드래곤을 처리했습니다!
94              당신의 활약으로 가축을 지킬 수 있었습니다.""",
95          on_hide=application.quit
96      )
97
98  def on_house_collision(other):
99      if other in dragon_list:
100         fail_message()
101
102
```

```
103 ### 이벤트 ###
```

fail_message() 함수를 정의합니다. 우선 house에 있는 충돌 이벤트 핸들러를 제거해야 합니다. 만약 이벤트 핸들러를 제거하지 않으면 드래곤이 집에 닿을 때마다 팝업창이 나타나기 때문에 동시에 수십 개의 팝업창이 연속해서 나오게 됩니다. 충돌 이벤트 핸들러에 None을 적으면 아무것도 호출하지 않습니다.

```
98  def on_house_collision(other):
99     if other in dragon_list:
100         fail_message()
101
102 def fail_message():
103     house.on_collision_enter(None)
104     gui.hud.show_info_panel(
105         title = "미션 실패",
106         text = """
107             드래곤이 우리의 가축을 강탈했습니다.
108             좀더 분발해 봅시다! """,
109         on_hide=application.quit
110     )
111
112
113 ### 이벤트 ###
```

이제 게임이 완성되었습니다. 플레이를 눌러 게임을 진행해 보세요. 드래곤이 집에 닿으면 미션 실패입니다. 만약 게임이 너무 어렵다면 드래곤 생성 주기(create_interval)와 드래곤 비행 시간(fly_time)을 늘려 보세요. 또는 드래곤이 생성될 때마다 줄어드는 시간을 줄어들지 않게 만들어 보세요. 그러면 게임이 좀더 쉬워집니다.

100마리 드래곤을 모두 잡으면 미션 완료입니다.

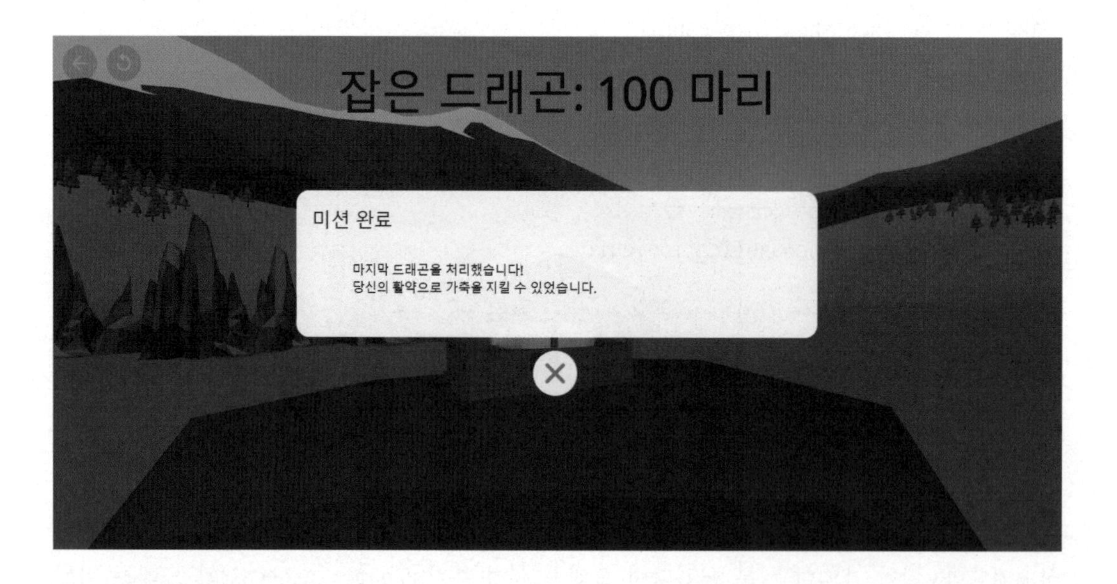

최종 완성 코드

예제 파일 | 예제10_드래곤_슬레이어.txt

```
1  from cospaces import *
2  import math
3  import random
4
5
```

```
6   ### 변수 ###
7
8   dragon = scene.get_item("Dragon")
9   house = scene.get_item("House")
10  axe = scene.get_item("Axe")
11  display_count = scene.get_item("Display_count")
12  camera = scene.get_item("Camera")
13
14  path1 = scene.get_item("Path1")
15  path2 = scene.get_item("Path2")
16  path3 = scene.get_item("Path3")
17  path4 = scene.get_item("Path4")
18  path5 = scene.get_item("Path5")
19
20  path_list = [path1, path2, path3, path4, path5]
21  dragon_list = []
22
23  create_count = 0
24  create_interval = 2.0
25  fly_time = 20
26
27  kill_count = 0
28
29
30  ### 함수 ###
31
32  def intro_message():
33      gui.hud.show_info_panel(
34          title = "드래곤 디펜스",
35          text = """
36              가축을 노리고 산맥에서 날아오는
37              드래곤 100마리를 모두 막아 주세요!""",
38          on_hide=create_dragon
39      )
40
```

```
41 def create_dragon():
42     global create_interval
43     global create_count
44 
45     on_dragon_copied(dragon.copy())
46     create_count += 1
47     create_interval *= 0.98
48 
49     if create_count < 100:
50         time.schedule(create_dragon, create_interval)
51 
52 def on_dragon_copied(copied_dragon):
53     global fly_time
54 
55     dragon_list.append(copied_dragon)
56     fly_time *= 0.99
57     num = random.randint(0,4)
58     copied_dragon.transition.move_on_path(path = path_list[num], time
   = fly_time)
59 
60 def on_space_down():
61     on_axe_copied(axe.copy())
62 
63 def on_axe_copied(copied_axe):
64     copied_axe.transform.position = camera.transform.position
65     copied_axe.transform.set_direction(camera.transform.forward,
    Vector3(0,0,1))
66     copied_axe.transition.move_by(Vector3(0,0.5,-2),0)
67     copied_axe.physics.enabled = True
68     copied_axe.physics.apply_impulse_local(Vector3(0,0,0.2), Vector3
    (0,200,50))
69     copied_axe.on_collision_enter(on_axe_collision)
70     time.schedule(copied_axe.delete, 3)
71 
72 def on_axe_collision(hit_dragon):
```

```
73      if hit_dragon in dragon_list:
74          dragon_list.remove(hit_dragon)
75          hit_dragon.color = Color.black
76          hit_dragon.transition.stop()
77          hit_dragon.physics.enabled = True
78          time.schedule(hit_dragon.delete, 1.5)
79          kill_count_up()
80
81  def kill_count_up():
82      global kill_count
83      kill_count += 1
84      display_count.text = "잡은 드래곤: " + str(kill_count) + " 마리"
85
86      if kill_count >= 100:
87          success_message()
88
89  def success_message():
90      gui.hud.show_info_panel(
91          title = "미션 완료",
92          text = """
93              마지막 드래곤을 처리했습니다!
94              당신의 활약으로 가축을 지킬 수 있었습니다.""",
95          on_hide=application.quit
96      )
97
98  def on_house_collision(other):
99      if other in dragon_list:
100         fail_message()
101
102 def fail_message():
103     house.on_collision_enter(None)
104     gui.hud.show_info_panel(
105         title = "미션 실패",
106         text = """
107             드래곤이 우리의 가축을 강탈했습니다.
```

```
108                좀더 분발해 봅시다! """,
109         on_hide=application.quit
110     )
111 
112 
113 ### 이벤트 ###
114 
115 input.on_key_down(on_space_down, Input.KeyCode.SPACE)
116 
117 house.on_collision_enter(on_house_collision)
118 
119 
120 ### 메인코드 ###
121 
122 camera.add(display_count)
123 intro_message()
```

예제 11 피아노 레코딩

공유 링크

완성작: https://edu.cospaces.io/ETJ-NNJ
템플릿: https://edu.cospaces.io/HFD-FPN

목표

피아노 레코딩 게임은 사용자가 8개의 피아노 건반을 클릭하여 다양한 음을 연주할 수 있는 게임입니다. 각 건반은 '낮은 도'부터 '높은 도'까지 서로 다른 음을 내며, 사용자는 이를 클릭하여 연주할 수 있습니다. 게임에는 녹음 기능이 포함되어 있어 사용자가 연주한 음들을 리스트에 저장하고, [재생] 버튼을 클릭해 녹음된 곡을 다시 들을 수 있습니다. 또 미리 저장된 노래를 불러와서 연주할 수 있습니다. 이 게임은 음악적 감각을 키우고, 창의적인 연주를 즐기는 데 도움을 줍니다.

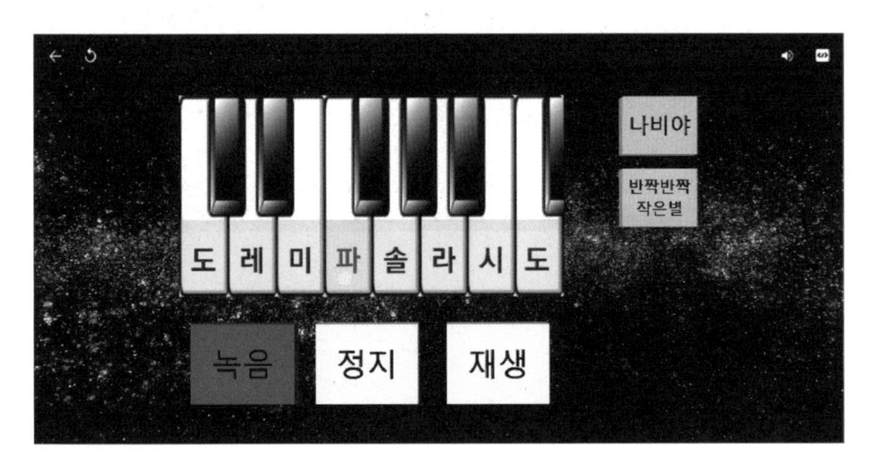

순서

1단계 오브젝트 구성과 초기화하기

2단계 건반 클릭하면 소리내기

3단계 녹음 버튼으로 노래 저장하기

4단계 재생 버튼으로 노래 재생하기

5단계 노래 미리 만들어 놓기

1단계 오브젝트 구성과 초기화하기

템플릿 예제를 열어 필요한 화면 디자인과 오브젝트 구성을 살펴보겠습니다.

피아노 레코딩 게임에서 사용하는 오브젝트의 구성은 다음과 같습니다.

- Note1~8: '낮은 도'부터 '높은 도'까지 8개의 피아노 건반 오브젝트입니다.
- color_block: 건반을 누를 때마다 건반 위에 표시되는 시각적 효과를 나타냅니다.
- button_record, button_stop, button_play: 녹음, 정지, 재생 기능을 위한 버튼입니다.
- button_song1, button_song2: 클릭하면 미리 저장된 노래를 재생합니다.

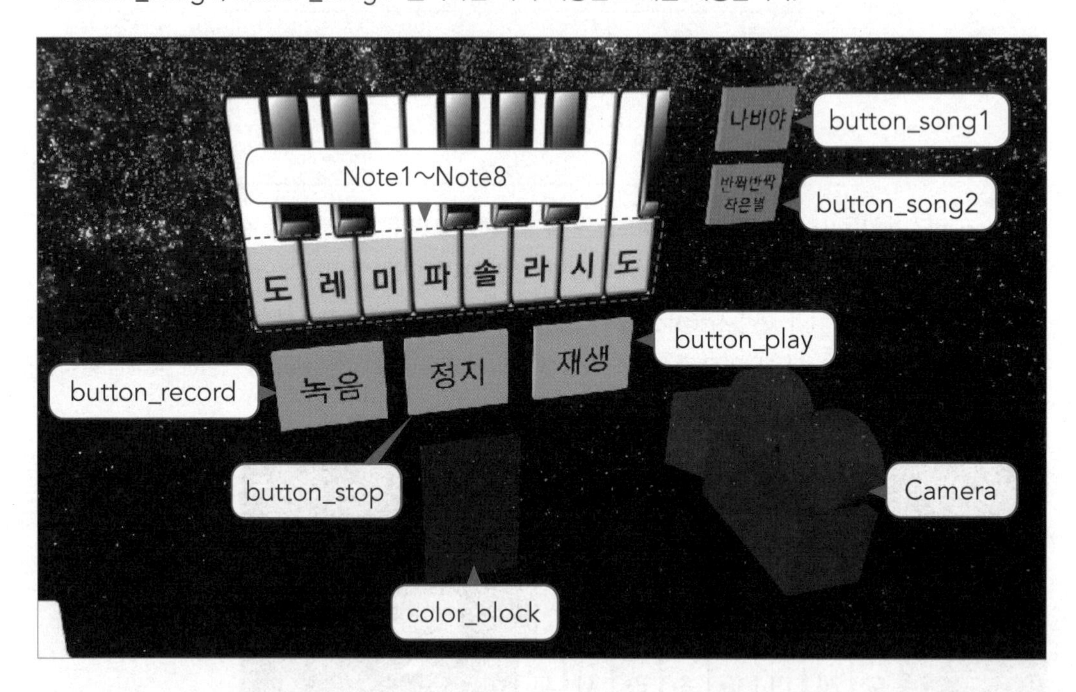

이제 파이썬 스크립트의 변수 영역에 오브젝트 접근 변수를 선언하겠습니다.

```
6   ### 변수 ###
7
8   note1 = scene.get_item("note1")
9   note2 = scene.get_item("note2")
10  note3 = scene.get_item("note3")
11  note4 = scene.get_item("note4")
12  note5 = scene.get_item("note5")
13  note6 = scene.get_item("note6")
14  note7 = scene.get_item("note7")
```

```
15  note8 = scene.get_item("note8")
16
17  color_block = scene.get_item("color_block")
18
19  button_record = scene.get_item("button_record")
20  button_stop = scene.get_item("button_stop")
21  button_play = scene.get_item("button_play")
22
23  button_song1 = scene.get_item("button_song1")
24  button_song2 = scene.get_item("button_song2")
25
26
27  ### 함수 ###
```

다음으로 소리를 재생할 소리 파일을 로드합니다. 소리 파일은 ID 값을 등록하게 되는데, ID 값은 업로드된 소리 파일에서 [ID 복사] 기능을 이용해서 가져올 수 있습니다.

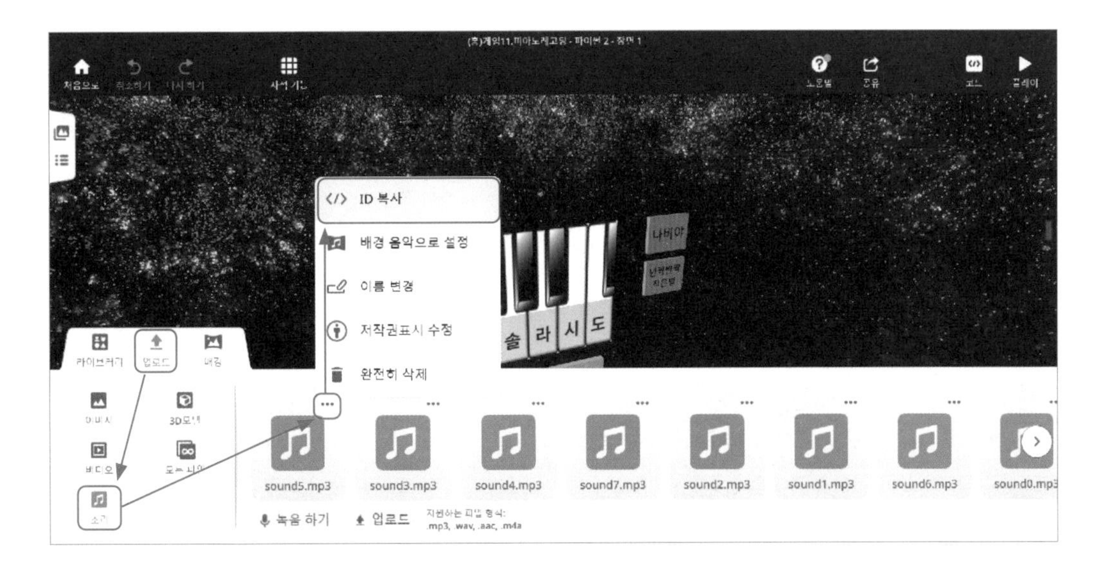

8개 소리 파일의 ID를 복사해서 변수로 설정합니다.

```
23  button_song1 = scene.get_item("button_song1")
24  button_song2 = scene.get_item("button_song2")
25
```

```
26  sound1 = Sound.load("r3/deHbQah6fYCmn6siJ7IcQJUbxtEfL94cyi29V2jU5Cy")
27  sound2 = Sound.load("r3/GjdD2Gs0Gz7hPfVCqJqo7X9y9rzvScWaqII6LHSC5Em")
28  sound3 = Sound.load("r3/9HUh5Pk8URMcfEefKlVw7QIFQ813p2gqloKOgAc0cuO")
29  sound4 = Sound.load("r3/ywh4Dazkpyh9bk55E3DJBSOGqeV08zsekqkh3nPZoLA")
30  sound5 = Sound.load("r3/Q48X3Ip1YRL7qMNVB8waj81WiP9eTI0idoNQyv1P5mf")
31  sound6 = Sound.load("r3/Ko3nbjvR59d9sMDy8iUMt8dlulezlwHHXzSYtf3nrKm")
32  sound7 = Sound.load("r3/6JDWIm58ATcyVVyMLi61RjjfTHGphGRIVg2pnxjngQa")
33  sound8 = Sound.load("r3/dZiPDB0d1IEXuZaMk2I2ZKtONlVoPwB0eAGESDoq8ze")
34
35
36  ### 함수 ###
```

다음으로 소리 오브젝트와 건반 오브젝트를 각각 리스트(sound_list와 note_list)로 만듭니다. 리스트로 만들어 놓으면 동일한 index 값을 이용해서 소리와 건반을 서로 매칭시킬 수 있어 편리합니다. 리스트의 index는 0부터 시작하기 때문에 리스트의 첫 번째 항목은 None으로 비워 두었습니다.

```
33  sound8 = Sound.load("r3/dZiPDB0d1IEXuZaMk2I2ZKtONlVoPwB0eAGESDoq8ze")
34
35  sound_list = [None, sound1, sound2, sound3, sound4, sound5, sound6,
    sound7, sound8]
36  note_list = [None, note1, note2, note3, note4, note5, note6, note7, note8]
37
38
39  ### 함수 ###
```

2단계 건반 클릭하면 소리내기

각각의 건반을 클릭했을 때 해당하는 피아노 음이 나오도록 구현합니다. 사용자가 건반을 클릭하면, 그에 상응하는 소리가 재생되고, 눈에 띄는 컬러 블록을 이용해서 시각적 피드백이 제공됩니다.

우선 클릭 이벤트 리스너를 만듭니다. 이벤트 영역에서 input.on_click() 함수를 이용해서 각각의 건반을 클릭하면 on_note_click() 함수를 호출합니다. 이때 각 건반의 번호를 매개변수로 함께 넘깁니다.

```
43  ### 이벤트 ###
44
45  note1.input.on_click(lambda: on_note_click(1))
46  note2.input.on_click(lambda: on_note_click(2))
47  note3.input.on_click(lambda: on_note_click(3))
48  note4.input.on_click(lambda: on_note_click(4))
49  note5.input.on_click(lambda: on_note_click(5))
50  note6.input.on_click(lambda: on_note_click(6))
51  note7.input.on_click(lambda: on_note_click(7))
52  note8.input.on_click(lambda: on_note_click(8))
53
54
55  ### 메인코드 ###
```

함수 영역에서 클릭 이벤트 핸들러를 정의합니다.

41 on_note_click() 함수는 클릭한 건반의 번호를 note_num 매개변수로 가져옵니다. 예를 들어, '낮은 도'는 0, '레'는 1 값입니다.

42 소리 파일 리스트를 가져옵니다.

43 소리 파일 리스트에서 건반 번호에 해당하는 항목을 가져온 후에 Sound.play_one_shot() 함수로 100% 볼륨으로 재생합니다.

44 클릭한 건반 위에 노란색 블록을 표시하기 위해서 현재 클릭한 건반과 노란색 컬러 블록의 복제본을 전달하면서 on_color_block_copied() 함수를 호출합니다.

46 on_color_block_copied() 함수는 건반을 눌렀을 때 실행됩니다. 사용자가 클릭한 건반(current_note)과 복제된 노란색 블록(copied_color_block)을 매개변수로 가집니다.

47 복제된 노란색 블록을 클릭한 건반 위치로 이동시킵니다.

48 0.5초 후에 노란색 블록을 삭제합니다.

결국 건반을 클릭할 때마다 해당 소리 파일이 재생되고, 노란색 블록이 0.5초 동안 건반 위에 나타났다가 사라지게 됩니다.

```
39 ### 함수 ###
40
41 def on_note_click(note_num):
42     global sound_list
43     Sound.play_one_shot(sound_list[note_num],1)
44     on_color_block_copied(note_list[note_num], color_block.copy())
45
46 def on_color_block_copied(current_note, copied_color_block):
47     copied_color_block.transform.position = current_note.transform.position
48     time.schedule(copied_color_block.delete, 0.5)
49
50
51 ### 이벤트 ###
```

여기까지 작성한 코드는 다음과 같습니다.

```
1  from cospaces import *
2  import math
3  import random
4
5
6  ### 변수 ###
7
8  note1 = scene.get_item("note1")
9  note2 = scene.get_item("note2")
10 note3 = scene.get_item("note3")
11 note4 = scene.get_item("note4")
12 note5 = scene.get_item("note5")
13 note6 = scene.get_item("note6")
14 note7 = scene.get_item("note7")
```

```
15 note8 = scene.get_item("note8")
16
17 color_block = scene.get_item("color_block")
18
19 button_record = scene.get_item("button_record")
20 button_stop = scene.get_item("button_stop")
21 button_play = scene.get_item("button_play")
22
23 button_song1 = scene.get_item("button_song1")
24 button_song2 = scene.get_item("button_song2")
25
26 sound1 = Sound.load("r3/deHbQah6fYCmn6siJ7IcQJUbxtEfL94cyi29V2jU5Cy")
27 sound2 = Sound.load("r3/GjdD2Gs0Gz7hPfVCqJqo7X9y9rzvScWaqII6LHSC5Em")
28 sound3 = Sound.load("r3/9HUh5Pk8URMcfEefKlVw7QIFQ813p2gqloKOgAc0cuO")
29 sound4 = Sound.load("r3/ywh4Dazkpyh9bk55E3DJBSOGqeV08zsekqkh3nPZoLA")
30 sound5 = Sound.load("r3/Q48X3Ip1YRL7qMNVB8waj81WiP9eTI0idoNQyv1P5mf")
31 sound6 = Sound.load("r3/Ko3nbjvR59d9sMDy8iUMt8dlulezlwHHXzSYtf3nrKm")
32 sound7 = Sound.load("r3/6JDWIm58ATcyVVyMLi61RjjfTHGphGRIVg2pnxjngQa")
33 sound8 = Sound.load("r3/dZiPDB0d1IEXuZaMk2I2ZKtONlVoPwB0eAGESDoq8ze")
34
35 sound_list = [None, sound1, sound2, sound3, sound4, sound5, sound6,
   sound7, sound8]
36 note_list = [None, note1, note2, note3, note4, note5, note6, note7, note8]
37
38
39 ### 함수 ###
40
41 def on_note_click(note_num):
42     global sound_list
43     Sound.play_one_shot(sound_list[note_num],1)
44     on_color_block_copied(note_list[note_num], color_block.copy())
45
46 def on_color_block_copied(current_note, copied_color_block):
47     copied_color_block.transform.position = current_note.transform.position
48     time.schedule(copied_color_block.delete, 0.5)
```

```
49
50
51  ### 이벤트 ###
52
53  note1.input.on_click(lambda: on_note_click(1))
54  note2.input.on_click(lambda: on_note_click(2))
55  note3.input.on_click(lambda: on_note_click(3))
56  note4.input.on_click(lambda: on_note_click(4))
57  note5.input.on_click(lambda: on_note_click(5))
58  note6.input.on_click(lambda: on_note_click(6))
59  note7.input.on_click(lambda: on_note_click(7))
60  note8.input.on_click(lambda: on_note_click(8))
61
62
63  ### 메인코드 ###
```

게임을 플레이하고 건반을 클릭하면 해당 음의 소리가 재생됩니다.

3단계 녹음 버튼으로 노래 저장하기

녹음 기능은 사용자가 연주한 음을 시간 순서대로 저장하여, 나중에 재생할 수 있도록 하는 것입니다. 사용자는 녹음 버튼을 클릭하여 언제든지 녹음을 시작하고 중단할 수 있으며, 녹음된 음들은 리스트에 저장되어 재생될 때 사용됩니다. 이 기능은 사용자가 자신만의 음악을 창작하고 저장할 수 있게 하여 게임의 창의적인 요소를 강화합니다.

```
51  ### 이벤트 ###
52
53  note1.input.on_click(lambda: on_note_click(1))
54  note2.input.on_click(lambda: on_note_click(2))
55  note3.input.on_click(lambda: on_note_click(3))
56  note4.input.on_click(lambda: on_note_click(4))
57  note5.input.on_click(lambda: on_note_click(5))
58  note6.input.on_click(lambda: on_note_click(6))
59  note7.input.on_click(lambda: on_note_click(7))
60  note8.input.on_click(lambda: on_note_click(8))
61
62  button_record.input.on_click(on_record_click)
63  button_stop.input.on_click(on_stop_click)
64
65
66  ### 메인코드 ###
```

녹음과 관련된 함수를 작성하기 전에, 필요한 변수를 먼저 생성하겠습니다.

- record_list: 플레이어가 연주한 음을 저장하는 리스트입니다.
- is_recording: 현재 녹음 중인지 상태를 나타내는 불리언 변수입니다.
- record_num: 0.1초마다 리스트에 추가시키는 음의 번호입니다. 예를 들면 무음은 0, '낮은 도'는 1, '레'는 2의 값을 가집니다.

```
35  sound_list = [None, sound1, sound2, sound3, sound4, sound5, sound6,
    sound7, sound8]
36  note_list = [None, note1, note2, note3, note4, note5, note6, note7, note8]
37
```

```
38 record_list = []
39 is_recording = False
40 record_num = 0
41
42
43 ### 함수 ###
```

그리고 기존에 건반을 클릭하면 호출되는 on_note_click() 함수에 코드를 추가합니다. 건반을 클릭하면 해당 음의 번호가 record_num 글로벌 변수에 저장됩니다. 그래서 녹음하는 함수에서 이 값을 가져가서 활용할 수 있습니다.

```
43 ### 함수 ###
44
45 def on_note_click(note_num):
46     global sound_list
47     Sound.play_one_shot(sound_list[note_num],1)
48     on_color_block_copied(note_list[note_num], color_block.copy())
49     global record_num
50     record_num = note_num
```

이제 함수 영역에 녹음 관련 함수를 작성합니다. on_record_click() 함수는 플레이어가 [녹음] 버튼을 클릭했을 때 딱 한 번 실행됩니다.

58 노래를 저장하는 리스트를 초기화합니다.

59 is_recording 변수가 True인 동안 음을 저장하는 record() 함수가 반복 호출됩니다.

60 리스트에 추가할 변수를 0(무음)으로 초기화합니다.

61 [녹음] 버튼의 색상을 빨간색으로 변경합니다.

62 0.1초마다 음을 리스트에 저장하는 record() 함수를 호출합니다.

```
52 def on_color_block_copied(current_note, copied_color_block):
53     copied_color_block.transform.position = current_note.transform.position
54     time.schedule(copied_color_block.delete, 0.5)
55
```

```
56 def on_record_click():
57     global record_list, is_recording, record_num
58     record_list = []
59     is_recording = True
60     record_num = 0
61     button_record.color = Color.red
62     record()
```

이제 record() 함수를 정의합니다. 이 함수는 플레이어가 [녹음] 버튼을 클릭한 후에 호출됩니다. 그리고 플레이어가 [정지] 버튼을 클릭하기 전까지 0.1초마다 반복 호출됩니다.

66 글로벌 변수 record_num을 리스트의 맨 뒤에 추가합니다. 앞서 사용자가 건반을 클릭하면 on_note_clik() 함수를 통해서 음 번호가 record_num 변수에 저장되었습니다. 그 값이 리스트에 추가됩니다.

67 그리고 다시 record_num을 0(무음)으로 초기화합니다. 만약 사용자가 녹음 중에 건반을 누르지 않는다면 0.1초마다 0 값만 추가됩니다.

69 사용자가 [정지] 버튼을 클릭하지 않으면 is_recording 변수는 계속 True입니다. 그렇다면 0.1초 후에 다시 자기 자신(record() 함수)을 호출합니다.

72 사용자가 [정지] 버튼을 클릭했다면 출력창에 노래가 저장된 리스트의 길이를 출력합니다. 0.1초마다 값이 저장되므로 10초 동안 녹음한다면 길이는 100 정도가 됩니다.

73 저장된 리스트의 내용을 출력창에 표시합니다. 이 값은 나중에 노래를 미리 저장할 때 사용됩니다.

```
64 def record():
65     global record_list, record_num
66     record_list.append(record_num)
67     record_num = 0
68 
69     if is_recording:
70         time.schedule(record, 0.1)
71     else:
72         print("길이:", len(record_list))
73         print("record_list=", record_list)
```

```
74
75
76 ### 이벤트 ###
```

사용자가 [정지] 버튼을 클릭하면 on_stop_click() 함수가 호출됩니다. 이 함수는 is_recording 변수를 False로 만들어서 더 이상 record() 함수가 호출되지 않도록 만듭니다. 그리고 [녹음] 버튼의 색상도 원래대로 되돌립니다.

```
71     else:
72         print("길이:", len(record_list))
73         print("record_list=", record_list)
74
75 def on_stop_click():
76     global is_recording
77     is_recording = False
78     button_record.color = Color.very_light_gray
79
80
81 ### 이벤트 ###
```

여기까지 작성된 코드는 다음과 같습니다.

```
1  from cospaces import *
2  import math
3  import random
4
5
6  ### 변수 ###
7
8  note1 = scene.get_item("note1")
9  note2 = scene.get_item("note2")
10 note3 = scene.get_item("note3")
11 note4 = scene.get_item("note4")
12 note5 = scene.get_item("note5")
```

```
13  note6 = scene.get_item("note6")
14  note7 = scene.get_item("note7")
15  note8 = scene.get_item("note8")
16
17  color_block = scene.get_item("color_block")
18
19  button_record = scene.get_item("button_record")
20  button_stop = scene.get_item("button_stop")
21  button_play = scene.get_item("button_play")
22
23  button_song1 = scene.get_item("button_song1")
24  button_song2 = scene.get_item("button_song2")
25
26  sound1 = Sound.load("r3/deHbQah6fYCmn6siJ7IcQJUbxtEfL94cyi29V2jU5Cy")
27  sound2 = Sound.load("r3/GjdD2Gs0Gz7hPfVCqJqo7X9y9rzvScWaqII6LHSC5Em")
28  sound3 = Sound.load("r3/9HUh5Pk8URMcfEefKlVw7QIFQ813p2gqloKOgAc0cuO")
29  sound4 = Sound.load("r3/ywh4Dazkpyh9bk55E3DJBSOGqeV08zsekqkh3nPZoLA")
30  sound5 = Sound.load("r3/Q48X3Ip1YRL7qMNVB8waj81WiP9eTI0idoNQyv1P5mf")
31  sound6 = Sound.load("r3/Ko3nbjvR59d9sMDy8iUMt8dlulezlwHHXzSYtf3nrKm")
32  sound7 = Sound.load("r3/6JDWIm58ATcyVVyMLi61RjjfTHGphGRIVg2pnxjngQa")
33  sound8 = Sound.load("r3/dZiPDB0d1IEXuZaMk2I2ZKtONlVoPwB0eAGESDoq8ze")
34
35  sound_list = [None, sound1, sound2, sound3, sound4, sound5, sound6,
    sound7, sound8]
36  note_list = [None, note1, note2, note3, note4, note5, note6, note7, note8]
37
38  record_list = []
39  is_recording = False
40  record_num = 0
41
42
43  ### 함수 ###
44
45  def on_note_click(note_num):
46      global sound_list
```

```
47      Sound.play_one_shot(sound_list[note_num],1)
48      on_color_block_copied(note_list[note_num], color_block.copy())
49      global record_num
50      record_num = note_num
51
52  def on_color_block_copied(current_note, copied_color_block):
53      copied_color_block.transform.position = current_note.transform.position
54      time.schedule(copied_color_block.delete, 0.5)
55
56  def on_record_click():
57      global record_list, is_recording, record_num
58      record_list = []
59      is_recording = True
60      record_num = 0
61      button_record.color = Color.red
62      record()
63
64  def record():
65      global record_list, record_num
66      record_list.append(record_num)
67      record_num = 0
68
69      if is_recording:
70          time.schedule(record, 0.1)
71      else:
72          print("길이:", len(record_list))
73          print("record_list=", record_list)
74
75  def on_stop_click():
76      global is_recording
77      is_recording = False
78      button_record.color = Color.very_light_gray
79
80
81  ### 이벤트 ###
```

```
82
83  note1.input.on_click(lambda: on_note_click(1))
84  note2.input.on_click(lambda: on_note_click(2))
85  note3.input.on_click(lambda: on_note_click(3))
86  note4.input.on_click(lambda: on_note_click(4))
87  note5.input.on_click(lambda: on_note_click(5))
88  note6.input.on_click(lambda: on_note_click(6))
89  note7.input.on_click(lambda: on_note_click(7))
90  note8.input.on_click(lambda: on_note_click(8))
91
92  button_record.input.on_click(on_record_click)
93  button_stop.input.on_click(on_stop_click)
94
95
96  ### 메인코드 ###
```

게임을 플레이해 보세요. [녹음] 버튼을 클릭하고 노래를 연주한 다음, [정지] 버튼을 클릭하세요. 화면 오른쪽 상단의 출력창 아이콘을 클릭하면 저장된 리스트의 길이와 값이 출력됩니다.

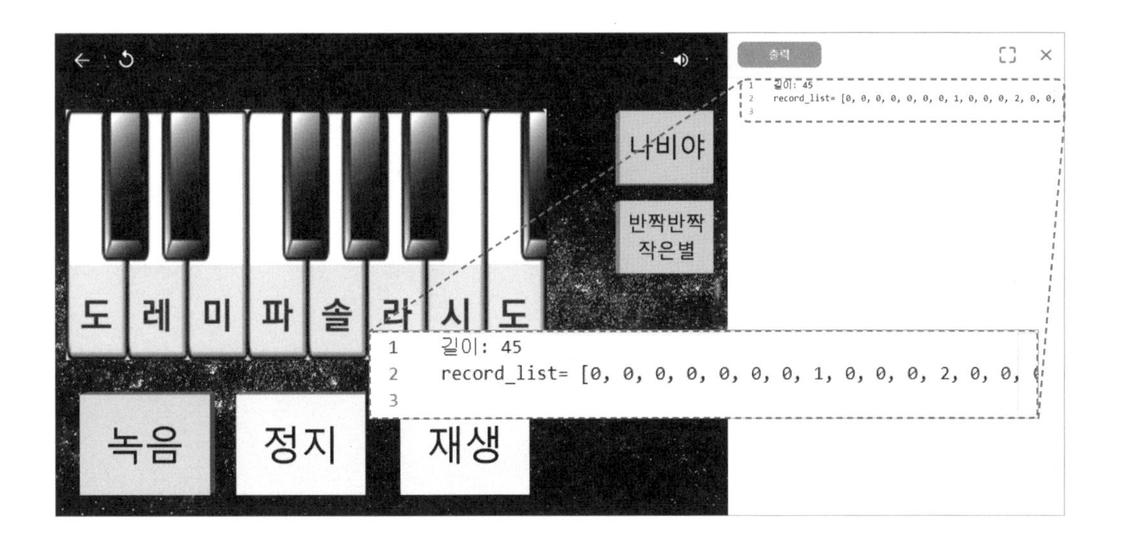

4단계 재생 버튼으로 노래 재생하기

이제 사용자가 저장한 노래를 재생하는 기능을 구현합니다. [재생] 버튼을 클릭하면 녹음된 음들이 순서대로 재생되고, 연주 중인 음은 시각적으로 표시됩니다.

우선 클릭 이벤트 리스너를 만듭니다. 이벤트 영역에서 [재생] 버튼을 클릭하면 on_play_click() 함수를 호출합니다.

```
92  button_record.input.on_click(on_record_click)
93  button_stop.input.on_click(on_stop_click)
94  button_play.input.on_click(on_play_click)
95
96
97  ### 메인코드 ###
```

재생 관련 함수를 만들기 전에 필요한 변수를 선언하겠습니다. 변수 영역에 현재 재생 중인지 상태를 저장하는 is_playing 변수와, 현재 재생하는 음의 인덱스 번호를 저장하는 play_index 변수를 추가합니다.

```
38  record_list = []
39  is_recording = False
40  record_num = 0
41
42  is_playing = False
43  play_index = 0
44
45
46  ### 함수 ###
```

이제 함수 영역에서 on_play_click() 함수를 작성합니다. 이 함수는 사용자가 [재생] 버튼을 클릭하면 한 번 실행됩니다.

85 재생 상태를 저장하는 is_playing 변수를 True로 설정합니다.

86 리스트에서 몇 번째 음을 재생할지 저장하는 play_index 변수를 0으로 초기화합니다.

87 재생 버튼의 색상을 파란색으로 만듭니다.

88 play() 함수를 호출합니다.

```
78  def on_stop_click():
79      global is_recording
80      is_recording = False
81      button_record.color = Color.very_light_gray
82
83  def on_play_click():
84      global is_playing, play_index
85      is_playing = True
86      play_index = 0
87      button_play.color = Color.blue
88      play()
89
90
91  ### 이벤트 ###
```

play() 함수를 작성합니다. 이 함수는 0.1초마다 자기 자신을 호출하면서 리스트에 있는 음을 가져와서 재생합니다.

94 현재 play_index 값이 record_list의 전체 길이보다 많아지면, 더 이상 함수를 반복하지 않고 stop_play() 함수를 호출하고, 이 함수에서 빠져나갑니다. 이것은 녹음된 음을 모두 다 재생했다는 뜻입니다.

98 record_list에서 인덱스 위치에 있는 음을 가져와서 note_index에 넣습니다.

99 만약 note_index 값이 0이면 무음입니다. 값이 0이 아닌 1~7까지 값을 가지면 저장된 음이 있다는 것입니다.

100 해당 소리를 100% 볼륨으로 한 번 재생합니다.

101 노란색 컬러 블록을 복제해서 해당 건반 위에 표시합니다.

103 play_index 값을 1 증가시킵니다.

104 사용자가 [정지] 버튼을 클릭하지 않았다면, is_playing 값은 계속 True입니다.

105 자기 자신(play() 함수)을 0.1초 후에 다시 호출합니다.

결국 0.1초마다 play() 함수를 반복실행하면서, 리스트가 끝날 때까지 음을 하나씩 가져와서 소리를 재생하고 건반에 노란색 블록을 표시하게 됩니다.

```
90  def play():
91      global play_index, is_playing
92      global sound_list, record_list, note_list
93
94      if play_index >= len(record_list):
95          stop_play()
96          return
97
98      note_index = record_list[play_index]
99      if note_index > 0:
100         Sound.play_one_shot(sound_list[note_index], 1)
101         on_color_block_copied(note_list[note_index], color_block.copy())
102
103     play_index += 1
104     if is_playing:
105         time.schedule(play, 0.1)
106
107
108 ### 이벤트 ###
```

앞에 record_list의 항목을 모두 재생하고 나면 stop_play() 함수를 호출한다고 했습니다. stop_play() 함수를 정의합니다.

109 재생이 끝났으므로 is_playing 변수를 False로 변경합니다.

110 [재생] 버튼의 색상을 원래대로 되돌립니다.

```
103     play_index += 1
104     if is_playing:
105         time.schedule(play, 0.1)
106
```

```
107 def stop_play():
108     global is_playing, play_index
109     is_playing = False
110     button_play.color = Color.very_light_gray
111
112
113 ### 이벤트 ###
```

사용자가 [정지] 버튼을 클릭하면 재생을 멈춰야 합니다. [정지] 버튼을 클릭하면 호출되는 on_stop_click() 함수를 수정하겠습니다.

84 is_playing 값을 False로 변경합니다.

85 [재생] 버튼의 색상을 원래대로 되돌립니다.

```
78 def on_stop_click():
79     global is_recording
80     is_recording = False
81     button_record.color = Color.very_light_gray
82
83     global is_playing
84     is_playing = False
85     button_play.color = Color.very_light_gray
```

여기까지 작성된 코드는 다음과 같습니다.

```
1  from cospaces import *
2  import math
3  import random
4
5
6  ### 변수 ###
7
8  note1 = scene.get_item("note1")
9  note2 = scene.get_item("note2")
```

```
10  note3 = scene.get_item("note3")
11  note4 = scene.get_item("note4")
12  note5 = scene.get_item("note5")
13  note6 = scene.get_item("note6")
14  note7 = scene.get_item("note7")
15  note8 = scene.get_item("note8")
16
17  color_block = scene.get_item("color_block")
18
19  button_record = scene.get_item("button_record")
20  button_stop = scene.get_item("button_stop")
21  button_play = scene.get_item("button_play")
22
23  button_song1 = scene.get_item("button_song1")
24  button_song2 = scene.get_item("button_song2")
25
26  sound1 = Sound.load("r3/deHbQah6fYCmn6siJ7IcQJUbxtEfL94cyi29V2jU5Cy")
27  sound2 = Sound.load("r3/GjdD2Gs0Gz7hPfVCqJqo7X9y9rzvScWaqII6LHSC5Em")
28  sound3 = Sound.load("r3/9HUh5Pk8URMcfEefKlVw7QIFQ813p2gqloKOgAc0cuO")
29  sound4 = Sound.load("r3/ywh4Dazkpyh9bk55E3DJBSOGqeV08zsekqkh3nPZoLA")
30  sound5 = Sound.load("r3/Q48X3Ip1YRL7qMNVB8waj81WiP9eTI0idoNQyv1P5mf")
31  sound6 = Sound.load("r3/Ko3nbjvR59d9sMDy8iUMt8dlulezlwHHXzSYtf3nrKm")
32  sound7 = Sound.load("r3/6JDWIm58ATcyVVyMLi61RjjfTHGphGRIVg2pnxjngQa")
33  sound8 = Sound.load("r3/dZiPDB0d1IEXuZaMk2I2ZKtONlVoPwB0eAGESDoq8ze")
34
35  sound_list = [None, sound1, sound2, sound3, sound4, sound5, sound6,
    sound7, sound8]
36  note_list = [None, note1, note2, note3, note4, note5, note6, note7, note8]
37
38  record_list = []
39  is_recording = False
40  record_num = 0
41
42  is_playing = False
43  play_index = 0
```

```
44
45
46 ### 함수 ###
47
48 def on_note_click(note_num):
49     global sound_list
50     Sound.play_one_shot(sound_list[note_num],1)
51     on_color_block_copied(note_list[note_num], color_block.copy())
52     global record_num
53     record_num = note_num
54
55 def on_color_block_copied(current_note, copied_color_block):
56     copied_color_block.transform.position = current_note.transform.position
57     time.schedule(copied_color_block.delete, 0.5)
58
59 def on_record_click():
60     global record_list, is_recording, record_num
61     record_list = []
62     is_recording = True
63     record_num = 0
64     button_record.color = Color.red
65     record()
66
67 def record():
68     global record_list, record_num
69     record_list.append(record_num)
70     record_num = 0
71
72     if is_recording:
73         time.schedule(record, 0.1)
74     else:
75         print("길이:", len(record_list))
76         print("record_list=", record_list)
77
78 def on_stop_click():
```

```
79      global is_recording
80      is_recording = False
81      button_record.color = Color.very_light_gray
82
83      global is_playing
84      is_playing = False
85      button_play.color = Color.very_light_gray
86
87  def on_play_click():
88      global is_playing, play_index
89      is_playing = True
90      play_index = 0
91      button_play.color = Color.blue
92      play()
93
94  def play():
95      global play_index, is_playing
96      global sound_list, record_list, note_list
97
98      if play_index >= len(record_list):
99          stop_play()
100         return
101
102     note_index = record_list[play_index]
103     if note_index > 0:
104         Sound.play_one_shot(sound_list[note_index], 1)
105         on_color_block_copied(note_list[note_index], color_block.copy())
106
107     play_index += 1
108     if is_playing:
109         time.schedule(play, 0.1)
110
111 def stop_play():
112     global is_playing, play_index
113     is_playing = False
```

```
114         button_play.color = Color.very_light_gray
115
116
117 ### 이벤트 ###
118
119 note1.input.on_click(lambda: on_note_click(1))
120 note2.input.on_click(lambda: on_note_click(2))
121 note3.input.on_click(lambda: on_note_click(3))
122 note4.input.on_click(lambda: on_note_click(4))
123 note5.input.on_click(lambda: on_note_click(5))
124 note6.input.on_click(lambda: on_note_click(6))
125 note7.input.on_click(lambda: on_note_click(7))
126 note8.input.on_click(lambda: on_note_click(8))
127
128 button_record.input.on_click(on_record_click)
129 button_stop.input.on_click(on_stop_click)
130 button_play.input.on_click(on_play_click)
131
132
133 ### 메인코드 ###
```

게임을 플레이하고 노래를 녹음한 후에 [재생] 버튼을 클릭해 보세요. 녹음한 노래가 재생됩니다.

5단계 노래 미리 만들어 놓기

마지막으로 미리 만들어진 두 곡의 노래를 게임에 추가하고, 버튼을 클릭해서 이 노래들을 재생할 수 있는 기능을 구현합니다. 이를 통해 사용자는 게임 내에서 미리 설정된 노래를 들을 수 있습니다.

우선 이벤트 영역에서 버튼에 대한 클릭 이벤트 리스너를 생성합니다.

```
128  button_record.input.on_click(on_record_click)
129  button_stop.input.on_click(on_stop_click)
130  button_play.input.on_click(on_play_click)
131
132  button_song1.input.on_click(on_song1_click)
133  button_song2.input.on_click(on_song2_click)
134
135
136  ### 메인코드 ###
```

각 버튼에 대한 클릭 이벤트 핸들러를 작성합니다. 함수 영역에 on_song1_click() 함수와 on_song2_click() 함수를 정의합니다. record_list에 값을 저장한 후에 재생하게 됩니다. 먼저 예시로 몇 가지 음을 저장하고 테스트해 보겠습니다.

```
116  def on_song1_click():
117      global record_list
118      record_list= [0, 1, 0, 2, 0, 3]
119      on_play_click()
120
121  def on_song2_click():
122      global record_list
123      record_list= [0, 3, 0, 2, 0, 1]
124      on_play_click()
125
126
127  ### 이벤트 ###
```

게임을 플레이하고 [나비야] 버튼을 클릭하면 '도, 레, 미' 노래가 재생됩니다. [반짝반짝 작은별] 버튼을 클릭하면 '미, 레, 도' 노래가 재생됩니다.

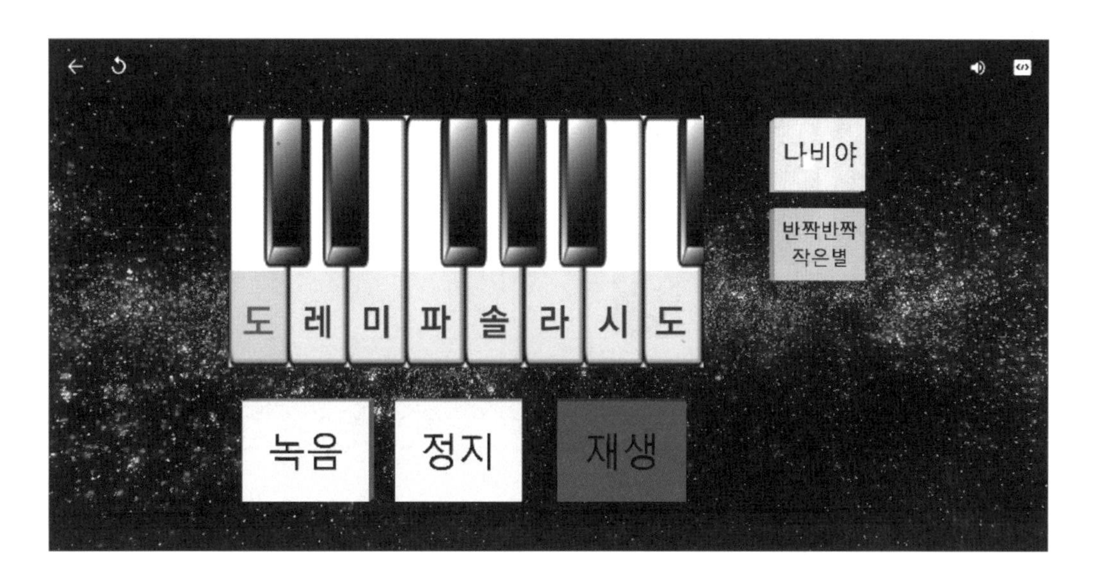

하지만 이런 식으로 리스트 값을 만드는 것은 매우 지루한 작업입니다. 나비야 노래를 손쉽게 저장하려면 [녹음] 버튼을 클릭한 후에 직접 연주를 하면 됩니다.

게임을 플레이하고 [녹음] 버튼을 클릭한 후에 다음의 악보를 보고 '나비야' 노래를 연주하세요.

녹음이 완료되면 출력창에서 record_list를 확인하세요. 리스트 값을 3번 클릭하면 한 줄이 모두 선택됩니다. 텍스트를 복사합니다.

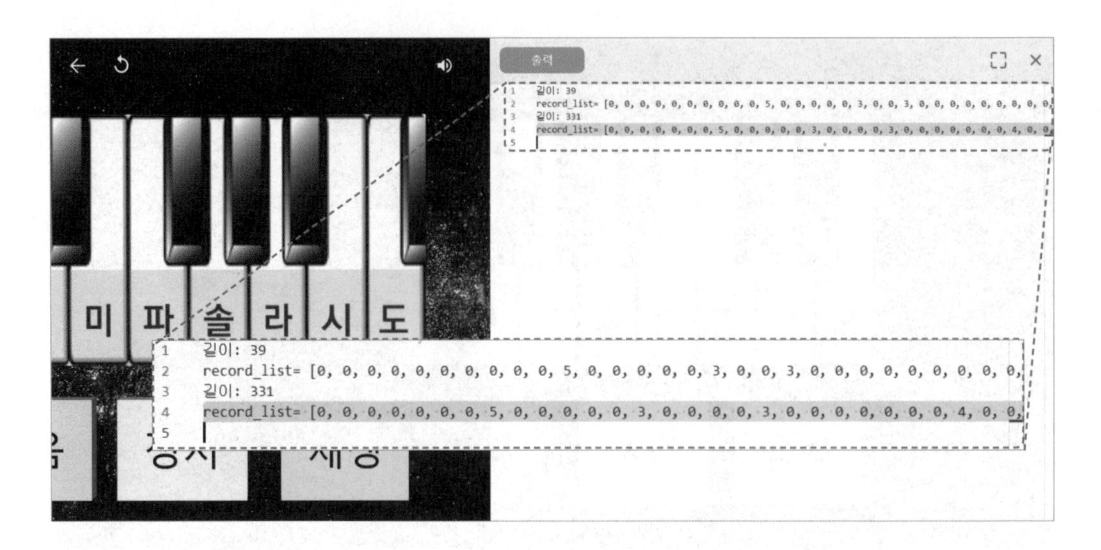

기존의 record_list 값을 지우고 텍스트 붙여넣기 합니다.

```
116 def on_song1_click():
117     global record_list
118     record_list= [0, 0, 0, 0, 0, 0, 0, 5, 0, 0, 0, 0, 0, 3, 0, 0, 0, 0, 3, 0, 0, ...
119     on_play_click()
```

같은 방식으로 다음의 악보를 보고 '반짝반짝 작은별' 노래도 녹음해서 on_song2_click() 함수 내부의 리스트 값에 넣어 주세요.

이제 게임에서 노래 이름 버튼을 누르면 미리 저장한 노래가 자동 재생됩니다.

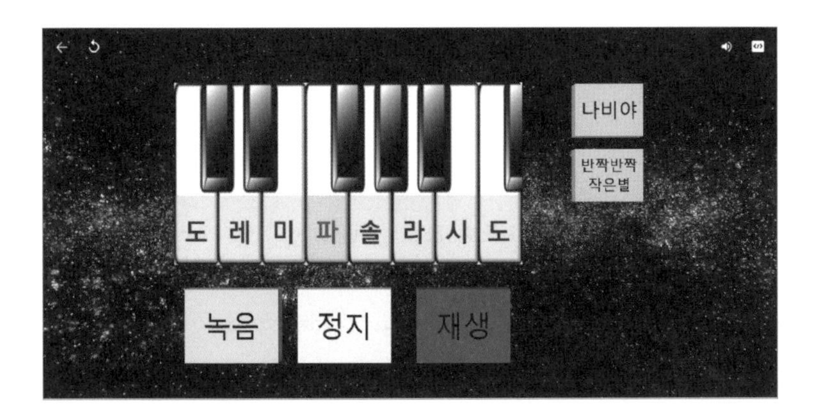

최종 완성 코드

예제 파일 | 예제11_피아노_레코딩.txt

```
1   from cospaces import *
2   import math
3   import random
4
5
6   ### 변수 ###
7
8   note1 = scene.get_item("note1")
9   note2 = scene.get_item("note2")
10  note3 = scene.get_item("note3")
11  note4 = scene.get_item("note4")
12  note5 = scene.get_item("note5")
13  note6 = scene.get_item("note6")
14  note7 = scene.get_item("note7")
15  note8 = scene.get_item("note8")
16
17  color_block = scene.get_item("color_block")
18
19  button_record = scene.get_item("button_record")
20  button_stop = scene.get_item("button_stop")
21  button_play = scene.get_item("button_play")
22
```

```
23  button_song1 = scene.get_item("button_song1")
24  button_song2 = scene.get_item("button_song2")
25
26  sound1 = Sound.load("r3/deHbQah6fYCmn6siJ7IcQJUbxtEfL94cyi29V2jU5Cy")
27  sound2 = Sound.load("r3/GjdD2Gs0Gz7hPfVCqJqo7X9y9rzvScWaqII6LHSC5Em")
28  sound3 = Sound.load("r3/9HUh5Pk8URMcfEefKlVw7QIFQ813p2gqloKOgAc0cuO")
29  sound4 = Sound.load("r3/ywh4Dazkpyh9bk55E3DJBSOGqeV08zsekqkh3nPZoLA")
30  sound5 = Sound.load("r3/Q48X3Ip1YRL7qMNVB8waj81WiP9eTI0idoNQyv1P5mf")
31  sound6 = Sound.load("r3/Ko3nbjvR59d9sMDy8iUMt8dlulezlwHHXzSYtf3nrKm")
32  sound7 = Sound.load("r3/6JDWIm58ATcyVVyMLi61RjjfTHGphGRIVg2pnxjngQa")
33  sound8 = Sound.load("r3/dZiPDB0d1IEXuZaMk2I2ZKtONlVoPwB0eAGESDoq8ze")
34
35  sound_list = [None, sound1, sound2, sound3, sound4, sound5, sound6,
    sound7, sound8]
36  note_list = [None, note1, note2, note3, note4, note5, note6, note7, note8]
37
38  record_list = []
39  is_recording = False
40  record_num = 0
41
42  is_playing = False
43  play_index = 0
44
45
46  ### 함수 ###
47
48  def on_note_click(note_num):
49      global sound_list
50      Sound.play_one_shot(sound_list[note_num],1)
51      on_color_block_copied(note_list[note_num], color_block.copy())
52      global record_num
53      record_num = note_num
54
55  def on_color_block_copied(current_note, copied_color_block):
56      copied_color_block.transform.position = current_note.transform.position
```

```
57     time.schedule(copied_color_block.delete, 0.5)
58
59 def on_record_click():
60     global record_list, is_recording, record_num
61     record_list = []
62     is_recording = True
63     record_num = 0
64     button_record.color = Color.red
65     record()
66
67 def record():
68     global record_list, record_num
69     record_list.append(record_num)
70     record_num = 0
71
72     if is_recording:
73         time.schedule(record, 0.1)
74     else:
75         print("길이:", len(record_list))
76         print("record_list=", record_list)
77
78 def on_stop_click():
79     global is_recording
80     is_recording = False
81     button_record.color = Color.very_light_gray
82
83     global is_playing
84     is_playing = False
85     button_play.color = Color.very_light_gray
86
87 def on_play_click():
88     global is_playing, play_index
89     is_playing = True
90     play_index = 0
91     button_play.color = Color.blue
```

```
92      play()
93
94  def play():
95      global play_index, is_playing
96      global sound_list, record_list, note_list
97
98      if play_index >= len(record_list):
99          stop_play()
100         return
101
102     note_index = record_list[play_index]
103     if note_index > 0:
104         Sound.play_one_shot(sound_list[note_index], 1)
105         on_color_block_copied(note_list[note_index], color_block.copy())
106
107     play_index += 1
108     if is_playing:
109         time.schedule(play, 0.1)
110
111 def stop_play():
112     global is_playing, play_index
113     is_playing = False
114     button_play.color = Color.very_light_gray
115
116 def on_song1_click():
117     global record_list
118     record_list= [0, 0, 0, 0, 0, 0, 0, 5, 0, 0, 0, 0, 0, 3, 0, 0, 0, 0, 3, 0, 0, ...
119     on_play_click()
120
121 def on_song2_click():
122     global record_list
123     record_list= [0, 0, 0, 0, 0, 0, 1, 0, 0, 0, 0, 1, 0, 0, 0, 0, 5, 0, 0, 0, ...
124     on_play_click()
125
126
```

```
127 ### 이벤트 ###
128
129 note1.input.on_click(lambda: on_note_click(1))
130 note2.input.on_click(lambda: on_note_click(2))
131 note3.input.on_click(lambda: on_note_click(3))
132 note4.input.on_click(lambda: on_note_click(4))
133 note5.input.on_click(lambda: on_note_click(5))
134 note6.input.on_click(lambda: on_note_click(6))
135 note7.input.on_click(lambda: on_note_click(7))
136 note8.input.on_click(lambda: on_note_click(8))
137
138 button_record.input.on_click(on_record_click)
139 button_stop.input.on_click(on_stop_click)
140 button_play.input.on_click(on_play_click)
141
142 button_song1.input.on_click(on_song1_click)
143 button_song2.input.on_click(on_song2_click)
144
145
146 ### 메인코드 ###
```

예제
12 우드 타이쿤

공유 링크
완성작: https://edu.cospaces.io/JVZ-JSS
템플릿: https://edu.cospaces.io/NDR-BRY

목표

우드 타이쿤 게임은 가상의 경영 시뮬레이션 게임입니다. 플레이어는 나무를 수집하고, 자원을 관리하여 목재 사업을 성장시키는 역할을 맡습니다. 게임의 주요 요소로는 나무 찾기, 나무 베기, 목재 수집 및 자원 관리가 있습니다. 플레이어는 나무를 찾아 베고, 수집된 목재를 사용하여 일꾼을 고용하거나 작업 속도를 높일 수 있습니다. 각 활동은 애니메이션과 함께 사운드 효과로 생동감을 더하며, 목재 수집량과 작업자 수, 작업 속도는 디스플레이를 통해 시각적으로 표시됩니다. 목표는 자원을 효율적으로 사용하여 사업을 최대한 확장하는 것입니다.

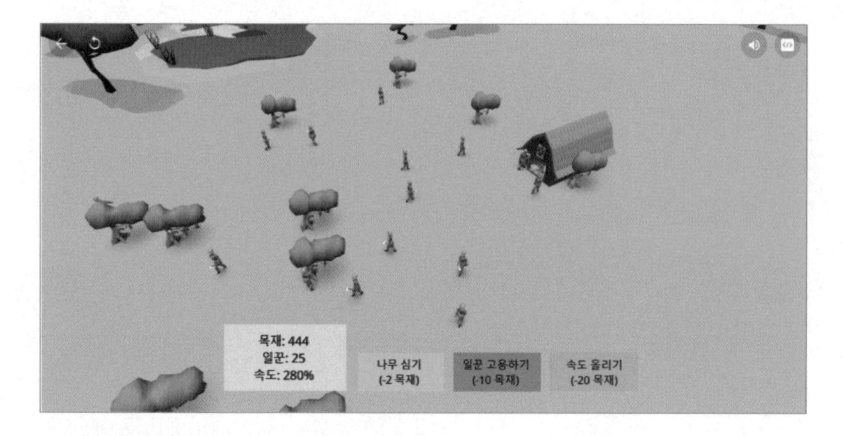

순서

1단계 오브젝트 구성과 초기화하기
2단계 일꾼이 나무 찾아 가기
3단계 나무 확인하고 나무 패기
4단계 집으로 목재 가져가고 점수 올리기
5단계 나무, 일꾼, 속도 버튼 처리하기

1단계 오브젝트 구성과 초기화하기

게임의 기본 구성 요소인 오브젝트들을 설정하고 초기화하겠습니다. 템플릿 예제에서 장면 디자인 및 오브젝트를 살펴보겠습니다.

- Worker1: 인공지능으로 나무 패기를 하고 수확하는 일꾼 캐릭터입니다.
- Tree2, Tree3, Tree4: 초기에 주어지는 자원입니다.
- House: 일꾼이 나무 패기 후 목재를 가져오는 곳입니다.

장면의 한쪽 끝에 Tree1 오브젝트가 있습니다.

- Tree1: 일정 시간마다 생성되는 나무 복제본의 원본입니다.

카메라 앞에는 게임 정보창 패널과 버튼이 있습니다.

- Camera: 비행 모드로 설정된 플레이어 시점입니다.
- Display Text: 게임의 정보를 표시하는 텍스트 오브젝트입니다.
- Display: 디스플레이 텍스트의 뒤 배경입니다.
- Button Wood, Button Worker, Button Speed: 게임의 상호작용을 위한 버튼입니다.

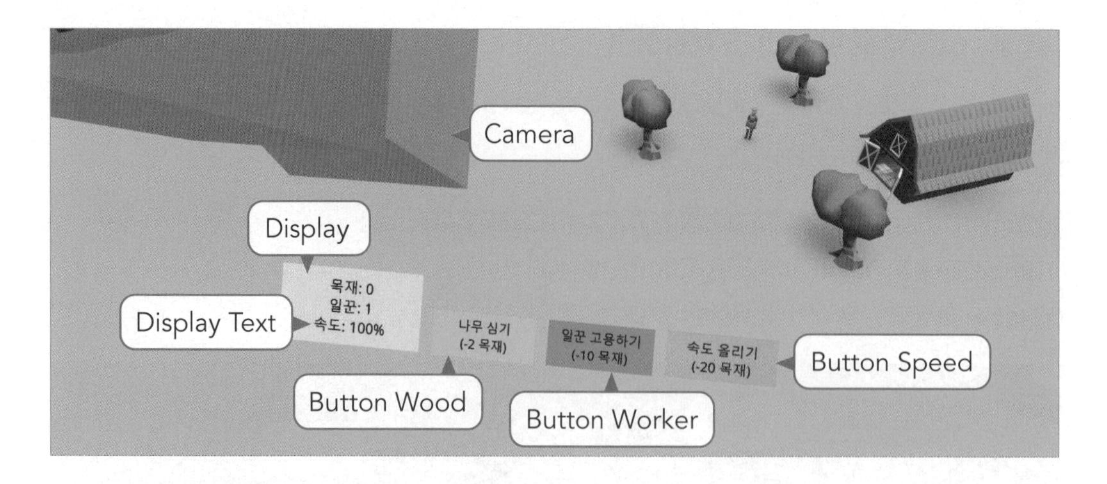

또한 이 게임에는 여러 가지 소리 파일이 사용됩니다.

- excellent.mp3: 일꾼이 추가될 때 나는 효과음입니다.
- coin.mp3: 목재가 증가할 때 나는 효과음입니다.
- chopping.mp3: 일꾼이 나무 패기를 할 때 나는 소리입니다.
- click: 사용자가 버튼을 클릭할 때 나는 효과음입니다.

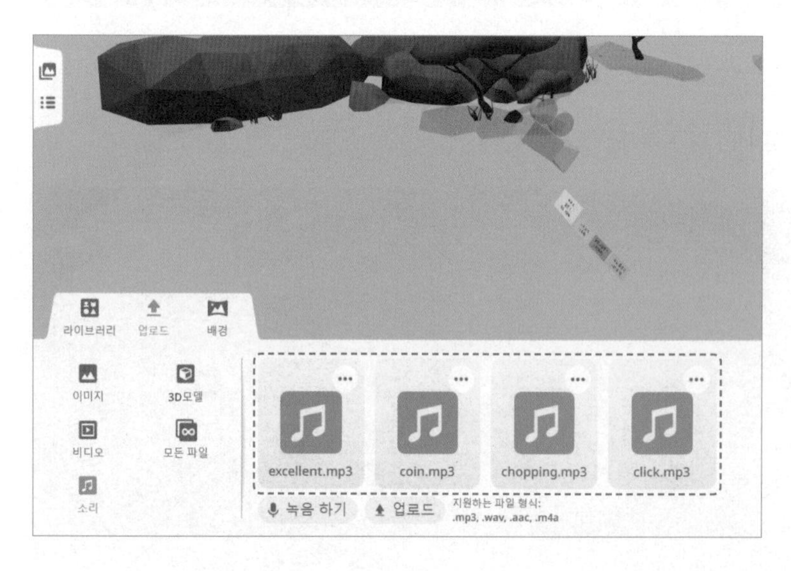

이제 오브젝트와 소리 파일을 변수 영역에서 설정하겠습니다.

장면에 있는 모든 오브젝트의 접근 변수를 선언합니다. 소리 파일은 ID를 복사해서 미리 로드해 줍니다. 다만 나무 패기 소리(chopping.mp3)는 함수 안에서 설정해야 하기 때문에 여기서는 설정하지 않습니다.

```
6   ### 변수 ###
7
8   camera = scene.get_item("Camera")
9   display = scene.get_item("Display")
10  display_text = scene.get_item("Display Text")
11  button_wood = scene.get_item("Button Wood")
12  button_worker = scene.get_item("Button Worker")
13  button_speed = scene.get_item("Button Speed")
14
15  worker1 = scene.get_item("Worker1")
16  house = scene.get_item("House")
17
18  tree1 = scene.get_item("Tree1")
19  tree2 = scene.get_item("Tree2")
20  tree3 = scene.get_item("Tree3")
21  tree4 = scene.get_item("Tree4")
22
23  coin_sound = Sound.load("r3/dyvldEqD9I9JhuHp89dMx9NZi3gkmmDmnSPFVmkTC8K")
24  click_sound = Sound.load("r3/LerMBSliY4BUXID2rtRUelAeMpJKXqdOj7gia4HoMWc")
25  excellent_sound = Sound.load("r3/cAAXkvmfg7lyUiGpAwFM9qkMC7l0j1q3ya5A2hiPI0T")
```

2단계 일꾼이 나무 찾아 가기

일꾼은 마치 인공지능처럼 게임 속에서 스스로 움직입니다. 만약 게임 속에 나무가 있다면, 스스로 나무 근처로 이동하고 나무를 팰 수 있는지 확인합니다. 모든 나무를 베어 더 이상 팰 나무가 없다면 그 자리에서 잠시 대기합니다.

변수 영역에 변수를 추가합니다.

27 '수확할 수 있는 나무' 목록을 저장하는 tree_list를 생성합니다. 나무 세 개를 집어넣습니다. tree1 오브젝트는 나무의 원본이므로 수확하고 나면 나중에 복제할 수 없습니다. 따라서 tree1은 리스트에 포함시키지 않습니다.

29 일꾼이 나무로 이동하는 속도는 나중에 플레이어가 속도를 증가시킬 수 있습니다. 미리 speed_count 변수로 만들어 관리합니다. 기본 속도는 1(100%)입니다.

```
23  coin_sound = Sound.load("r3/dyvldEqD9I9JhuHp89dMx9NZi3gkmmDmnSPFVmkTC8K")
24  click_sound = Sound.load("r3/LerMBSliY4BUXID2rtRUelAeMpJKXqdOj7gia4HoMWc")
25  excellent_sound = Sound.load("r3/cAAXkvmfg7lyUiGpAwFM9qkMC7l0j1q3ya5A2hiPI0T")
26
27  tree_list = [tree2, tree3, tree4]
28
29  speed_count = 1
30
31
32  ### 함수 ###
```

다음으로 함수 영역에 관련 함수를 추가합니다. 추가할 전체 코드는 다음과 같습니다.

```
32  ### 함수 ###
33
34  def find_tree(worker):
35      worker.speech = ""
36
37      if len(tree_list) == 0:
38          print("나무가 생길 때까지 대기")
39          worker.animation.play_looping("Neutral")
```

```
40          time.schedule(lambda: find_tree(worker), 1)
41
42      else:
43          tree = random.choice(tree_list)
44          worker.transform.look_at(tree.transform.position)
45          worker.animation.play_looping("Walk")
46          worker.animation.speed = 0.5 + speed_count
47
48          distance = worker.transform.position-tree.transform.position
49          walk_time = distance.length / (2 * speed_count)
50          worker.transition.move_to(tree.transform.position, walk_time)
51
52          delay_time = walk_time - (0.5 / speed_count)
53          time.schedule(lambda: check_tree(worker, tree), delay_time )
54
55  def check_tree(worker, tree):
56      pass
57
58
59  ### 이벤트 ###
```

코드를 한 부분씩 설명하겠습니다.

이 게임은 자동으로 움직이는 다수의 일꾼이 동시에 움직입니다. 때문에 일꾼(worker)을 매개변수로 입력해서 각각의 일꾼을 움직여야 합니다.

35 일꾼의 말풍선을 없애서 초기화합니다. 나무 패기를 마친 일꾼과 그렇지 않은 일꾼을 말풍선으로 구분할 수 있습니다.

37 tree_list에는 일꾼이 수확할 수 있는 나무 목록이 들어 있습니다. 만약 수확할 수 있는 나무가 더 이상 없다면 나무가 생길 때까지 그 자리에서 대기해야 합니다. tree_list의 항목 개수가 0이면 일꾼의 애니메이션을 쉬는 것으로 설정하고 1초마다 자기 자신을 호출해서 나무를 찾습니다.

```
32  ### 함수 ###
33
```

```
34  def find_tree(worker):
35      worker.speech = ""
36
37      if len(tree_list) == 0:
38          print("나무가 생길 때까지 대기")
39          worker.animation.play_looping("Neutral")
40          time.schedule(lambda: find_tree(worker), 1)
```

만약 게임 속에 수확할 수 있는 나무가 있다면 else 문을 실행합니다.

43 tree_list에서 나무 하나를 랜덤하게 선택합니다.

44 일꾼이 그 나무를 바라봅니다. 즉, 앞으로 걸어가기 위해서 방향을 맞춥니다.

45 걸어가는 애니메이션 동작을 무한 반복합니다.

46 걸어가는 애니메이션의 속도를 조절합니다. 플레이어가 게임의 속도를 빠르게 만들었을 때 캐릭터의 움직이는 속도도 함께 빨라져야 합니다. 그래서 speed_count 변수를 사용합니다. speed_count의 기본값이 1(100%)이므로 애니메이션의 초기 속도는 1.5 배입니다.

```
42      else:
43          tree = random.choice(tree_list)
44          worker.transform.look_at(tree.transform.position)
45          worker.animation.play_looping("Walk")
46          worker.animation.speed = 0.5 + speed_count
```

일꾼이 나무까지 일정한 속도로 걸어가려면 이동 시간을 계산해야 합니다.

48 일꾼이 나무까지 걸어가는 시간을 계산하려면 먼저 거리를 알아야 합니다. 나무 좌표에서 일꾼 좌표를 빼면 거리와 방향을 나타내는 벡터가 나옵니다.

49 이 벡터에서 길이(거리)만 구합니다. 이 게임에서 일꾼의 기본 이동 속도는 초속 2미터입니다. 여기에 게임의 속도가 빨라지면 이동 속도도 함께 빨라집니다. 예를 들어, 게임 속도가 100%일 때는 일꾼과 나무의 거리가 10미터이면 5초 동안 이동하면 도착합니다. 그런데 게임 속도가 200%가 된다면 2.5초만에 도착하게 됩니다.

50 transition.move_to( ) 함수를 이용해서 일꾼이 나무까지 walk_time 시간 동안 이동하게 됩니다.

```
48          distance = worker.transform.position-tree.transform.position
49          walk_time = distance.length / (2 * speed_count)
50          worker.transition.move_to(tree.transform.position, walk_time)
```

그런데 일꾼이 나무의 위치로 이동을 끝까지 마치면 나무 속에 파묻히고 맙니다. 대략 1미터(0.5초) 전에 이동을 멈추어야 나무 패기 동작을 하기에 적당한 위치에 서게 됩니다.

52 나무를 패기에 적당한 거리가 되도록 대기 시간을 계산합니다. 대기 시간은 총 이동 시간에서 0.5초를 뺀 시간입니다. 게임 속도에 따라서 더 짧아질 수 있으므로 0.5초를 speed_count로 나누어 계산합니다.

53 이제 나무에서 1초 떨어진 위치에서 check_tree( ) 함수를 호출합니다.

```
52          delay_time = walk_time - (0.5 / speed_count)
53          time.schedule(lambda: check_tree(worker, tree), delay_time )
```

check_tree() 함수를 정의합니다. 이 단계에서는 아직 내용이 없으므로 pass 구문을 넣어 줍니다.

```
55  def check_tree(worker, tree):
56      pass
```

여기까지 완성된 코드는 다음과 같습니다.

```
1   from cospaces import *
2   import math
3   import random
4
5
6   ### 변수 ###
7
8   camera = scene.get_item("Camera")
9   display = scene.get_item("Display")
10  display_text = scene.get_item("Display Text")
11  button_wood = scene.get_item("Button Wood")
```

```
12  button_worker = scene.get_item("Button Worker")
13  button_speed = scene.get_item("Button Speed")
14
15  worker1 = scene.get_item("Worker1")
16  house = scene.get_item("House")
17
18  tree1 = scene.get_item("Tree1")
19  tree2 = scene.get_item("Tree2")
20  tree3 = scene.get_item("Tree3")
21  tree4 = scene.get_item("Tree4")
22
23  coin_sound = Sound.load("r3/dyvldEqD9I9JhuHp89dMx9NZi3gkmmDmnSPFVmkTC8K")
24  click_sound = Sound.load("r3/LerMBSliY4BUXID2rtRUelAeMpJKXqdOj7gia4HoMWc")
25  excellent_sound = Sound.load("r3/cAAXkvmfg7lyUiGpAwFM9qkMC7l0j1q3ya5A2hiPI0T")
26
27  tree_list = [tree2, tree3, tree4]
28
29  speed_count = 1
30
31
32  ### 함수 ###
33
34  def find_tree(worker):
35      worker.speech = ""
36
37      if len(tree_list) == 0:
38          print("나무가 생길 때까지 대기")
39          worker.animation.play_looping("Neutral")
40          time.schedule(lambda: find_tree(worker), 1)
41
42      else:
43          tree = random.choice(tree_list)
44          worker.transform.look_at(tree.transform.position)
45          worker.animation.play_looping("Walk")
46          worker.animation.speed = 0.5 + speed_count
47
```

```
48            distance = worker.transform.position-tree.transform.position
49            walk_time = distance.length / (2 * speed_count)
50            worker.transition.move_to(tree.transform.position, walk_time)
51
52            delay_time = walk_time - (0.5 / speed_count)
53            time.schedule(lambda: check_tree(worker, tree), delay_time )
54
55    def check_tree(worker, tree):
56        pass
57
58
59    ### 이벤트 ###
```

게임을 플레이하면 일꾼이 근처 나무 중에 하나에 다가가는 것을 볼 수 있습니다. 일꾼이 선택하는 나무는 게임을 재실행할 때마다 랜덤하게 달라집니다.

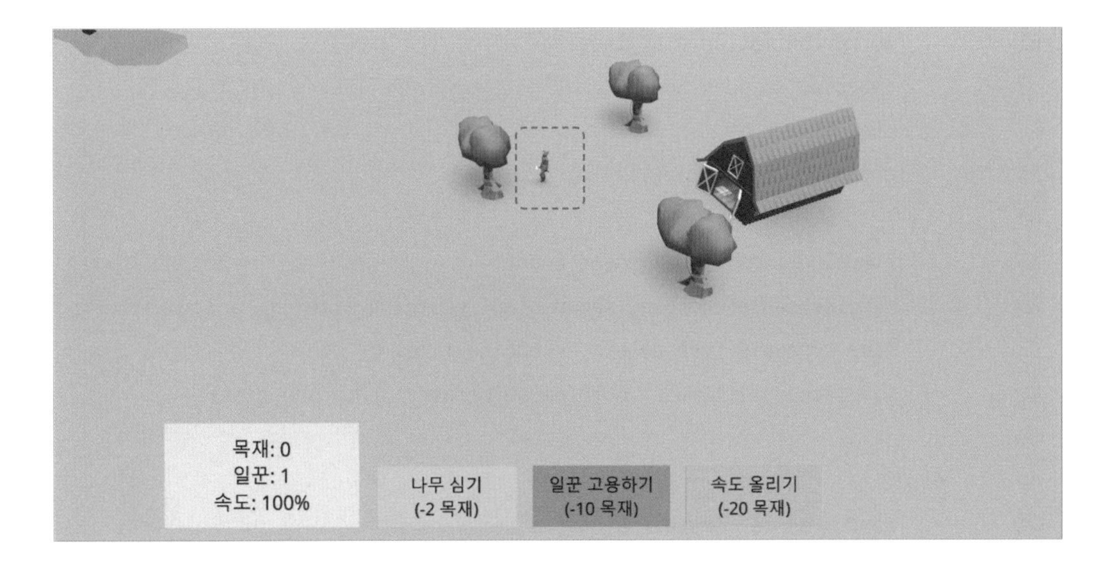

3단계 나무 확인하고 나무 패기

일꾼이 나무 앞에 도착하면 나무 패기를 하면 됩니다. 하지만 이 게임은 다수의 일꾼이 인공지능으로 움직입니다. 만약 일꾼이 도착하기 전에 이미 다른 일꾼이 나무를 패고 있다면 어떻게 될까요? 나무 하나를 일꾼 2명이 패면 점수를 2점 줘야 할까요? 그러면 안 되겠습니다.

그래서 tree_list를 이용합니다. 첫 번째 일꾼이 나무에 도착하면 바로 tree_list에서 해당 나무를 삭제합니다. 두 번째로 도착한 일꾼은 tree_list를 확인하고 만약 나무가 tree_list에 없다면, 나무 패기를 베지 않고 다른 나무를 다시 찾아 나섭니다. 함수 영역에 추가할 전체 코드는 다음과 같습니다.

```
55  def check_tree(worker, tree):
56      worker.transition.stop()
57
58      if tree in tree_list:
59          tree_list.remove(tree)
60
61          worker.animation.play_looping("Chop with axe")
62          chopping_sound = Sound.load("r3/LqmJfBYQ9G3TvueJeoqYRLn7akv1jw
    NKfgLHklZLohC")
63          chopping_sound.play()
64
65          chopping_time = 10 / speed_count
66          time.schedule(chopping_sound.stop, chopping_time)
67          time.schedule(tree.delete, chopping_time)
68          time.schedule(lambda: goto_house(worker), chopping_time)
69
70      else:
71          random_angle = math.radians(random.randint(0,360))
72          worker.transition.rotate_local(Vector3(0,0,1), random_angle, 0)
73
74          moving_time = 2 / speed_count
75          worker.transition.move_by(Vector3(0,3,0), moving_time)
76          time.schedule(lambda: find_tree(worker), moving_time)
77
78  def goto_house(worker):
79      pass
```

코드를 한 부분씩 설명하겠습니다.

일꾼이 나무 1미터 전방에 도착하면 check_tree() 함수가 실행됩니다.

56 우선 일꾼이 더 이상 나무 방향으로 걸어가지 않도록 이동을 멈춥니다.

```
55  def check_tree(worker, tree):
56      worker.transition.stop()
```

이 나무가 수확할 수 있는 나무인지 확인합니다.

58 만약 앞에 있는 나무가 아직 tree_list에 있다면 현재 일꾼이 최초로 도착한 것입니다. 바로 tree_list에서 해당 나무를 삭제합니다. 그리고 나무 패기를 시작합니다.

61 일꾼의 애니메이션을 '도끼로 패기(Chop with axe)'로 설정합니다.

62 나무 패기 소리(chopping_sound)를 로드합니다. 여기에서 로드하는 이유는 일꾼마다 각자 동시에 소리를 내야 하기 때문입니다.

63 소리를 재생합니다.

```
58      if tree in tree_list:
59          tree_list.remove(tree)
60
61          worker.animation.play_looping("Chop with axe")
62          chopping_sound = Sound.load("r3/LqmJfBYQ9G3TvueJeoqYRLn7akv1jw
    NKfgLHklZLohC")
63          chopping_sound.play()
```

65 일꾼이 나무 패는 시간(chopping_time)을 설정합니다. 기본은 10초이며, 게임 속도(speed_count)에 따라 감소합니다.

66 chopping_time이 끝나면 소리 재생을 멈춥니다.

67 chopping_time이 끝나면 나무 오브젝트를 삭제합니다.

68 chopping_time이 끝나면 goto_house() 함수를 호출합니다. goto_house() 함수는 일꾼이 집으로 돌아가게 만드는 함수입니다.

```
65          chopping_time = 10 / speed_count
66          time.schedule(chopping_sound.stop, chopping_time)
67          time.schedule(tree.delete, chopping_time)
68          time.schedule(lambda: goto_house(worker), chopping_time)
```

만약 나무가 tree_list에 없다면 else 구문이 실행됩니다. 일꾼이 나무에 도착하기 전에 이미 다른 일꾼이 나무에 도착한 경우입니다. 이런 경우 일꾼은 다른 일꾼이 나무 패는 행동에 방해가 되지 않도록 나무 주변으로 잠시 이동한 후에 다시 다른 나무를 찾습니다.

71 일꾼을 주변으로 이동하기 위해 랜덤한 각도(random_angle)를 만듭니다.

72 일꾼이 random_angle만큼 회전합니다.

74 일꾼이 이동할 시간(moving_time)을 설정합니다. 기본은 2초입니다.

75 일꾼이 앞쪽(y축) 방향으로 moving_time 동안 3미터 이동합니다.

76 moving_time이 끝나면 다시 find_tree() 함수를 호출합니다. find_tree() 함수는 일꾼이 게임 속에 있는 수확 가능한 나무를 찾는 함수입니다.

```
70      else:
71          random_angle = math.radians(random.randint(0,360))
72          worker.transition.rotate_local(Vector3(0,0,1), random_angle, 0)
73
74          moving_time = 2 / speed_count
75          worker.transition.move_by(Vector3(0,3,0), moving_time)
76          time.schedule(lambda: find_tree(worker), moving_time)
```

goto_house() 함수는 일꾼이 나무 패기를 마친 후에 집으로 돌아가게 만드는 함수입니다. 아직 내용이 없으므로 pass 구문을 넣습니다.

```
78  def goto_house(worker):
79      pass
```

여기까지 만들어진 코드는 다음과 같습니다.

```
1  from cospaces import *
2  import math
3  import random
4
5
6  ### 변수 ###
7
8  camera = scene.get_item("Camera")
9  display = scene.get_item("Display")
10 display_text = scene.get_item("Display Text")
11 button_wood = scene.get_item("Button Wood")
12 button_worker = scene.get_item("Button Worker")
13 button_speed = scene.get_item("Button Speed")
14
15 worker1 = scene.get_item("Worker1")
16 house = scene.get_item("House")
17
18 tree1 = scene.get_item("Tree1")
19 tree2 = scene.get_item("Tree2")
20 tree3 = scene.get_item("Tree3")
21 tree4 = scene.get_item("Tree4")
22
23 coin_sound = Sound.load("r3/dyvldEqD9I9JhuHp89dMx9NZi3gkmmDmnSPFVmkTC8K")
24 click_sound = Sound.load("r3/LerMBSliY4BUXID2rtRUelAeMpJKXqdOj7gia4HoMWc")
25 excellent_sound = Sound.load("r3/cAAXkvmfg7lyUiGpAwFM9qkMC7l0j1q3ya5A2hiPI0T")
26
27 tree_list = [tree2, tree3, tree4]
28
29 speed_count = 1
30
31
32 ### 함수 ###
33
34 def find_tree(worker):
35     worker.speech = ""
```

```
36
37      if len(tree_list) == 0:
38          print("나무가 생길 때까지 대기")
39          worker.animation.play_looping("Neutral")
40          time.schedule(lambda: find_tree(worker), 1)
41
42      else:
43          tree = random.choice(tree_list)
44          worker.transform.look_at(tree.transform.position)
45          worker.animation.play_looping("Walk")
46          worker.animation.speed = 0.5 + speed_count
47
48          distance = worker.transform.position-tree.transform.position
49          walk_time = distance.length / (2 * speed_count)
50          worker.transition.move_to(tree.transform.position, walk_time)
51
52          delay_time = walk_time - (0.5 / speed_count)
53          time.schedule(lambda: check_tree(worker, tree), delay_time )
54
55  def check_tree(worker, tree):
56      worker.transition.stop()
57
58      if tree in tree_list:
59          tree_list.remove(tree)
60
61          worker.animation.play_looping("Chop with axe")
62          chopping_sound = Sound.load("r3/LqmJfBYQ9G3TvueJeoqYRLn7akv1jw
    NKfgLHklZLohC")
63          chopping_sound.play()
64
65          chopping_time = 10 / speed_count
66          time.schedule(chopping_sound.stop, chopping_time)
67          time.schedule(tree.delete, chopping_time)
68          time.schedule(lambda: goto_house(worker), chopping_time)
69
```

```
70      else:
71          random_angle = math.radians(random.randint(0,360))
72          worker.transition.rotate_local(Vector3(0,0,1), random_angle, 0)
73
74          moving_time = 2 / speed_count
75          worker.transition.move_by(Vector3(0,3,0), moving_time)
76          time.schedule(lambda: find_tree(worker), moving_time)
77
78  def goto_house(worker):
79      pass
80
81
82  ### 이벤트 ###
```

게임을 플레이하면 일꾼이 나무 앞에서 나무 패기 동작을 하는 것을 볼 수 있습니다. 동시에 나무 패는 소리도 재생됩니다. 나무에 도착했을 때 이미 다른 일꾼이 있는 경우는 아직 테스트할 수 없습니다. 나중에 테스트해 보겠습니다.

카메라가 비행 모드에 있기 때문에, W, A, S, D, E, Q키를 이용해서 화면을 이동할 수 있습니다. 캐릭터가 잘 움직이는지 확대해서 볼 수 있습니다.

4단계 집으로 목재 가져가고 점수 올리기

이제 일꾼이 벤 나무를 집으로 가져와 목재 개수를 증가시키는 기능을 추가하겠습니다. 또한 증가된 목재 개수를 화면의 디스플레이에 표시합니다. 이를 통해 게임 내에서 캐릭터가 특정 목표를 달성한 후 보상을 받는 로직을 구현합니다.

우선 디스플레이에 필요한 상태 값을 변수로 만들겠습니다. 변수 영역에 일꾼의 수를 저장하는 worker_count, 목재의 개수를 저장하는 wood_count 변수를 만들고 초기화합니다.

```
27  tree_list = [tree2, tree3, tree4]
28
29  speed_count = 1
30  worker_count = 1
31  wood_count = 10
32
33
34  ### 함수 ###
```

함수 영역에 goto_house() 함수를 정의합니다.

81 일꾼이 말풍선으로 '+10'이라고 말합니다. 나무 패기를 끝낸 일꾼이라는 것을 나타냅니다. 그런데 말풍선은 게임의 랙을 유발합니다. 만약 게임을 하는데 랙이 걸린다면 이 코드를 삭제합니다.

82 일꾼이 몸을 회전해서 집을 바라봅니다.

83 일꾼의 애니메이션을 '걷기'로 변경합니다.

84 일꾼의 애니메이션 속도를 조절합니다. 기본이 1.5이고 speed_count에 따라 증가합니다.

86 일꾼이 집으로 이동하는 데 걸리는 시간을 계산합니다. 두 좌표를 서로 빼면 방향과 거리를 알 수 있습니다.

87 걷는 시간(walking_time)은 거리(distance.length)만 추출한 다음 2로 나누면 됩니다. 예를 들면 일꾼의 기본 속도가 초당 2미터이기 때문에 10미터 거리는 5초 동안 이동하게 됩니다. 게임 속도(speed_count)가 증가하면 걷는 시간은 짧아집니다.

88 일꾼을 walking_time 동안 집까지 이동시킵니다.

90 walking_time이 끝나면 wood_count_up() 함수를 호출합니다. wood_count_up() 함수는 목재

개수를 올리는 함수입니다.

91 walking_time이 끝나면 find_tree() 함수를 호출합니다. find_tree() 함수는 일꾼이 수확할 수 있는 나무를 찾는 함수입니다.

```
76          moving_time = 2 / speed_count
77          worker.transition.move_by(Vector3(0,3,0), moving_time)
78          time.schedule(lambda: find_tree(worker), moving_time)
79
80  def goto_house(worker):
81      worker.speech = "+10"
82      worker.transform.look_at(house.transform.position)
83      worker.animation.play_looping("Walk")
84      worker.animation.speed = 0.5 + speed_count
85
86      distance = worker.transform.position - house.transform.position
87      walking_time = distance.length / (2 * speed_count)
88      worker.transition.move_to(house.transform.position, walking_time)
89
90      time.schedule(lambda: wood_count_up(), walking_time)
91      time.schedule(lambda: find_tree(worker), walking_time)
```

함수 영역에 wood_count_up() 함수를 정의합니다.

95 wood_count 값을 10만큼 증가시킵니다.

96 돈이 올라가는 소리(coin_sound)를 50% 볼륨으로 재생합니다.

97 update_display_text() 함수를 호출합니다. update_display_text() 함수는 디스플레이의 텍스트를 업데이트합니다.

```
90      time.schedule(lambda: wood_count_up(), walking_time)
91      time.schedule(lambda: find_tree(worker), walking_time)
92
93  def wood_count_up():
94      global wood_count
95      wood_count += 10
```

```
96      Sound.play_one_shot(coin_sound, 0.5)
97      update_display_text()
```

함수 영역에 update_display_text() 함수를 정의합니다.

100 목재 개수를 나타내는 문자열을 생성합니다.

101 일꾼 수를 나타내는 문자열을 생성합니다.

102 게임 속도를 나타내는 문자열을 생성합니다.

103 생성된 문자열을 모두 합친 후 디스플레이의 텍스트로 표시합니다.

```
96      Sound.play_one_shot(coin_sound, 0.5)
97      update_display_text()
98
99  def update_display_text():
100     wood_text = "목재: " + str(wood_count)
101     worker_text = "\n일꾼: " + str(worker_count)
102     speed_text = "\n속도: " + str(round(speed_count * 100)) + "%"
103     display_text.text = wood_text + worker_text + speed_text
```

메인 코드 영역에서 메인 코드에 camera, display, button_wood, button_worker, button_speed를 추가합니다. 그리고 update_display_text() 함수를 호출합니다. 이는 게임이 시작될 때 디스플레이 텍스트를 업데이트해서 변수 값이 화면에 정확하게 표시되도록 해줍니다.

```
106 ### 메인코드 ###
107
108 camera.add(display)
109 camera.add(button_wood)
110 camera.add(button_worker)
111 camera.add(button_speed)
112
113 find_tree(worker1)
114 update_display_text()
```

여기까지 완성한 코드는 다음과 같습니다.

```
1   from cospaces import *
2   import math
3   import random
4
5
6   ### 변수 ###
7
8   camera = scene.get_item("Camera")
9   display = scene.get_item("Display")
10  display_text = scene.get_item("Display Text")
11  button_wood = scene.get_item("Button Wood")
12  button_worker = scene.get_item("Button Worker")
13  button_speed = scene.get_item("Button Speed")
14
15  worker1 = scene.get_item("Worker1")
16  house = scene.get_item("House")
17
18  tree1 = scene.get_item("Tree1")
19  tree2 = scene.get_item("Tree2")
20  tree3 = scene.get_item("Tree3")
21  tree4 = scene.get_item("Tree4")
22
23  coin_sound = Sound.load("r3/dyvldEqD9I9JhuHp89dMx9NZi3gkmmDmnSPFVmkTC8K")
24  click_sound = Sound.load("r3/LerMBSliY4BUXID2rtRUelAeMpJKXqdOj7gia4HoMWc")
25  excellent_sound = Sound.load("r3/cAAXkvmfg7lyUiGpAwFM9qkMC7l0j1q3ya5A2hiPI0T")
26
27  tree_list = [tree2, tree3, tree4]
28
29  speed_count = 1
30  worker_count = 1
31  wood_count = 10
32
33
```

```
34 ### 함수 ###
35
36 def find_tree(worker):
37     worker.speech = ""
38
39     if len(tree_list) == 0:
40         print("나무가 생길 때까지 대기")
41         worker.animation.play_looping("Neutral")
42         time.schedule(lambda: find_tree(worker), 1)
43
44     else:
45         tree = random.choice(tree_list)
46         worker.transform.look_at(tree.transform.position)
47         worker.animation.play_looping("Walk")
48         worker.animation.speed = 0.5 + speed_count
49
50         distance = worker.transform.position-tree.transform.position
51         walk_time = distance.length / (2 * speed_count)
52         worker.transition.move_to(tree.transform.position, walk_time)
53
54         delay_time = walk_time - (0.5 / speed_count)
55         time.schedule(lambda: check_tree(worker, tree), delay_time )
56
57 def check_tree(worker, tree):
58     worker.transition.stop()
59
60     if tree in tree_list:
61         tree_list.remove(tree)
62
63         worker.animation.play_looping("Chop with axe")
64         chopping_sound = Sound.load("r3/LqmJfBYQ9G3TvueJeoqYRLn7akv1jw
   NKfgLHklZLohC")
65         chopping_sound.play()
66
67         chopping_time = 10 / speed_count
```

```
68          time.schedule(chopping_sound.stop, chopping_time)
69          time.schedule(tree.delete, chopping_time)
70          time.schedule(lambda: goto_house(worker), chopping_time)
71
72      else:
73          random_angle = math.radians(random.randint(0,360))
74          worker.transition.rotate_local(Vector3(0,0,1), random_angle, 0)
75
76          moving_time = 2 / speed_count
77          worker.transition.move_by(Vector3(0,3,0), moving_time)
78          time.schedule(lambda: find_tree(worker), moving_time)
79
80  def goto_house(worker):
81      worker.speech = "+10"
82      worker.transform.look_at(house.transform.position)
83      worker.animation.play_looping("Walk")
84      worker.animation.speed = 0.5 + speed_count
85
86      distance = worker.transform.position - house.transform.position
87      walking_time = distance.length / (2 * speed_count)
88      worker.transition.move_to(house.transform.position, walking_time)
89
90      time.schedule(lambda: wood_count_up(), walking_time)
91      time.schedule(lambda: find_tree(worker), walking_time)
92
93  def wood_count_up():
94      global wood_count
95      wood_count += 10
96      Sound.play_one_shot(coin_sound, 0.5)
97      update_display_text()
98
99  def update_display_text():
100     wood_text = "목재: " + str(wood_count)
101     worker_text = "\n일꾼: " + str(worker_count)
102     speed_text = "\n속도: " + str(round(speed_count * 100)) + "%"
```

```
103         display_text.text = wood_text + worker_text + speed_text
104
105
106     ### 메인코드 ###
107
108     camera.add(display)
109     camera.add(button_wood)
110     camera.add(button_worker)
111     camera.add(button_speed)
112
113     find_tree(worker1)
114     update_display_text()
```

게임을 플레이하면 일꾼이 나무 패기를 끝낸 후 집으로 돌아갑니다. 일꾼이 집에 도착하면 목재 개수가 10만큼 늘어납니다. 그리고 다른 나무를 찾아 갑니다.

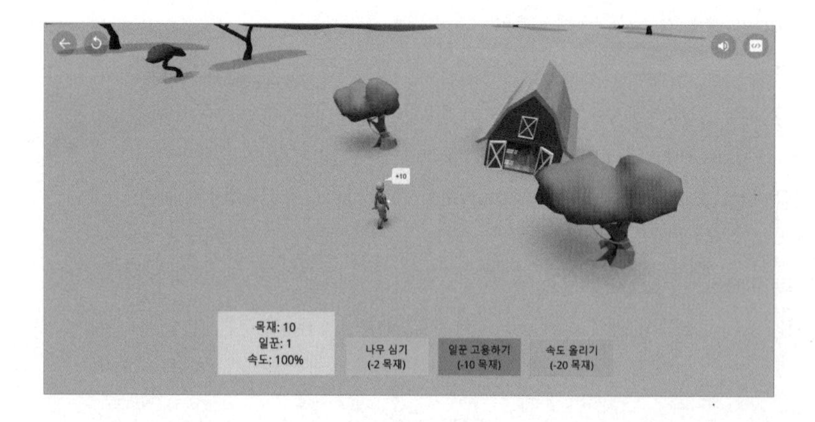

세 그루의 나무를 모두 수확하면 목재 개수는 '40'이 되고, 일꾼은 집에서 대기합니다.

5단계 나무, 일꾼, 속도 버튼 처리하기

마지막 단계에서는 게임에서 '나무 심기', '일꾼 고용하기', '속도 올리기'와 같은 업그레이드 기능을 구현합니다. 이를 통해서 게임 내에 자원을 관리하고 이를 이용한 업그레이드 시스템을 구현하는 방법을 배웁니다. 게임의 재미를 높이는 업그레이드 기능은 플레이어에게 더 많은 즐거움과 상호작용을 제공합니다.

이벤트 영역에 각 버튼의 클릭을 감지하는 클릭 이벤트 리스너를 작성합니다.

```
106 ### 이벤트 ###
107
108 button_wood.input.on_click(on_button_wood_click)
109 button_worker.input.on_click(on_button_worker_click)
110 button_speed.input.on_click(on_button_speed_click)
```

함수 영역에 on_button_wood_click() 함수를 작성합니다. on_button_wood_click() 함수는 플레이어가 '나무 심기' 버튼을 클릭하면 실행됩니다.

107 현재 목재 개수(wood_count)가 2개 이상이어야 작동합니다.

108 목재 개수를 2개 감소시킵니다.

109 디스플레이 텍스트를 업데이트합니다.

110 클릭 소리를 재생합니다.

111 tree1 오브젝트를 복제하고 create_tree() 함수를 호출합니다.

```
105 def on_button_wood_click():
106     global wood_count
107     if wood_count >= 2:
108         wood_count -= 2
109         update_display_text()
110         Sound.play_one_shot(click_sound, 1.0)
111         create_tree(tree1.copy())
```

바로 아래에 create_tree() 함수를 작성합니다. create_tree() 함수는 장면의 랜덤한 위치에 나무의 복제본을 만듭니다.

114 새롭게 생성된 나무를 tree_list에 추가합니다.

115 나무를 랜덤한 위치로 이동시킵니다. x좌표는 −20~20 사이, y좌표는 −20~20 사이, z좌표는 0으로 위치가 선택됩니다.

```
113 def create_tree(tree):
114     tree_list.append(tree)
115     tree.transform.position = Vector3(
116         random.randint(-20,20),
117         random.randint(-20,20),0)
```

바로 아래에 on_button_worker_click() 함수를 작성합니다. on_button_worker_click() 함수는 플레이어가 '일꾼 고용하기' 버튼을 클릭하면 실행됩니다.

122 목재 개수가 10개 이상일 때 실행됩니다.

123 목재 개수를 10개 감소시킵니다.

124 일꾼 수를 1개 증가시킵니다.

125 디스플레이 텍스트를 업데이트합니다.

126 '엑설런트' 소리를 재생합니다.

127 일꾼(worker1)의 복제본을 만들고 find_tree() 함수를 호출합니다. find_tree() 함수는 일꾼이 수확 가능한 나무를 찾는 함수입니다.

```
119 def on_button_worker_click():
120     global wood_count
121     global worker_count
122     if wood_count >= 10:
123         wood_count -= 10
124         worker_count += 1
125         update_display_text()
126         Sound.play_one_shot(excellent_sound, 1.0)
127         find_tree(worker1.copy())
```

다음으로 on_button_speed_click() 함수를 작성합니다. on_button_speed_click() 함수는 플레이어가 '속도 올리기' 버튼을 클릭했을 때 실행됩니다.

132 목재 개수가 20개 이상일 때 실행됩니다.

133 목재 개수를 20개 감소시킵니다.

134 게임 속도(speed_count)를 0.1(10%)만큼 증가시킵니다.

135 디스플레이 텍스트를 업데이트합니다.

136 클릭 소리를 재생합니다.

```
129 def on_button_speed_click():
130     global wood_count
131     global speed_count
132     if wood_count >= 20:
133         wood_count -= 20
134         speed_count += 0.1
135         update_display_text()
136         Sound.play_one_shot(click_sound, 1.0)
```

추가적으로 가만히 있어도 나무가 일정 개수만큼 자동 생성되도록 하겠습니다. 플레이어가 행동을 하지 않아도 자동으로 나무가 생성되고, 일꾼이 움직이는 모습을 볼 수 있습니다.

메인 코드 영역에서 auto_create_tree() 함수를 호출합니다.

```
146 ### 메인코드 ###
147
148 camera.add(display)
149 camera.add(button_wood)
150 camera.add(button_worker)
151 camera.add(button_speed)
152
153 find_tree(worker1)
154 update_display_text()
155
156 auto_create_tree()
```

함수 영역에서 auto_create_tree() 함수를 작성합니다.

140 나무(tree1)를 복제하고 create_tree() 함수를 호출합니다.

141 5초마다 자기 자신(함수)을 반복 호출합니다. 게임 속도(speed_count)가 증가할수록 대기 시간은 감소합니다.

```
138 def auto_create_tree():
139     global speed_count
140     create_tree(tree1.copy())
141     time.schedule(auto_create_tree, 5/speed_count)
142
143
144 ### 이벤트 ###
```

게임이 모두 완성되었습니다. 게임의 기능을 테스트해 보려면 목재가 어느 정도 있는 것이 좋습니다. 변수 영역에 목재 개수(wood_count)를 1000으로 수정한 후에 테스트를 해보세요.

```
29 speed_count = 1
30 worker_count = 1
31 wood_count = 1000
32
33
34 ### 함수 ###
```

게임을 플레이하면 일꾼들이 알아서 일을 하고, 목재를 벌어다 주는 재미를 느낄 수 있습니다.

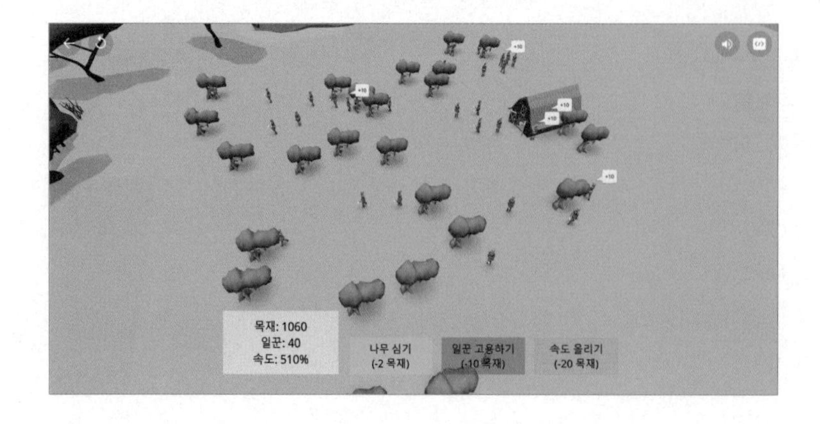

만약 랙이 생긴다면 goto_house() 함수에서 일꾼의 말풍선 설정을 주석 처리합니다.

```
80  def goto_house(worker):
81      # worker.speech = "+10"
82      worker.transform.look_at(house.transform.position)
83      worker.animation.play_looping("Walk")
84      worker.animation.speed = 0.5 + speed_count
```

최종 완성 코드

예제 파일 | 예제12_우드_타이쿤.txt

```
1   from cospaces import *
2   import math
3   import random
4
5
6   ### 변수 ###
7
8   camera = scene.get_item("Camera")
9   display = scene.get_item("Display")
10  display_text = scene.get_item("Display Text")
11  button_wood = scene.get_item("Button Wood")
12  button_worker = scene.get_item("Button Worker")
13  button_speed = scene.get_item("Button Speed")
14
15  worker1 = scene.get_item("Worker1")
16  house = scene.get_item("House")
17
18  tree1 = scene.get_item("Tree1")
19  tree2 = scene.get_item("Tree2")
20  tree3 = scene.get_item("Tree3")
21  tree4 = scene.get_item("Tree4")
22
23  coin_sound = Sound.load("r3/dyvldEqD9I9JhuHp89dMx9NZi3gkmmDmnSPFVmkTC8K")
24  click_sound = Sound.load("r3/LerMBSliY4BUXID2rtRUelAeMpJKXqdOj7gia4HoMWc")
```

```
25 excellent_sound = Sound.load("r3/cAAXkvmfg7lyUiGpAwFM9qkMC7l0j1q3ya5A2hiPI0T")
26
27 tree_list = [tree2, tree3, tree4]
28
29 speed_count = 1
30 worker_count = 1
31 wood_count = 1000
32
33
34 ### 함수 ###
35
36 def find_tree(worker):
37     worker.speech = ""
38
39     if len(tree_list) == 0:
40         print("나무가 생길 때 까지 대기")
41         worker.animation.play_looping("Neutral")
42         time.schedule(lambda: find_tree(worker), 1)
43
44     else:
45         tree = random.choice(tree_list)
46         worker.transform.look_at(tree.transform.position)
47         worker.animation.play_looping("Walk")
48         worker.animation.speed = 0.5 + speed_count
49
50         distance = worker.transform.position-tree.transform.position
51         walk_time = distance.length / (2 * speed_count)
52         worker.transition.move_to(tree.transform.position, walk_time)
53
54         delay_time = walk_time - (0.5 / speed_count)
55         time.schedule(lambda: check_tree(worker, tree), delay_time )
56
57 def check_tree(worker, tree):
58     worker.transition.stop()
59
```

```
60        if tree in tree_list:
61            tree_list.remove(tree)
62
63            worker.animation.play_looping("Chop with axe")
64            chopping_sound = Sound.load("r3/LqmJfBYQ9G3TvueJeoqYRLn7akv1jw
      NKfgLHklZLohC")
65            chopping_sound.play()
66
67            chopping_time = 10 / speed_count
68            time.schedule(chopping_sound.stop, chopping_time)
69            time.schedule(tree.delete, chopping_time)
70            time.schedule(lambda: goto_house(worker), chopping_time)
71
72        else:
73            random_angle = math.radians(random.randint(0,360))
74            worker.transition.rotate_local(Vector3(0,0,1), random_angle, 0)
75
76            moving_time = 2 / speed_count
77            worker.transition.move_by(Vector3(0,3,0), moving_time)
78            time.schedule(lambda: find_tree(worker), moving_time)
79
80    def goto_house(worker):
81        # worker.speech = "+10"
82        worker.transform.look_at(house.transform.position)
83        worker.animation.play_looping("Walk")
84        worker.animation.speed = 0.5 + speed_count
85
86        distance = worker.transform.position - house.transform.position
87        walking_time = distance.length / (2 * speed_count)
88        worker.transition.move_to(house.transform.position, walking_time)
89
90        time.schedule(lambda: wood_count_up(), walking_time)
91        time.schedule(lambda: find_tree(worker), walking_time)
92
93    def wood_count_up():
```

```
94      global wood_count
95      wood_count += 10
96      Sound.play_one_shot(coin_sound, 0.5)
97      update_display_text()
98
99  def update_display_text():
100     wood_text = "목재: " + str(wood_count)
101     worker_text = "\n일꾼: " + str(worker_count)
102     speed_text = "\n속도: " + str(round(speed_count * 100)) + "%"
103     display_text.text = wood_text + worker_text + speed_text
104
105 def on_button_wood_click():
106     global wood_count
107     if wood_count >= 2:
108         wood_count -= 2
109         update_display_text()
110         Sound.play_one_shot(click_sound, 1.0)
111         create_tree(tree1.copy())
112
113 def create_tree(tree):
114     tree_list.append(tree)
115     tree.transform.position = Vector3(
116         random.randint(-20,20),
117         random.randint(-20,20),0)
118
119 def on_button_worker_click():
120     global wood_count
121     global worker_count
122     if wood_count >= 10:
123         wood_count -= 10
124         worker_count += 1
125         update_display_text()
126         Sound.play_one_shot(excellent_sound, 1.0)
127         find_tree(worker1.copy())
128
```

```
129 def on_button_speed_click():
130     global wood_count
131     global speed_count
132     if wood_count >= 20:
133         wood_count -= 20
134         speed_count += 0.1
135         update_display_text()
136         Sound.play_one_shot(click_sound, 1.0)
137
138 def auto_create_tree():
139     global speed_count
140     create_tree(tree1.copy())
141     time.schedule(auto_create_tree, 5/speed_count)
142
143
144 ### 이벤트 ###
145
146 button_wood.input.on_click(on_button_wood_click)
147 button_worker.input.on_click(on_button_worker_click)
148 button_speed.input.on_click(on_button_speed_click)
149
150
151 ### 메인코드 ###
152
153 camera.add(display)
154 camera.add(button_wood)
155 camera.add(button_worker)
156 camera.add(button_speed)
157
158 find_tree(worker1)
159 update_display_text()
160
161 auto_create_tree()
```

부록 | 생성형 AI 활용하기

공유 링크 | **완성작:** https://edu.cospaces.io/ZRY-GLM

목표

최근 챗GPT와 미드저니와 같은 생성형 인공지능 서비스가 대중적인 관심을 받으며, 이들 기술은 코스페이시스 게임 제작과 같은 창의적인 활동에 큰 혁신을 가져왔습니다. 이러한 AI 기반 도구들은 게임의 기획 단계부터 시작하여, 스토리라인 개발, 캐릭터 대화, 음성 내레이션, 다양한 이미지 및 3D 모델 생성, 그리고 360도 배경 이미지 제작에 이르기까지 게임 제작 과정 전반에 걸쳐 폭넓게 활용될 수 있습니다.

이와 같은 기술을 통해 학생들도 전문 게임 개발자들과 견줄 수 있는 수준의 창의적이고 다채로운 게임 콘텐츠를 손쉽게 제작할 수 있게 되었습니다. 이는 학습 과정에 풍부한 창의성과 기술적 능력을 동시에 키울 수 있는 기회를 제공합니다. 여기서는 코스페이시스 게임 제작에 활용할 수 있는 무료 서비스 9가지를 소개합니다.

1 뤼튼에서 스토리 만들기

URL | https://wrtn.ai

뤼튼은 챗GPT 기반으로, 특히 한국어에 최적화된 AI 채팅과 이미지 생성 기능을 제공합니다. 원래는 유료인 GPT-4의 강력한 기능을 무료로 제공하기 때문에 학생들이 사용하기 좋습니다. 무료버전은 사용 횟수 및 시간 제한이 있지만, 게임 스토리, 캐릭터 대화, 소개 글 등의 텍스트 콘텐츠를 생성하는 데 충분합니다.
예를 들어, '어젯밤 꿈에서 본 내용을 바탕으로 한 게임 만들기'와 같은 주제를 입력하여 독특하고 매력적인 게임 스토리를 개발할 수 있습니다. 이 스토리는 게임의 주요 퀘스트나 사이드 미션의 기반이 될 수 있으며, 플레이어들에게 몰입감 있는 경험을 제공합니다.
또한 뤼튼은 파이썬 코드를 분석해서 오류를 수정해 주고, 코드를 표준 스타일 가이드에 맞추어 간결하게 만들어 주는 기능도 가능합니다. 그리고 한글을 영어로 빠르고 쉽게 번역해 주기 때문에 뒤에 나오는 다양한 서비스에 영문을 입력할 때도 매우 유용합니다.

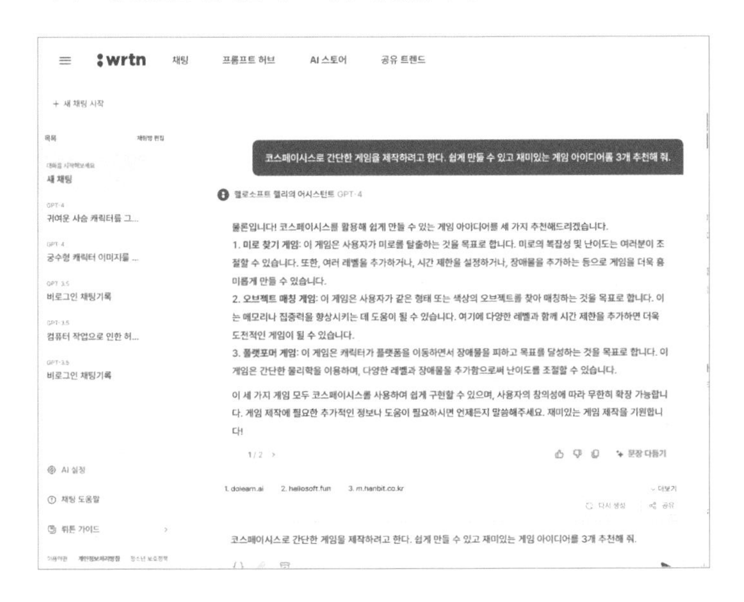

2 뤼튼에서 이미지 만들기

URL | https://wrtn.ai

뤼튼은 '~를 그려줘'라는 명령어를 통해 쉽게 이미지를 생성할 수 있습니다. 사용자는 간단한 명령어 입력만으로 다양한 게임 캐릭터나 배경 이미지를 생성할 수 있습니다. 예를 들어, '피카츄 캐릭터'라는 주제로 이미지를 요청하면, 뤼튼은 이를 시각화하여 게임 내 캐릭터 또는 배경으로 사용할 수 있는 이미지를 제공합니다. 하지만 뤼튼에서 생성된 이미지에는 배경이 포함될 수 있기 때문에, remove.bg와 같은 도구를 사용하여 이미지에서 배경을 제거해야 할 수도 있습니다.
이렇게 생성된 이미지들은 게임의 다양한 장면, 메뉴 화면, 아이템 아이콘 등으로 활용될 수 있습니다. 특히 아이언맨, 피카츄처럼 저작권이 있는 이미지는 챗GPT에서 생성할 수 없는데, 뤼튼에서는 제한 없이 생성할 수 있습니다.

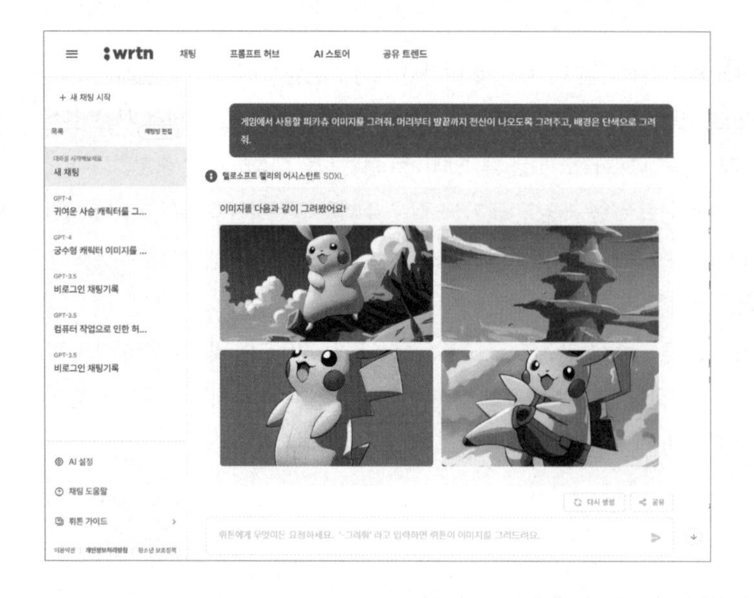

3 Remove.bg에서 이미지 배경 제거하기

URL | https://www.remove.bg/ko

배경 삭제(Remove Background)의 의미를 가지고 있는 remove.bg 사이트는 이미지에서 배경을 쉽게 제거할 수 있도록 해 주는 서비스입니다. 이는 특히 뤼튼과 같은 이미지 생성 도구와 함께 사용할 때 유용합니다. 현재 뤼튼은 배경을 투명하게 만드는 기능이 없는데 이 서비스를 통해 배경을 제거할 수 있습니다.
배경이 제거된 이미지는 게임의 다양한 레벨과 환경에 맞게 재배치될 수 있으며, 플레이어와의 상호작용을 위한 캐릭터나 오브젝트로 사용될 수 있습니다. 이러한 과정을 통해, 개발자는 게임 내에서 시각적 다양성과 깊이를 더할 수 있습니다. 이 서비스는 회원가입을 할 필요 없이 사이트에 접속해서 바로 사용할 수 있습니다.

4 Myedit.online에서 효과음 만들기

URL | https://myedit.online/kr/audio-editor/ai-sound-effect-generator

Myedit.online은 생성형 AI를 이용해서 다양한 이미지와 오디오를 무료로 생성할 수 있는 서비스입니다. 사용자는 '드래곤의 포효 소리'나 '사람들의 박수와 환호 소리'와 같은 특정 효과음을 요청하여, 게임의 전투 장면이나 게임 엔딩에 사용할 수 있는 사운드를 얻을 수 있습니다.

한글로 사운드 효과를 작성한 후에 버튼을 클릭하면 10초 길이의 효과음 3개가 생성되며, 무료 회원은 하루에 2개의 사운드 효과를 생성할 수 있습니다. 이러한 효과음들은 게임을 더욱 생동감 있고 몰입감 있게 만드는 데 크게 기여할 수 있습니다.

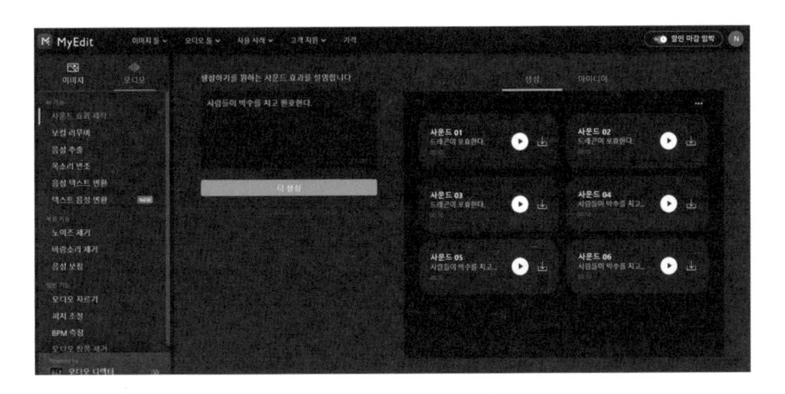

5 Media.io에서 배경음악 만들기

URL | https://www.media.io/lab/ai-music/textMusic

Media.io 서비스는 생성형 AI를 이용해서 사용자의 요구 사항에 맞춰 저작권 걱정 없는 게임 배경음악을 만들어 줍니다. 음악의 악기, 분위기, 장르, 멜로디 등을 입력하면 30초~5분 길이의 배경음악이 바로 생성되며, mp3 파일로 다운로드할 수 있습니다. 영어로 음악을 설명해야 하는데, 이때 뤼튼 서비스를 이용하면 쉽게 만들고자 하는 음악을 영어로 작성할 수 있습니다.

무료 회원은 회원가입 후 2개의 배경 음악을 제작할 수 있습니다. 이러한 배경 음악은 게임의 다양한 레벨이나 메인 메뉴, 엔딩 크레딧 등에서 사용될 수 있어 게임 전체의 완성도를 높입니다.

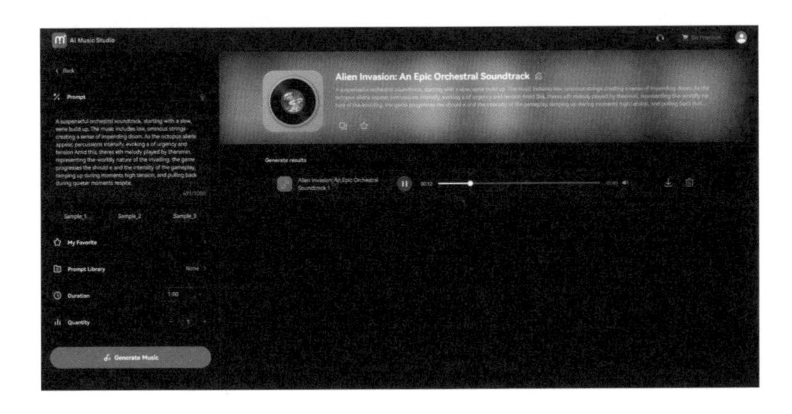

6 타입캐스트에서 음성 내레이션 만들기

URL | https://typecast.ai/kr

타입캐스트는 400개 이상의 다양한 캐릭터 음성을 제공하여 게임 내 캐릭터들에게 생명을 불어넣을 수 있게 해 주는 서비스입니다. 게임 제작자는 음성 내레이션을 통해 게임 스토리를 더욱 몰입감 있게 전달할 수 있습니다. 예를 들어, 게임의 주요 캐릭터나 내레이터의 목소리로 사용되어 플레이어들에게 중요한 게임 정보나 스토리를 전달하는 데 활용될 수 있습니다. 이는 특히 스토리 중심의 게임이나 튜토리얼에서 유용하게 사용될 수 있습니다. 무료 회원은 사용할 수 있는 캐릭터가 정해져 있고, 매월 5분 길이만큼 음성 파일을 다운로드할 수 있습니다. 게임에서 사용되는 음성은 대부분 10초 이내이므로 30개 이상의 음성 내레이션 파일을 받을 수 있는 충분한 분량입니다.

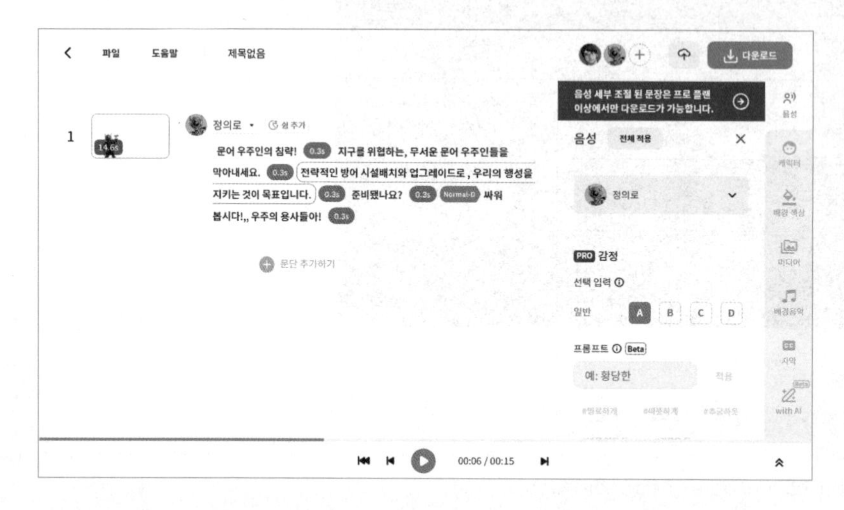

7 스카이박스AI에서 360도 배경 이미지 만들기

URL | https://skybox.blockadelabs.com

스카이박스AI는 사용자가 제공한 설명을 바탕으로 360도 배경 이미지를 빠르게 생성할 수 있는 서비스입니다. 이 서비스를 이용하면, 코스페이시스의 360도 장면에서 배경으로 사용될 수 있는 몰입감 있는 360도 이미지를 제작할 수 있습니다. 특히 영문으로 설명을 입력해야 하기 때문에 뤼튼을 이용해서 쉽게 설명을 작성할 수 있습니다. 예를 들어, '문어 우주인의 지구 침략'이라는 설명으로, 플레이어가 주변을 둘러볼 때 실감나는 경험을 제공하는 배경을 만들 수 있습니다. 다운로드 받은 이미지에는 워터마크가 있으나 코스페이시스에서 워터마크를 가릴 수 있습니다. 이 서비스는 회원가입 없이 바로 이용할 수 있지만, 하루에 최대 5개의 이미지만 생성할 수 있습니다.

8 믹사모에서 움직이는 캐릭터 만들기

URL | https://www.mixamo.com

믹사모는 3D 캐릭터 모델과 애니메이션을 쉽게 제공하는 서비스로, 게임 개발자들이 캐릭터를 더욱 생동감 있게 만들 수 있도록 합니다. 120개의 3D 캐릭터 모델과 2,400개의 동작 애니메이션을 제공하는 캐릭터 애니메이션 생성 사이트입니다. 사용자는 믹사모의 라이브러리에서 120여 개의 캐릭터 중에 하나를 선택하고, 2,400여개의 다양한 애니메이션(예: 달리기, 점프, 전투 동작 등)을 적용할 수 있습니다. 이렇게 제작된 3D 캐릭터는 코스페이시스에 업로드해서 게임 내에서 플레이어 캐릭터나 NPC로 사용되어 게임의 인터랙티브한 요소를 강화할 수 있습니다. 회원가입만 해도 무료로 모든 서비스를 사용할 수 있으며, 자체 3D 캐릭터뿐만 아니라 틴커캐드, 스케치팹 등의 3D 모델 공유 사이트에서 다운로드 받은 3D 캐릭터 모델에도 애니메이션을 적용할 수 있습니다.

9 Csm.ai에서 3D 모델 만들기

URL | https://3d.csm.ai

Csm.ai(Common Sense Machines AI)는 2D 이미지를 바탕으로 3D 모델을 생성해 주는 인공지능 기반의 툴입니다. 사용자는 간단히 2D 이미지를 업로드하고, 이를 3D 모델로 변환받을 수 있습니다. 이렇게 생성된 3D 모델은 코스페이시스에서 게임 내 아이템, 환경, 또는 캐릭터의 부속품 등으로 활용될 수 있으며, 게임의 시각적 다양성과 실감나는 경험을 제공합니다.

무료 회원가입 시 100 크레딧이 제공되며, 이를 사용해서 약 20개 정도의 모델을 생성할 수 있습니다. 아직은 그래픽 해상도가 높지 않지만 원하는 3D 모델을 매우 빠르게 제작할 수 있고, 향후 기술 발전이 매우 기대되는 분야입니다.

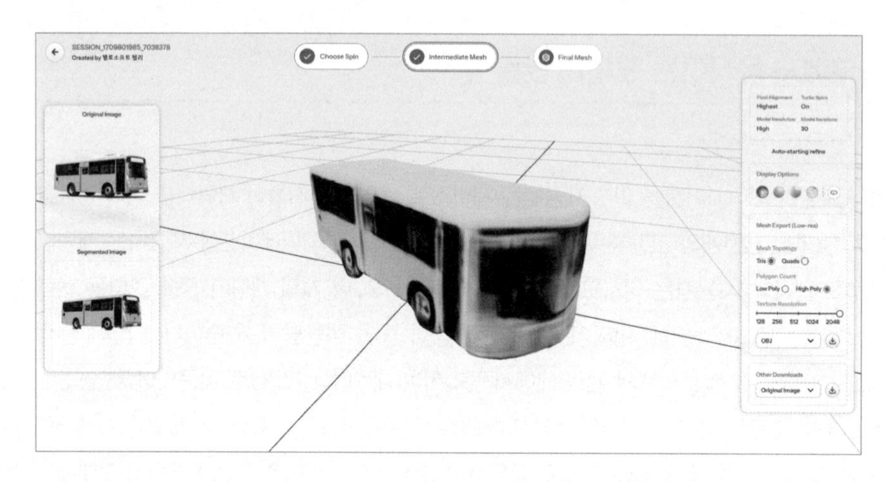